U0672341

权威·前沿·原创

皮书系列为
"十二五""十三五""十四五"时期国家重点出版物出版专项规划项目

B

BLUE BOOK

智库成果出版与传播平台

广州教育蓝皮书

BLUE BOOK OF GUANGZHOU EDUCATION

广州教育发展报告

（2023~2024）

ANNUAL REPORT ON EDUCATION OF GUANGZHOU

(2023-2024)

广州市教育研究院 / 编

主　　编 / 方晓波　吴新华

执行主编 / 杜新秀　刘　霞

社会科学文献出版社

SOCIAL SCIENCES ACADEMIC PRESS (CHINA)

图书在版编目（CIP）数据

广州教育发展报告 . 2023~2024 / 广州市教育研究院
编；方晓波，吴新华主编；杜新秀，刘霞执行主编 .
北京：社会科学文献出版社，2024.10. --（广州教育蓝
皮书）. -- ISBN 978-7-5228-4021-5

Ⅰ. G527.651

中国国家版本馆 CIP 数据核字第 20246C2E79 号

广州教育蓝皮书

广州教育发展报告（2023~2024）

编／广州市教育研究院
主　　编／方晓波　吴新华
执行主编／杜新秀　刘　霞

出 版 人／冀祥德
责任编辑／陈晴钰
责任印制／王京美

出　　版／社会科学文献出版社·皮书分社（010）59367127
　　　　　地址：北京市北三环中路甲 29 号院华龙大厦　邮编：100029
　　　　　网址：www.ssap.com.cn
发　　行／社会科学文献出版社（010）59367028
印　　装／天津千鹤文化传播有限公司

规　　格／开　本：787mm×1092mm　1/16
　　　　　印　张：22　字　数：328 千字
版　　次／2024 年 10 月第 1 版　2024 年 10 月第 1 次印刷
书　　号／ISBN 978-7-5228-4021-5
定　　价／168.00 元

读者服务电话：4008918866

▲ 版权所有 翻印必究

广州教育蓝皮书编委会

主　　编　方晓波　吴新华

执 行 主 编　杜新秀　刘　霞

编委会成员　陈发军　程　彦　杜新秀　方晓波　郭海清
　　　　　　郭卉菁　焦非非　赖曼珍　李　媛　李进成
　　　　　　刘　霞　刘克艳　刘志刚　沈在连　吴先强
　　　　　　吴新华　肖秀平　张　丹　张　娅　赵　霞
　　　　　　赵继光　郑　虹

主编简介

方晓波 法学博士，特级教师，正高级教师，广州市教育研究院党委书记、院长，广东省政府督学，广东教育学会副会长，广州实验教育集团校总校长，《教育导刊》主编，华南师范大学校外博士生导师，院博士后创新基地合作导师。深耕教研领域逾三十载，是全国知名教研专家，原任湖北省教学研究室常务副主任，2017年作为基础教育高层次人才引进广州。国家社科基金项目主持人，2014年获首届基础教育国家级教学成果二等奖，2022年获基础教育国家级教学成果奖一等奖（排名第一）、2024年获广东省科学技术进步奖二等奖。主编国家课程教材4套，撰写论文60余篇、学术著作10部。近五年来，主持的广州全学科智慧阅读项目获广东省教育教学成果奖特等奖（广州基础教育领域唯一一奖项）。实施智慧阳光评价转型升级，开展广州实验教育集团化办学研究等一系列开创性专业工作。

吴新华 广州市教育研究院副院长，中学正高级教师，广东省中学数学特级教师，广东省政府督学，华南师范大学校外博士生导师。教育部基础教育数学教学指导专业委员会委员，"十四五"国家级培训计划专家资源库入库专家，全国义务教育均衡发展督导评估专家，中国教育学会"领航计划"专家组成员，广东省广州市名师工作室主持人，广州市中学数学教学教研会会长，《教育导刊》副主编，《广州师训》主编，华南师范大学教师教育学部兼职教授，华南师范大学兼职硕士专业学位导师，广东省校长联合会教师专业发展委员会主任。主要研究方向为中学数学教学、课程与教学、科研成果培育、教师专业发展等。曾获得广东省教育教学成果奖二等奖，主持、参与省级以上课题研究 8 项，发表数学专业论文 10 余篇。

摘　要

本报告由广州市教育研究院"广州教育发展报告"（广州教育蓝皮书）课题组精心编撰，是2023~2024年度的教育分析报告。基于对广州教育改革与发展深入细致的调研，本报告不仅呈现了广州教育改革的最新理论与实践成果，还深入剖析了改革的新思路、新举措、新成就及新经验。

本报告以翔实的统计数据和实地调查资料为支撑，全面分析了2023年广州各级各类教育的发展状况、改革热点及未来趋势。报告分为六个板块，从不同角度深入探讨了广州教育的各个方面，包括教育事业整体概况、各级教育的发展状况、学位供需情况、课程与评价、调查研究以及区域实践等，为广州教育的持续改进和发展提供了宝贵的见解和建议。

报告强调，2023年广州市在习近平新时代中国特色社会主义思想的指导下，坚定不移地贯彻为党育人、为国育才的方针，全面落实立德树人的根本任务。通过加大统筹力度，广州市稳步推进了学前教育普及普惠发展和义务教育的优质均衡发展，同时扩大了普通高中教育资源的总量并推动了高中教育的多样化建设，初步构建了教育优质均衡发展的新格局。

报告指出广州市在教育领域面临一些挑战，如区域间基础教育发展不平衡、教育资源配置与京沪深等城市存在差距、职业教育办学条件相对不足以及高等教育研究生层次人才培养规模不足等。针对这些问题，2024年广州市需重点关注学位需求变动，确保学位的充足供给；优化教育资源配置，促进教育优质均衡发展；加强教育内涵建设，提升教育服务能力，包括深化产教融合以提升职业教育的服务能力、加强科技创新以提升高等教育的服务能力、提高国际化水平以提升教育对外合作能力等。

关键词： 广州教育　人口与学位　课程与评价　区域教育优质均衡发展

目　录 ⬡

Ⅰ　总报告

Ⅱ　分报告

Ⅲ　人口与学位篇

皮书数据库阅读**使用指南**

总 报 告

B.1
2023年广州教育事业发展状况与2024年展望

杜新秀*

摘　要： 2023年，广州市教育系统以习近平新时代中国特色社会主义思想为指引，坚持为党育人、为国育才，落实立德树人根本任务，加大统筹力度，稳步推进学前教育普及普惠和义务教育优质均衡发展，不断增加普通高中教育资源总量和推进多样化高中建设，持续推进高质量教育体系建设，初步形成教育优质均衡发展新格局。针对基础教育发展不平衡、职业教育办学条件相对不高、高等教育研究生层次人才培养规模不足等问题，本文提出了保障学位供给、优化教育资源配置、提升教育服务能力等政策建议。

关键词： 教育发展　学位供给　优质均衡　资源配置

---

* 杜新秀，广州市教育研究院教育规划与政策研究所所长，研究员，主要研究方向为教育规划与政策、教育国际化。

2023 年，广州市教育系统坚持以习近平新时代中国特色社会主义思想为指导，在市委、市政府的坚强领导下，锚定高质量发展中心工作，落实立德树人根本任务，坚持人民至上，着力构建"公平卓越、活力创新、开放包容"的高质量教育体系。

一 广州教育发展概况

（一）基础教育规模总体扩大，义务教育和普通高中教育阶段增速较快

2023 年，广州市基础教育阶段共有学校 3839 所，比 2022 年增加了 50 所，增幅为 1.3%。幼儿园有 2246 所，比 2022 年增加了 23 所，其中民办幼儿园占比为 54.19%；小学共有 1008 所，比 2022 年增加了 16 所，其中民办小学占比为 12.50%；初中学校共有 432 所，比 2022 年增加了 3 所，其中民办初中学校占比为 39.58%；普通高中学校共有 134 所，比 2022 年增加了 8 所，其中民办学校占比为 20.90%；特殊教育学校共有 19 所，与 2022 年相同。

2023 年，广州市基础教育阶段共有在校生 254.43 万人，比 2022 年增加了 7.45 万人，增幅为 3.02%。其中，学前教育阶段减少 5.71 万人，降幅为 8.71%；小学教育阶段在校生增加 9.03 万人，增幅为 7.49%；初中教育阶段在校生增加 2.73 万人，增幅为 6.32%；普通高中阶段在校生增加 1.33 万人，增幅为 7.84%。基础教育阶段民办学校（园）在校生共有 63.28 万人，占总数的 24.87%，比 2022 年减少了 4.18 万人，降幅为 6.20%。其中，民办幼儿园在校生占比从 44.47% 降至 42.23%，义务教育阶段民办学校在校生占比从 22.52% 降至 20.56%，普通高中教育阶段民办学校在校生占比从 8.60% 上升至 10.63%（见表 1）。

2023 年，广州市基础教育阶段共有教职工 24.28 万人，比 2022 年增加了 0.73 万人，增幅为 3.10%。专任教师有 16.85 万人，比 2022 年增加了

0.52万人，增幅为3.18%。其中，幼儿园专任教师为4.48万人，比2022年减少0.11万人，降幅为2.40%；小学专任教师为7.13万人，比2022年增加0.40万人，增幅为5.94%；初中专任教师为3.55万人，比2022年增加0.17万人，增幅为5.03%；普通高中专任教师为1.54万人，比2022年增加0.05万人，增幅为3.36%；特殊教育专任教师为1447人，比2022年增加106人，增幅为7.90%。

表1　2021～2023年广州市基础教育阶段在校生人数

单位：人

教育阶段		2021	2022	2023
学前教育	在园幼儿数	633203	655288	598219
	其中：民办	295362	291392	252602
小学教育	在校生数	1164403	1204223	1294475
	其中：民办	305770	275897	266945
初中教育	在校生数	407956	432100	459413
	其中：民办	113692	92677	93676
普通高中教育	在校生数	161633	170272	183621
	其中：民办	12726	14639	19522
特殊教育	在校生数	7571	7985	8619
	其中：民办	—	—	55
合　计		2374766	2469868	2544347

资料来源：《广州市教育统计手册》（2021～2023学年度）。

（二）中等职业教育规模有所缩小，专任教师数量小幅增加

2023年，广州市辖中等职业学校（含技工学校）共有69所。中等职业学校（含技工学校）在校生共有20.92万人，比2022年减少0.23万人，降幅为1.09%。中等职业学校（含技工学校）共有教职工13217人，比2022年增加386人；其中专任教师有10516人，占教职工总数的79.56%，比2022年增加了2个百分点（见表2）。

表2　2021~2023 年广州市中等职业教育基本情况

单位：人

教育阶段		2021	2022	2023
中等职业教育	招生数	40102	36048	32420
	在校生数	115152	101061	99032
	其中：民办	12669	11384	10201
	教职工数	7091	7037	6936
	其中：专任教师	5367	5465	5417
技工学校教育	招生数	31923	30184	34497
	在校生数	110744	110409	110143
	其中：民办	—	—	53101
	教职工数	5640	5794	6281
	其中：专任教师	4428	4487	5099
在校生总数		225896	211470	209175

资料来源：《广州市教育统计手册》（2021~2023 学年度）。

（三）高等教育规模持续扩大，研究生培养规模增长迅速

2023 年，广州市属普通高校为 12 所，共有在校生（含研究生和本、专科学生）22.69 万人，比 2022 年增加 4752 人，增幅为 2.14%（见表3）。其中，硕士研究生在校生增幅为 8.25%，博士研究生在校生增幅为 29.03%，可见研究生层次教育规模迅速扩大。广州市属成人本专科教育在校生（含普通高校成人本专科学生和成人高校本专科学生）有 7.89 万人，比 2022 年增加 4274 人，增幅为 5.73%；成人本专科在校生数占比由 2022 年的 33.59%增至 2023 年的 34.77%，增加了 1.18 个百分点。

2023 年，广州市属普通高校教职工为 11132 人，比 2022 年增加了 248 人，增幅为 2.28%。其中，专任教师有 7383 人，比 2022 年增加了 336 人，增幅为 4.77%；专任教师占教职工总数的 66.32%，比 2022 年增加了 1.57 个百分点。

2023 年，广州市属成人高校有教职工 513 人，比 2022 年减少了 52 人，降幅为 9.20%。其中专任教师有 154 人，比 2022 年减少了 3 人，降幅为 1.91%。

表3　2021~2023年广州市属高校学生变化情况

单位：人

教育阶段		2021	2022	2023
研究生	招生数	4189	4782	5103
	在校生数	10545	12555	13780
本科及专科生	招生数	66657	72406	71196
	在校生数	207474	209547	213074

资料来源：《广州市教育统计手册》（2021~2023学年度）。

二　2023年广州教育发展主要举措与经验①

（一）持续推进学前教育高质量体系建设，加快实现学前教育普及普惠

1. 有序创建国家学前教育普及普惠区

按照《教育部关于印发〈县域学前教育普及普惠督导评估办法〉的通知》要求，全国所有区县2030年前均须通过国家学前教育普及普惠区的评估验收。为落实相关要求，广州市教育局于2023年印发了《广州市创建"全国学前教育普及普惠区"工作实施方案》，该方案设定了明确的创建目标、创建原则和创建重点领域。为激励各区积极参与，广州市财政还将对在2025年前被认定为学前教育普及普惠区的优秀建设单位给予现金奖励。番禺、越秀等区域召开相关推进会议，部署了全面对照督导验收指标进行整改和加强幼儿园分类管理的工作。从普惠性幼儿园覆盖率来看，除从化区（80.71%）之外，广州市其他10个区均已提前达标；全市公办幼儿园在园幼儿人数占比达58.48%，普惠性幼儿园在园幼儿人数占比达89.8%，学前教育"5085"②成果得以巩固。

---

① 本部分所用资料为广州市教育局内部资料。

② "5085"成果，即公办幼儿园在园幼儿人数占比达到50%以上，公办幼儿园及普惠性民办幼儿园在园幼儿人数占比达到85%以上。

2. 多举措促进学前教育质量提升

一是行动计划引领发展。2023 年，广州市教育局联合九部门发布《广州市"十四五"学前教育发展提升行动计划》。该计划旨在构建高质量学前教育体系，明确了优化城乡学前教育公共服务体系、提升保教质量和教师专业素养等目标；提出优化普惠资源供给、夯实普惠保障机制和全面提升保教质量等三大重点任务；具体措施包括科学规划幼儿园建设、增加公办学位、保障教师待遇以及推进课程和教研改革等。通过这些措施，广州市致力于实现从"幼有所育"到"幼有善育"的转变，确保学前教育普及普惠且高质量发展。

二是以评促建。广州市教育评估和教师继续教育指导中心对 23 所幼儿园进行了办园行为督导评估，以确保办园质量的提升。广州市教育局与广州市卫生健康委员会合作开展了"广州市健康学校（幼儿园）"创建工作，旨在通过评估促进幼儿园健康环境的建设，提升师幼的健康意识和疾病预防技能。2023 年，广州市有 25 所幼儿园通过了市级健康学校（幼儿园）的评估。此外，番禺区和越秀区分别入选国家级完善普惠性学前教育保障机制实验区和幼儿园保育教育质量提升实验区，展现了广州市在学前教育领域的成就和地位。

三是深化幼儿园课程改革与建设。广州市教育研究院结合教育部的新要求，以提升教育质量为核心目标，积极推进幼儿园课程改革与建设，于2023 年研制完成《广州市幼儿园课程指南（试行）》和《广州市幼儿园园长管理指导意见（试行）》，并推动了"文溪雅荷"主题探究课程和一日生活课程的资源建设，为全市幼儿园课程建设提供了有力指引和支持。

（二）优化义务教育资源配置，推动义务教育优质均衡发展

1. 多举措扩大学位供给

2023 年，广州市面临小学入学人数的历史新高。为有效应对入学高峰，广州市教育局统筹部署，采取了一系列措施以确保学位供给充足。首先，加强了对人口结构变化与学位建设相关性的研究，并形成了多份分析报告。其次，加强了各区学位建设的统计和报送工作，确保市区联动顺利完成学位建

设任务。再次，组织全市义务教育学校深入排查招生风险，预测学位需求，激励学校挖掘潜力，扩大容量。最后，对全市中小学校基础设施建设三年行动计划项目进行中期调整。截至2023年10月底，广州市新改扩建新增公办基础教育学位8.72万个，其中义务教育阶段增加了6.40万个学位。小学一年级新生人数达到27.4万人，较上年增加了5.9万人；初中一年级新生人数为16.5万人，较上年增加了1.4万人，确保了适龄儿童和少年的就近入学需求得到满足。

2. 以教育集团化建设推动义务教育学校质量提升

广州市继续全面推动集团化办学迭代升级，一方面，高质量推进多个省市属学校新校区建设项目，包括华南师范大学附属中学知识城校区、广东实验中学永平校区等，这些项目均已顺利在2023年投入使用。广州市第六中学花都校区、广州市艺术中学黄埔校区等项目中的部分楼栋已实现主体结构封顶。广州清华附中湾区学校二期、广州外国语学校增城校区等项目的前期工作也在全力推进中，以确保教育资源的持续优化和扩展。市属基础教育集团已实现11个区全覆盖。另一方面，致力于提升各成员校的特色与质量，确保优质教育资源广泛覆盖。市属基础教育集团成员校均包含农村学校、相对薄弱学校和新建学校。全市初中阶段公办学校中的农村学校、新建学校及相对薄弱学校100%被纳入集团化管理体系。2023年中考名额分配中34个教育集团核心校面向集团内75所农村初中和薄弱初中分配计划466个。全市有48个省级优质基础教育集团成为培育对象，数量位居全省之首。

3. 优化义务教育教师资源配置

广州市继续推进实施"区管校聘"改革，增强了教育行政部门的自主权。广州市教育局发布了《关于深入推进区域内义务教育学校校长教师交流轮岗工作的补充通知》（2023年6月），旨在通过实施多样化的交流轮岗机制，优化义务教育师资配置，特别是促进优秀校长和骨干教师向农村及薄弱学校流动。全市已实现义务教育学校校长、教师交流轮岗的常态化，有力地推动了区域内及城乡间师资配置的均衡发展。此外，广州市积极落实广东省"百千万工程"和"2+2+1"帮扶行动，有效缩小了区域间的教育差距。

（三）加强市级统筹，推进普通高中扩优提质

1. 聚力普通高中扩优提质

为提升普通高中教育质量并增加学位供给，广州市采取了一系列措施。首先，通过《广州市普通高中学位建设攻坚方案》，计划新建和改扩建一批高质量的普通高中，以增加学位数量，优化学校布局，丰富教育类型，确保高中教育资源的持续供应并与适龄人口的需求相匹配。其次，采用集团化办学和"组团式"帮扶模式，扩大优质教育资源的覆盖范围。此外，支持基础较好的学校进行特色办学试点，探索综合高中及职普融通模式，为学生提供更多选择。最后，通过有序增加招生计划，加强学位供给的测算和项目储备，指导各区进行科学预测，确保高中阶段学位供应的充足。这些措施共同作用，推进了高中教育质量的提升和学位数量的增加。2023 年，全市新改扩建增加公办普通高中学位 0.61 万个，全市普通高中学校（含校区）招生总计划为 7.03 万个（不含特殊教育招生计划 46 个），较 2022 年增加计划 7485 个，较好地满足了人民群众对优质高中教育的需求。

2. 推进普通高中多样化特色发展

一是充分发挥各级示范校的示范引领作用。广州市积极推进普通高中"双新"示范区建设，致力于打造特色课程群，加大拔尖创新人才培养力度，提升教育教学质量。广州市新增 21 所普通高中被认定为省普通高中新课程新教材实施示范校，省级以上示范校总数达到 28 所，位居全省首位，其中成功创建了国家级示范校 3 所。这些示范校展示了其在教育领域的领导地位，并通过建立市区校三级联动和区际、校际联动交流机制，有效地推动了新课程新教材的实施。

二是规范和促进民办高中的发展。广州市制定了《广州市民办普通高中设置标准》，明确了民办高中的设立条件，推动其规范化和特色化发展。

三是加强对普通高中多样化发展的顶层设计和调研论证。广州市引领学校基于自身优势，培育优势学科，为学生提供多样化的选修课程，深化育人方式改革。空军和民航招飞数量连续六年位居全省之首，普通高中中外合作

办学项目新增 11 个，总数达到 28 个。

此外，广州市通过深化"1+3"融合主题教研新样态，推动形成教研帮扶工作机制，实现了教育资源的共享与发展共赢。广州市还注重省级教研基地和市级学科教研基地的建设，推动普通高中校本课程的发展和课堂教学的改革，打造了一系列特色课程群。

（四）统筹推进职教改革，完善职业教育体系

1. 加强研究与政策供给

广州市积极推进职业教育的高质量发展，以更好地支撑制造业立市战略。2023 年初，广州市政府主持召开了广州市职业教育发展联席会议的首次会议，重点讨论并审议了即将实施的职业教育重大政策。广州市教育局开展了关于"优化市属职业院校办学定位与结构布局"的主题教育调查研究，深入省内外职业院校和企业进行实地调研，提出了"1223"① 重点工作举措。广州市还不断完善职业教育政策体系，印发实施了《广州市教育局关于印发〈广州市中等职业学校"强内涵、创优质"办学质量评价工作方案〉的通知》，在全省率先开展对中职学校的办学质量评价；出台了《广州市职业学校办学条件达标工程实施方案》，力图建立严格的通报和考核机制，根据各学校达标情况来调整其招生计划，以此激励学校改进不足之处。自实施以来，职业学校办学条件得到一定程度的改善，2023 年度增加完全达标学校 13 所。此外，广州市拟定了《促进现代职业教育改革推进高质量发展的实施方案》，该方案已获市政府常务会议审议通过。

2. 贯通人才培养路径

为响应社会对高质量教育的需求，广州市致力于优化职业教育体系，确保学生成长路径更加顺畅。首先，积极推进本科层次职业教育试点，广州番

---

① "1223"重点工作举措：1 是指争创 1 个试点，即创建现代职教体系建设改革市域试点；2 是指打造 2 个体系，即完善纵向贯通横向融通的现代职教体系和职业教育政策体系；2 是指实施 2 个工程，即实施办学条件达标工程和职业教育提质培优工程；3 是指推进 3 项改革，即推动评价机制改革、激励机制改革和管理机制改革。

禺职业技术学院已被纳入省"十四五"高校设置规划本科层次职业学校培育单位。其次，推进中高职贯通"三二分段"培养模式试点。2023年，广州市中职毕业生中升入高一级学校的学生比例为63.48%，其中通过该模式升学学生6763人，占升学学生总数的33.6%。最后，探索中高企协同的长学制人才培养模式。广州市聚焦区域产业发展需求，与优质职业学校及行业龙头企业合作，在医药和汽车领域率先试点。

为培养拔尖技能人才，广州市着力构建技能竞赛培育体系。该体系以校级竞赛为起点，逐步升级至市级、省级，最终达到国家级竞赛的水平。具体措施包括：一是紧密结合学生技能竞赛与教师专业技能提升，强化教师竞赛技能训练，支持教师将竞赛经验融入专业建设和教学改革中，推动"岗赛课证"一体化发展。二是推动职业学校实现专业全覆盖、师生全参与的竞赛格局。这一体系充分发挥了技能竞赛的引领作用，提高了技能人才培养质量，也加强了教师专业技能。2023年，广州市中高职学校共承办全省职业院校技能大赛赛项47个；中高职学生在各级技能大赛中取得了显著成绩，获得全国职业院校技能大赛的多个奖项；中职教师共获全国中职教师教学能力比赛国家级竞赛一等奖1个，省级竞赛各等奖共54个。

3. 积极深化产教融合

广州市通过建立和完善机制与平台，有效促进了教育与产业的深度融合，提升社会服务质量。具体措施包括：依托市产教对接会和职业教育发展联席会议等平台，建立政校行企之间的常态化沟通机制，2023年底建立了广州市智能装备制造产教联合体和广州市新能源汽车智能制造产教联合体两个市级市域产教联合体，广州铁路职业技术学院入选首个国家级轨道交通产教融合共同体成员单位；推进产业学院建设，利用产业学院整合资源，推动专业建设、实践训练、技能竞赛和创新创业，如广州市交通运输职业学校与广州汽车集团股份有限公司共建的产业学院展现了显著的成效，起到了良好的示范作用；升级职业教育集团，如广州市人工智能教育集团的成立拓展了产教融合的领域。2023年，全市职业学校平均就业率为96.20%，对口就业率为84.50%。

（五）加强科技创新与对外交流，深化高水平大学建设

1. 深化教育教学改革并强化科技创新

高等教育的持续进步需要深化教育教学改革并强化科技创新。广州市实施高等教育教学质量与教学改革工程项目，2023年共批准立项项目377个，引导高校加强内涵建设。广州大学数学教育教师团队和广州医科大学公共卫生与预防医学教师团队成功入选教育部第三批"全国高校黄大年式教师团队"创建示范活动名单。广州市属高校在国家级教学成果奖中再获9项荣誉。在科研领域，2023年广州市属高校新增教育部国际合作联合实验室1个，高等学校学科创新引智基地1个，省重点实验室1个，省工程技术研究中心1个；新增各级各类科研立项2867项，合同经费为64457.164万元，其中国家自然科学基金397项、国家社会科学基金46项。新增的科研平台为研究工作提供了强有力的支持，牵头单位获得了4项教育部高等学校科学研究优秀成果奖（科学技术）和7项广东省科学技术奖。知识产权方面，广州市属高校获得授权1767项，签订技术转让合同36项和企事业单位委托横向项目合同568项，总计科技成果转化合同数达到604项，合同经费为20636.77万元，展示了广州市推动科技成果转化的努力。

2. 扩大教育对外交流与合作

为提升市属高校的国际影响力，广州市加强与国际高校的合作，新增1个本科层次和1个高等专科教育层次中外合作办学项目；市属高校积极参与全球教育治理，成功吸纳3所广州国际友城大学联盟新成员校，使联盟覆盖五大洲17个国家20个友好城市的22所知名高校；广州开放大学与广州市归国华侨联合会合作成立了广州开放大学华侨学院，致力于为海内外侨胞提供终身学习支持服务。

在教育合作方面，2023年广州国际友城大学联盟年会暨校长圆桌论坛顺利召开，同时举办联盟学生创业竞赛决赛，参赛大学和学生团队数量均创下历史新高。"数字学院计划"线上讲座活动和"联合科研计划"课题的开展，也推动了学术交流与科研合作。此外，广州医科大学与澳门科技大学、香港浸会大学合作申报的粤港澳分子靶标与临床药理学高校联合实验室成功

获批。香港科技大学（广州）与香港科技大学之间的互联互通机制不断完善，两校共同设立的"香港科技大学—香港科技大学（广州）20-20两校联合研究专项"已启动申报工作，标志着两校科研合作进入新阶段。

3. 加强高水平大学与"双一流"建设

首先，高起点推动香港科技大学（广州）发展。该校与香港科技大学在"港科大一体，双校互补"框架下深化合作，不断完善互联互通机制。2023年，该校招收近1000名本科、硕士和博士生，并获教育部批准自2024年起招收香港中学文凭考试学生和澳门保送生。学校新增两个授课型硕士项目，获批"海智国际研发社区"；获得国家自然科学基金项目37项，获资助率达44.05%；与70多家企业或机构开展产学研合作，与近10家科技龙头企业签订战略合作协议并在南沙共建校企联合实验室。其次，对高水平大学建设单位进行绩效评估。2023年，广州大学和广州医科大学接受2021~2025年广州市高水平大学建设工作中期进展绩效评价。广州市属高校新增3个学科进入ESI全球排名前1%，总计拥有1个全球排名前1‰的学科和18个全球排名前1%的学科。广州大学新增1名中国工程院院士和1名中国工程院外籍院士。最后，推进"双一流"建设。广州市积极支持广州医科大学"双一流"建设，指导其完成专项经费预算申报并确保支持措施到位；支持广州大学土木工程和网络空间安全学科发展以及新工科建设。2023年7月，广州医科大学召开"双一流"建设中期自评论证会，专家组确认学校达成中期目标。

三 广州教育发展中存在的问题与未来展望

"十四五"时期，是广州贯彻落实习近平总书记视察广东重要讲话精神、进一步完善公共教育服务体系、奋力开创教育高质量发展新局面的机遇期。广州教育整体发展水平跃上新台阶，但教育发展不平衡不充分、优质教育资源供给不足等问题依然存在，学校办学水平和教育影响力与国家中心城市地位的匹配度还有待提高。面向教育强国目标建设，广州尚需深入剖析当前教育发展中存在的问题，提出更有针对性和前瞻性的发展对策。

（一）广州教育发展中存在的问题

1. 区域间基础教育发展不平衡

（1）学位供给能力区域间差距大，普通高中学位供需紧张

根据《广州市普通中小学校建设标准指引》，广州市学前教育、义务教育和普通高中教育整体学位供给不足。从千人学位数来看，2023年，幼儿园千人学位数仅3个区达到标准（不少于40座），天河区最低，仅为22.37座；小学千人学位数仅5个区达到标准（不少于80座），白云区排在末位，仅为50.39座。各区初中和普通高中千人学位数极差率分别达2.71和5.76，可见中学阶段各区学位供给不平衡情况更为明显。具体来看，初中（不少于40座）和普通高中（不少于25座）千人学位数仅越秀区达到建设标准；白云区学位供给最为紧张，初中和普通高中千人学位数仅分别为15.71座和5.13座。随着对普通高中学习需求的增加，普通高中阶段的学位更为紧张，各区学位供给不平衡问题亟待解决（见表4）。

表4 2023年广州市各区基础教育千人学位数

单位：万人，座

区域	常住人口数	幼儿园千人学位数	小学千人学位数	初中千人学位数	普通高中千人学位数
荔湾	113.30	27.14	66.07	26.19	13.47
越秀	96.00	29.37	85.42	42.52	29.56
海珠	176.83	24.07	55.60	19.87	8.11
天河	223.80	22.37	56.68	18.43	7.16
白云	366.68	28.78	50.39	15.71	5.13
黄埔	122.21	36.75	80.13	29.79	8.25
番禺	282.29	32.35	65.42	21.52	9.14
花都	172.87	32.52	88.94	30.64	8.05
南沙	96.79	41.10	73.42	27.01	11.54
从化	73.26	40.50	96.51	37.90	16.16
增城	158.67	49.92	94.23	32.08	11.36
极差率①	—	2.23	1.92	2.71	5.76

资料来源：广州市统计局官网。

---

① 极差率是指一组数据中最大值与最小值的比值，主要用于描述数据分布的均衡程度。

（2）区域间高学历专任教师分布不均衡，中学阶段不均衡现象突出

2023 年，广州市各区基础教育高学历专任教师分布不均衡。全市幼儿园本科及以上学历专任教师比例为 43.97%，有 5 个区低于全市均值，南沙区和越秀区排在前列，分别为 59.27% 和 58.40%，而增城区和白云区仅分别为 33.01% 和 29.52%。全市小学本科及以上学历专任教师比例达到 92.98%，番禺区、天河区和南沙区排在前三位，白云区和荔湾区均未达 90%。中学阶段研究生学历专任教师分布的不均衡现象更为明显，初中阶段极差率达到 5.05，最高为黄埔区，其次是越秀区和天河区，而白云区、花都区和从化区排在末三位，分别为 7.10%、5.84% 和 3.23%；全市普通高中研究生学历专任教师占比在 30% 左右，越秀区和天河区排名位于前两位，分别达到 42.26% 和 36.33%，而番禺区、白云区、增城区、花都区和从化区均未达 25%，从化区仅为 13.16%（见表5）。这些指标在一定程度上能够反映各区教育教学质量的高低，广州市基础教育均衡发展任重而道远。

表5　2023 年广州市各区基础教育高学历专任教师占比

单位：%

区域	幼儿园（本科及以上）	小学（本科及以上）	初中（研究生）	普通高中（研究生）
荔湾	41.48	88.81	10.09	32.70
越秀	58.40	91.33	15.33	42.26
海珠	45.97	92.40	12.74	31.06
天河	51.46	95.71	14.09	36.33
白云	29.52	89.39	7.10	23.96
黄埔	49.51	94.85	16.32	29.80
番禺	51.86	96.83	9.91	24.14
花都	40.43	93.19	5.84	21.00
南沙	59.27	95.09	13.35	33.12
从化	41.50	90.38	3.23	13.16
增城	33.01	92.16	8.37	23.29
极差率	2.01	1.09	5.05	3.21

资料来源：《广州市教育统计手册》（2023 学年度）。

（3）普通高中办学条件区域间差距大，生均占地面积、生均教学仪器设备及计算机配备亟待改进

2023年，广州市各区基础教育办学条件呈现不平衡，其中普通高中生均占地面积、生均教学仪器设备值和每百名学生拥有计算机台数较为突出。全市各区幼儿园办学条件核心指标极差率均未超过2，表明幼儿园办学条件不均衡的程度相对轻微；各区小学办学条件指标中，生均占地面积差异较大，极差率达到4.55；各区初中生均校舍面积和生均占地面积差异明显，指标极差率分别达到5.17和8.97；普通高中在生均校舍面积、生均占地面积方面较初中有较大改善，各区指标极差率分别为2.78和4.11，但各区普通高中在教学设备投入方面存在较大差异，各区普通高中每百名学生拥有计算机台数指标极差率达到6.77，可见全市普通高中教育信息化建设很不均衡（见表6）。

表6　2023年广州市各区基础教育办学条件极差率

指标	幼儿园	小学	初中	普通高中
生均校舍面积	1.41	1.64	5.17	2.78
生均占地面积	1.81	4.55	8.97	4.11
生均图书	1.43	1.61	2.52	1.45
生均教学仪器设备值	—	—	—	3.48
每百名学生拥有计算机台数	—	2.91	2.55	6.77

资料来源：根据《广州市教育统计手册》（2023学年度）数据计算。

2. 教育资源配置水平与京沪深存在差距

（1）生师比指标整体落后于京沪深，学前教育和义务教育阶段未达全国平均水平

学前教育和义务教育阶段，2023年广州的生师比分别为13.35和16.42，未达到全国平均水平。义务教育阶段和普通高中教育阶段，广州的生师比指标居穗深京沪四个城市的末位；普通高中教育阶段，广州的生师比指标好于全国平均水平，但仍明显落后于北京市和上海市。2021~2023年，

广州市基础教育各学段师生比指标变化整体不太乐观，除学前教育从 14.33 下降至 13.35 外，义务教育从 16.14 升至 16.42，普通高中阶段从 10.99 升至 11.89，表明广州市义务教育和普通高中阶段专任教师数量不足的情况未得到有效改善（见表7）。

表7 2023年穗深京沪基础教育各学段生师比情况

城市	学前教育	义务教育	普通高中
广州	13.35	16.42	11.89
深圳①	13.57	15.83	11.75
北京	10.93	小学 18.88	普通中学②7.13
上海	10.57	13.01	9.81
全国	13.32	14.94	12.66

资料来源：《2023~2024学年度北京教育事业发展统计概况》《2023年上海市教育工作年报》《广州市教育统计手册》（2023学年度）；广东省教育信息平台，https://xxpt.gdedu.gov.cn/；教育部：《2023年全国教育事业发展基本情况》，http://www.moe.gov.cn/fbh/live/2024/55831/。

（2）高一层次学历水平专任教师占比整体高于全国平均水平，但低于京沪深

广州市基础教育各学段高一层次学历水平专任教师占比在穗深京沪四市中排名末位。学前教育阶段，上海市本科及以上学历教师占比高达84.52%，而广州市本科及以上学历教师占比为37.96%，比上海低了46.56个百分点。义务教育阶段，广州市研究生学历教师占比仅为8.01%，远远低于深圳、北京和上海，与占比最高的深圳相比，低了12.53个百分点。普通高中阶段，广州市研究生学历教师占比为26.43%，与占比最高的深圳相比，低了16.73个百分点。总体来看，广州市高一层次学历水平专任教师占比和深圳、北京、上海相比在学前教育和普通高中教育阶段的差距较大，特别是在学前教育阶段（见表8）。

① 深圳市官方未发布2023年最新数据，表中使用2022年数据。
② 因未对完全中学的高中、初中专任教师做区分统计，北京市普通高中专任教师数包含普通初中专任教师数。

表8　2022年穗深京沪基础教育各学段专任教师学历水平

单位：%

城市	学前教育 本科及以上学历教师占比	义务教育 研究生学历教师占比	普通高中 研究生学历教师占比
广州	37.96	8.01	26.43
深圳	46.79	20.54	43.16
北京	56.74	18.64	40.55
上海	84.52	15.45	34.92
全国	32.61	3.24	13.08

资料来源：教育部：《2022年教育统计数据》；《广州市教育统计手册》（2022学年度）；广东省教育信息平台，https://xxpt.gdedu.gov.cn/。

（3）中等职业教育办学条件与京沪深存在差距

广州市中等职业教育在师资配备和办学条件改善方面取得明显成效，但整体上仍然存在师资整体规模不足、研究生学历教师占比较少、生均仪器配置不足等问题。以2022年为例，在穗深京沪四市的横向比较中，广州市除了专任教师中硕士研究生及以上学历占比略高于深圳市外，其他指标如生师比、生均占地面积和生均教学仪器设备值等，远低于北京、上海和深圳（见表9）。

表9　2022年穗深京沪中职学校教师队伍及办学条件情况

城市	生师比	专任教师中硕士研究生 及以上学历占比（%）	生均占地面积 （平方米）	生均教学仪器 设备值(万元)
广州	18.28	17.09	22.45	1.48
深圳	14.00	16.67	29.86	3.67
北京	9.21	21.37	70.71	6.38
上海	13.11	29.95	33.41	4.93

资料来源：教育部《2022年教育统计数据》；《广州市教育统计手册》（2022学年度）；《深圳市中等职业教育质量报告（2023年度）》。

当前，中等职业教育正从单一就业导向转向就业与升学并重，这对广州市中等职业教育发展提出了更高的要求。广州市中等职业教育面临着提升师资和改善办学条件的重要任务,需提高教学质量和增强社会对职业教育的认可,从而更好地满足学生的就业和升学需求。

(4)高等教育研究生层次人才培养规模明显不足

从纵向看,广州地区高校研究生规模呈逐年扩大态势,但横向比较可以发现,广州地区在校研究生数量与北京和上海相比差距甚大。以 2022 年为例,从绝对数量来看,北京在校研究生数量为广州的 2.55 倍,上海在校研究生数量为广州的 1.50 倍。从比例来看,2023 年北京在校研究生占在校生比例为 44.23%,上海为 37.51%,而广州 2022 年该项数据仅为 17.19%(见表 10)。

表 10　2021~2023 年穗京沪研究生培养规模

	年份	2021	2022	2023
广州	在校研究生数(人)	145695	161554	172400
	在校研究生占在校生比例(%)	16.46	17.19	—
北京	在校研究生数(人)	391854	412030	429949
	在校研究生占在校生比例(%)	41.65	42.42	44.23
上海	在校研究生数(人)	231074	242732	258400
	在校研究生占在校生比例(%)	36.28	36.98	37.51

注:广州数据以辖区内高校来计算;本表"在校生"指本科生和研究生,不含专科生;该数据为 25.84 万人转计。

资料来源:教育部:《2022 年教育统计数据》;《2023~2024 学年度北京教育事业发展统计概况》《2023 年上海市教育工作年报》《广州市统计年鉴 2023》;广州市统计局官网。

广州作为粤港澳大湾区社会经济文化发展的引领者,高等教育研究生层次人才培养规模与其战略地位不相匹配,将会导致广州乃至整个大湾区的科技创新动力不足。当前,广州正处于新兴产业迭代替换传统产业的关键时期,要求产业发展从技术应用向创新驱动模式转型。高层次人才培养规模的不足,不利于广州经济结构的优化和产业升级。因此,广州市需要进一步扩大研究生层次人才培养规模。

（二）广州教育发展建议与未来展望

1.关注学位需求变动，保障学位供给

保障基础教育学位的充足供给是实现教育公平的关键。当前基础教育学位需求呈现新的变动趋势：一是随着国家生育政策的调整，部分地区的人口出生率有所上升，直接导致学龄儿童数量的增加；二是城市化进程导致城市学龄人口增加，提出更多的学位需求；三是经济增长促使家庭对教育的投资意愿增强，对高质量教育资源的需求随之增加，推动了学位需求的增长。在此背景下，基础教育学位供给也显现以下特点：首先，学位供给总量有所增加，但与快速增长的学生人数相比仍显不足，特别是在部分人口密集地区，学位供需矛盾尤为突出；其次，城乡之间、发达地区与欠发达地区之间的教育资源分配存在较大差异，导致部分地区的学位供给严重不足或学位过剩；最后，优质教育资源多集中在大城市和知名学校，而偏远地区和普通学校则面临师资力量薄弱、教学设施落后等问题，加剧了学位供给的不平衡。从前面的分析可见，广州市也存在类似情况。为此，广州市应通过科学规划、政策引导和有效建设来保障学位供给，满足社会对基础教育的需求。

科学精准规划布局是确保基础教育学位供给的首要任务。广州市政府和教育部门应紧密结合人口分布和增长趋势以及教育需求进行精确预测，如中心城区与外围城区、人口流入与流出主要区域、高层次人才流入区域的人口特点与增长趋势，以及现有学位供需紧张区域等，制定出科学合理的长远教育布局规划。规划过程中，应充分考虑城乡差异、区域发展不平衡等现实因素，对于人口集中的地区，如白云区、番禺区和天河区，或者是人口增长较快的区域，如黄埔区、增城区和南沙区，应提前规划新建学校或扩建现有学校，确保学位供给与需求相匹配。同时，应注重教育资源的优化组合，通过建立教育园区、共享教育设施等方式，提高资源使用效率。此外，还应充分利用大数据、人工智能等现代技术手段对人口发展趋势进行更准确的预测，从而更好地指导教育资源的规划与分配。

政策支持是保障基础教育学位供给的关键。广州市政府应出台相关政策，确保教育投入的稳定增长，在财政预算中优先保障教育经费。应根据人口流动和教育需求的变化，及时调整学校建设和学位分配政策，即对人口增长较快的地区增加教育投入，加快学校建设速度，确保学位供给与需求相匹配；对于人口减少的地区，应考虑合理调整学校布局，避免教育资源的浪费。应通过税收优惠、土地使用政策、补贴政策等一系列激励机制，鼓励社会资本投入教育领域，共同扩大学位供给。政策还应关注教育公平，制定相应的倾斜政策，如加大市级财政转移支付力度，支持财政承受能力相对薄弱的行政区提高办学标准、教育资源相对优质的行政区向外围区倾斜，不断缩小与城区的教育差距。同时，应建立健全教育质量监管体系，确保学位供给的质量。

学校建设是直接增加学位供给的有效途径，包括新建学校、扩建现有学校以及改善学校设施。新建学校应注重选址的合理性，确保学校能够服务于周边社区，方便学生就近入学。扩建现有学校时，应充分考虑学校的承载能力和未来发展空间，避免过度拥挤影响教育质量。同时，应注重学校建设的标准和质量控制，确保每一所学校都能为学生提供良好的学习环境和生活条件，以满足教育现代化的需求。

2. 优化配置教育资源，促进优质均衡发展

教育资源的合理配置是教育公平与质量的基石。广州教育资源配置仍存在不均衡、不充分的问题，呈现城乡差距、区域间差异和校际差异，不仅体现在硬件办学条件上，更体现在师资水平上，如越秀区由于用地紧张和历史遗留问题，生均占地面积和生均建筑面积指标不理想；花都区财政投入不足导致学生仪器设备配置不充足；从化区由于地域原因，对教师尤其是高学历教师吸引力不足。为此，广州市应优化教育资源的配置，提高教育效率和质量。

第一，优化教师队伍配置。一方面，广州市应根据学龄人口变化合理预测教师需求，及时调整教师队伍，确保教师数量充足。另一方面，应注重教师质量的提升。一是在提高教师招聘标准的同时，全力实施专任教师学历提升计划。通过定期召开全市学历提升专题工作会议、教育资源薄弱区域专项调研等活动，确保教育资源的均衡分配。同时建立教师学历提升定期通报机制，以监督和评估进展，确保到2024年，全市幼儿园、小学、初中、高中阶段高一层次学历的专任教师占比分别达到98%、93%、99%、28%；到2025年，进一步提高至99%、95%、100%、30%；幼儿园教师持证上岗率每年至少提升5%。二是强化教师在职培训。包括完善"1+6+11+N"教师发展支持体系①，认定一批中小学教师发展"基地学校"，高质量实施"羊城菁英校长培养工程"，加强中职学校"双师型"教师队伍的建设，推进教育专家、名校长、名教师、名班主任工作室的建设以及推动各区完成10%的骨干教师认定及培养工作等，持续强化教师专业发展体系建设。三是深入实施教师交流轮岗政策，鼓励优秀教师，特别是骨干教师、特级教师以及正高级教师在不同学校、不同区域任教，促进教师资源的均衡分布。四是依托大数据平台建立科学的教师评价体系，促进教师评价的智能化发展，更有效地推动教师资源的优化配置。

第二，加强教育协作。一是推动区域间教育合作。在不同区域之间、城乡之间建立教育合作机制，可以实现资源共享和优势互补。广州市政府和教育机构应鼓励并建立区域教育合作网络，通过教育合作项目来促进信息交流和资源配对，如在教育基础好的区域教科研机构设立区域教育资源中心，将优质教育资源打包，供乡村地区的学校使用，缩小教学上的区域间差异或探索紧密型城乡教育共同体建设，形成城乡一体化教育管理模式，最大限度地实现资源互补与共享。二是深化教育集团化办学。广州教育集团化办学已进入内涵发展阶段，除共享图书馆藏书、实验室设备等教学资源外，更应通过集团内教师流动、学科集体教研、联合推行科研等合作机制使学校间联盟更加紧密，通过组织网络课程、教育研讨以及师生交流等活动拓宽师生视野，促进教育资源的流动和优化。三是加强与企业、社会组织的合作。教育部门

---

① "1+6+11+N"教师发展支持体系：1是指市教育局，6是指六个市级教师发展中心，11是指11个区级教师发展中心，N是指教师发展学校、市级名校长、名教师、名班主任工作室。

应引入社会资源参与教育，丰富教育资源供给。如继续加强高中与高校的合作，为拔尖创新人才培养提供基地；加强与图书馆、博物馆、艺术馆等文化资源的合作，提升学生的文化素养。

3.注重内涵建设，提升教育服务能力

随着经济全球化和知识经济的兴起，社会对高技能人才和创新型人才的需求日益增长。广州市人民政府提出，2024年的工作任务之一是要"强化科技教育人才支撑，塑造发展新动能新势能……一体推进科技创新强市、教育强市、人才强市建设，打造国际科创中心重要承载地。"[①] 因此，广州应加强教育内涵建设，提升教育服务能力。

第一，深化产教融合提升职业教育服务能力。产教融合本质上是教育与经济社会发展深度结合的体现，它要求教育机构与产业界建立紧密的合作关系，将产业需求融入教育内容和教学过程中。当前广州市已通过一系列机制和平台建设来推动产教融合，如校企合作、职教集团、技术应用型大学等。但是，随着国家中等职业教育政策的调整，中职学校培养目标已从以就业为主转向就业与升学并重。因此，广州市应该重新审视和调整其职业教育策略，确保教育体系能够适应这一转变，与相关部门进一步优化产教融合策略，确保教育内容与产业需求同步更新，同时加强与高等教育的衔接，建立更加灵活和多元化的教育模式，为学生提供更多升学路径，以满足新政策下的人才培养需求。此外，广州应加强教师与企业专家的交流合作，鼓励教师定期到企业进行实践，了解行业最新动态，而企业专家则走进课堂，与学生分享实际工作经验，为课程设计和教学提供行业视角；特别是加强科研项目的合作，通过共同开展科研项目，将企业的实际问题带入课堂，让师生在解决真实问题的过程中学习，促进师生的能力提升与企业的技术创新。

第二，加强科技创新提升高等教育服务能力。当前社会对高层次创新人才的需求日益迫切，高等教育必须将培养学生的科研素养和创新思维作为重

---

① 广州市政府：《2024年广州市政府工作报告》，https://www.gz.gov.cn/zwgk/zjgb/zfgzbg/content/post_9462719.html，最后检索时间：2024年5月26日。

中之重。广州高等教育发展存在"重量轻质"的问题，亟须进行深刻的结构调整和质量提升。为此，一方面，广州市应扩大高校和科研机构培养硕士生和博士生的规模，为科技创新提供坚实的人力资源基础。通过扩大研究生教育规模，可以有效提升高等教育的整体质量，同时加强高校在创新链、产业链、资金链和人才链深度融合中的核心作用。另一方面，为提升科研水平和创新能力，广州市应该加大研发投入力度，并深化高校与科研机构之间的合作，推动部属、省属、市属高校之间的合作共建，充分利用各高校的优质资源，如课程、师资、设备、科研平台和智库，加速市属高校的发展，为科技发展提供原创动力，并促进科研成果的转化和应用。此外，广州应进一步改革科研体制，营造开放包容、鼓励创新的科研环境。通过激励政策和公平竞争的机制，充分调动教师投身科研的积极性和创造性；应简化成果转化流程，建立完善的知识产权保护和技术转移体系，让创新成果更快地转化为社会生产力。

第三，提高国际化水平提升教育对外合作能力。一国的教育国际化程度直接关系到其在国际舞台上的影响力、文化软实力的传播以及人才的国际竞争力。广州市政府提出了加快打造国际金融枢纽、推进外贸强市建设和建设国际一流营商环境等工作任务，对教育国际化水平提出了要求。当前，广州市教育对外开放工作取得了较大进展，如2023年全市教育系统新增中外合作办学项目12个，市属职业院校推出全球首个"中华茶艺师资格认证"服务等，但教育国际合作的数量和质量均有待提升。一是要建立更加开放包容的政策体系，在鼓励本土师生赴海外深造和交流的同时，要吸引更多的国际学生和学者来华学习和教学，形成良好的"请进来"和"走出去"的国际流动机制。二是要重视国际化教学体系和课程内容建设。中小学国际理解教育应拓展课程内容，关注联合国教科文组织倡议的议题，如可持续发展、和平教育、气候教育和数字教育等，以期与国际（姊妹）学校有"共同话题"；职业教育和高等教育课程内容应把握国际前沿，加强通用性和现实针对性，引入多语种教学，使课程和学位具有国际通行性。三是要提升教育质量和服务保障水平。标准化、高质量的教育服务是吸引国际合作的关键。广州教育机构应积极参与国际教育质量评估和认证，通过国际教育质量认证来提升教师队伍的教学和科研水平，丰富学生的学习体验，提高教育机构的国际竞争力，吸引更多的国际学生和教师。此外，应继续加强与国际顶尖教育机构的合作，通过与世界顶尖大学和研究机构建立合作关系，开展联合研究、双联学位等项目，提高国际知名度和学术影响力。

参考文献

张立龙、史毅、胡咏梅：《2021~2035 年城乡学龄人口变化趋势与特征——基于第七次全国人口普查数据的预测》，《教育研究》2022 年第 12 期。

张晓莹：《学龄人口变化对我国全纳、公平、优质的基础教育的影响与挑战》，《教育教学论坛》2019 年第 19 期。

周宇香：《基础教育学龄人口变化：特征、趋势与影响》，《北京教育学院学报》（社会科学版）2024 年第 1 期。

吴峰、黄凯丽：《"双高计划"背景下职业教育产教融合创新路径研究——从利益相关者理论研究视角分析》，《江苏航运职业技术学院学报》2022 年第 2 期。

石伟平：《职业教育国际化水平和国际竞争力提升：战略重点及具体方略》，《现代教育管理》2018 年第 1 期。

分 报 告

B.2
2023年广州学前教育发展状况与2024年展望

刘霞 郭卉菁*

摘 要： 2023年，广州市以《广州市"十四五"学前教育发展提升行动计划》引领学前教育高质量体系建设、有序推进国家学前教育普及普惠区创建、持续深化幼儿园课程改革与建设、多举措促进幼儿园保教质量提升，但仍存在学前教育区域发展、公办与民办园发展不均衡等问题，与深京沪杭苏相比也有差距。展望2024年，广州要统筹推进学前教育督导评估工作、继续推进学前教育城乡一体化、扎实推动学前教育教研改革、加快推进学前教育高质量发展。

关键词： 学前教育 普及普惠 高质量发展 广州

* 刘霞，广州市教育研究院教育规划与政策研究所研究员，主要研究方向为学前教育基本理论、学前教育规划与政策等；郭卉菁，广州市教育研究院教育规划与政策研究所助理研究员，主要研究方向为幼儿教师专业发展、幼儿园课程等。

2023 年是全面贯彻党的二十大精神开局之年，是实施"十四五"规划承上启下的关键一年。作为国家中心城市、综合性门户城市、粤港澳大湾区核心引擎和省会城市，广州市肩负着进一步加快构建高质量学前教育体系的重要使命。在广州市委、市政府的领导下，广州市教育局坚持以习近平新时代中国特色社会主义思想为指导，深入学习贯彻习近平总书记关于教育的重要论述，扎实推动学前教育普及普惠、安全优质发展。

一 广州市学前教育发展总体情况分析

（一）全市幼儿园在园幼儿数、园均规模和班额均先升后降

2023 年，全市幼儿园共有 2246 所，在园幼儿 59.82 万人，园均规模为 266 人，班额为 28.92 人。2020~2023 年四年间，全市幼儿园增加了 178 所，在园幼儿增长 2.37 万人，在园幼儿数、园均规模和班额均呈现先升后降的趋势（见表 1）。

表 1 2020~2023 年广州市幼儿园规模情况

年份	幼儿园数（所）	班数（个）	在园幼儿数（人）	园均规模（人）	班额（人）
2020	2068	18843	574541	278	30.49
2021	2155	20484	633203	294	30.91
2022	2223	21224	655288	295	30.87
2023	2246	20683	598219	266	28.92

资料来源：《广州市教育统计手册》（2020~2023 学年度）。

2023 年，全市公办园共有 1029 所，比 2020 年增加了 259 所，增幅为 33.64%。在园幼儿数 34.56 万人，比 2020 年增加了 8.80 万人，增幅为 34.16%；在园幼儿占比为 57.77%，比 2020 年增长了 12.93 个百分点。班额为 29.83 人，总体达到《幼儿园工作规程》规定的班额标准（见表 2）。教育部、国家发展和改革委员会、财政部共同印发的《关于实施新时代基础教育扩优

提质行动计划的意见》中提出了"公办园在园幼儿占比力争达到60%以上"的目标，① 按2020~2023年的增长幅度，这一目标可望按期达成。

表2 2020~2023年广州市公办园规模情况

年份	幼儿园数及占比		在园幼儿数及占比		园均规模（人）	班数（个）	班额（人）
	园数（所）	占比（%）	人数（人）	占比（%）			
2020	770	37.23	257615	44.84	335	8099	31.81
2021	947	43.94	337841	53.35	357	10567	31.97
2022	989	44.49	363896	55.53	368	11340	32.09
2023	1029	45.81	345617	57.77	336	11587	29.83

资料来源：《广州市教育统计手册》（2020~2023学年度）。

2023年，全市民办园共有1217所，比2020年减少了81所，降幅为6.24%。在园幼儿数25.26万人，比2020年减少了6.43万人，降幅为20.30%；在园幼儿占比为42.23%，比2020年减少了12.93个百分点。班额为27.77人，符合《幼儿园工作规程》规定的班额标准（见表3）。

表3 2020~2023年广州市民办园规模情况

年份	幼儿园数及占比		在园幼儿数及占比		园均规模（人）	班数（个）	班额（人）
	园数（所）	占比（%）	人数（人）	占比（%）			
2020	1298	62.77	316926	55.16	244	10744	29.50
2021	1208	56.06	295362	46.65	245	9917	29.78
2022	1234	55.51	291392	44.47	236	9884	29.48
2023	1217	54.19	252602	42.23	208	9096	27.77

资料来源：《广州市教育统计手册》（2020~2023学年度）。

2023年，普惠性民办园共有861所，比2020年减少了46所，降幅为5.07%。在园幼儿数18.55万人，比2020年减少了4.11万人，降幅为

---

① 教育部、国家发展和改革委员会、财政部：《关于实施新时代基础教育扩优提质行动计划的意见》（教基〔2023〕4号），https://www.gov.cn/gongbao/2023/issue_10726/202309/content_6906513.html，最后检索时间：2024年3月6日。

18.15%；在园幼儿占比为 31.00%，比 2020 年减少了 8.44 个百分点。班额为 28.71 人，符合《幼儿园工作规程》规定的班额标准（见表 4）。

表 4　2020～2023 年广州市普惠性民办园规模情况

年份	幼儿园数及占比		在园幼儿数及占比		园均规模（人）	班数（个）	班额（人）
	园数（所）	占比（%）	人数（人）	占比（%）			
2020	907	43.86	226597	39.44	250	7414	30.56
2021	808	37.49	202776	32.02	251	6576	30.84
2022	833	37.47	202568	30.91	243	6630	30.55
2023	861	38.33	185464	31.00	215	6460	28.71

资料来源：《广州市教育统计手册》（2020～2023 学年度）及广东省教育信息平台。

（二）全市幼儿园专任教师素质不断提高，公、民办园发展尚不均衡

2023 年，全市幼儿园专任教师有 4.48 万人，比 2020 年增加了 3778 人，增幅为 9.21%；生师比为 13.35，比 2020 年降低了 0.66 个百分点；专科及以上毕业专任教师占比为 97.83%，比 2020 年增长了 8.03 个百分点；学前教育专业毕业教师占比为 97.39%，比 2020 年增长了 12.19 个百分点（见表 5）。

表 5　2020～2023 年广州市幼儿园专任教师配备情况

年份	专任教师数（人）	生师比	专科及以上毕业专任教师数及占比		本科及以上毕业专任教师数及占比		学前教育专业毕业教师数及占比	
			人数（人）	占比（%）	人数（人）	占比（%）	人数（人）	占比（%）
2020	41019	14.01	36834	89.80	11657	28.42	34947	85.20
2021	44206	14.32	41218	93.24	14655	33.15	42341	95.78
2022	45886	14.28	43885	95.64	17420	37.96	43475	94.75
2023	44797	13.35	43824	97.83	19696	43.97	43627	97.39

资料来源：《广州市教育统计手册》（2020～2023 学年度）及广东省教育信息平台。

2023 年，全市公办园专任教师有 2.61 万人，生师比为 13.25，本科及以上毕业专任教师占比为 53.36%。普惠性民办园专任教师为 1.31 万人，生

师比为14.14，本科及以上毕业专任教师占比为28.35%。非普惠性民办园专任教师为0.56万人，生师比为11.97，本科及以上毕业专任教师占比为36.86%。从生师比的角度分析，非普惠性民办园专任教师配备最为充足，公办园次之，普惠性民办园最弱；从专任教师学历的角度分析，公办园高一层次学历教师配备最为充足，非普惠性民办园次之，普惠性民办园相对最低（见表6）。

表6　2023年广州市公、民办园专任教师配备情况比较

幼儿园类型		在园幼儿数（人）	专任教师数（人）	生师比	本科及以上毕业专任教师数及占比	
					人数	占比（%）
公办园		345617	26078	13.25	13916	53.36
民办园	普惠性民办园	185464	13112	14.14	3717	28.35
	非普惠性民办园	67138	5607	11.97	2067	36.86
	小计	252602	18719	13.49	5784	30.90

资料来源：《广州市教育统计手册》（2023学年度）及广东省教育信息平台。

（三）全市幼儿园办园条件不断改善，公、民办园发展尚不均衡

2020～2023年，全市幼儿园办园条件不断改善。2023年，全市幼儿园生均校舍面积为11.28平方米，比2020年增加了1.57平方米，增幅为16.17%；生均占地面积为13.26平方米，增幅为9.14%；生均运动场地面积为6.15平方米，增幅为19.65%；生均图书为13.44册，增幅为11.91%（见表7）。

表7　2020～2023年广州市幼儿园办园条件

年份	生均校舍面积（平方米）	生均占地面积（平方米）	生均运动场地面积（平方米）	生均图书（册）
2020	9.71	12.15	5.14	12.01
2021	9.69	11.61	5.30	11.95
2022	9.94	11.88	5.46	12.21
2023	11.28	13.26	6.15	13.44

资料来源：《广州市教育统计手册》（2020～2023学年度）。

2023 年，在办园条件各项指标中，民办园总体上优于公办园，民办园生均校舍面积、生均占地面积、生均运动场地面积、生均图书分别是公办园的 1.08 倍、1.05 倍、1.05 倍、1.06 倍。民办园中，非普惠性民办园办园条件优于普惠性民办园，非普惠性民办园生均校舍面积、生均占地面积、生均运动场地面积、生均图书分别是普惠性民办园的 1.56 倍、1.72 倍、1.68 倍、1.06 倍（见表 8）。

表 8　2023 年广州市公、民办幼儿园办园条件比较

幼儿园类型		生均校舍面积（平方米）	生均占地面积（平方米）	生均运动场地面积（平方米）	生均图书（册）
公办园		10.44	12.62	5.83	12.65
民办园	普惠性民办园	10.82	11.86	5.58	14.28
	非普惠性民办园	16.91	20.39	9.40	15.17
	小计	11.28	13.26	6.15	13.44

资料来源：《广州市教育统计手册》（2023 学年度）。

二　广州市学前教育区域均衡现状分析

基于 2023 年相关统计数据，本部分从幼儿园学位供给、专任教师配备、办园条件、教育经费四个方面分析广州市 11 个区学前教育具体情况，使用极差率分析区域均衡现状。

（一）幼儿园学位供给的区域均衡现状分析

广州幼儿园学位供给的区域均衡现状主要从千人学位数、班额、普惠性幼儿园覆盖率三个方面来分析。

1. 幼儿园千人学位数区域差距较大，要特别关注天河区、海珠区和荔湾区

《广东省人民政府教育督导室关于反馈 2022 年市县级政府履行教育职责评价结果并认真整改存在问题的通知》（粤府教督函〔2023〕9 号）指出，

广州市存在"2021年幼儿园千人学位数为34座,未达到不低于40座的要求"的问题。根据2023年统计数据,广州市11个区中,有8个区尚未达标。幼儿园千人学位数排名靠后的3个区分别为天河(22.37座)、海珠(24.07座)、荔湾(27.14座)。千人学位数最高区(增城)是最低区(天河)的2.23倍(见表9)。

2. 全市幼儿园平均班额达标,要特别关注花都区、从化区和黄埔区

教育部印发的《县域学前教育普及普惠督导评估办法》规定:"县域内85%以上的班额符合《幼儿园工作规程》有关规定。"根据《幼儿园工作规程》中的相关规定大致推算,幼儿园的平均班额应不高于30人。2023年,广州市幼儿园平均班额达标(28.92人)。花都、从化、黄埔等3个区的幼儿园平均班额超过30人,需要特别关注(见表9)。

表9　2023年广州市幼儿园学位供给量的区域比较

区域	常住人口数(万人)	在园幼儿数(人)	千人学位数(座)	班数(个)	班额(人)
荔湾	113.30	30750	27.14	1035	29.71
越秀	96.00	28198	29.37	1004	28.09
海珠	176.83	42571	24.07	1540	27.64
天河	223.80	50053	22.37	1823	27.46
白云	366.68	105537	28.78	3615	29.19
黄埔	122.21	44917	36.75	1476	30.43
番禺	282.29	91317	32.35	3297	27.70
花都	172.87	56222	32.52	1775	31.67
南沙	96.79	39776	41.10	1400	28.41
从化	73.26	29671	40.50	949	31.27
增城	158.67	79207	49.92	2769	28.60
极差率	—	—	2.23	—	1.15
全市	1882.70	598219	31.77	20683	28.92

资料来源:人口数据来自广州市人口监测大数据平台,幼儿园数据来自广州市教育信息平台。

3. 普惠性幼儿园覆盖率区域差距不大，要特别关注越秀、天河、从化3个区的公办园覆盖率

教育部等九部门印发的《"十四五"学前教育发展提升行动计划》提出"到 2025 年，普惠性幼儿园覆盖率达到 85% 以上，公办园在园幼儿占比达到 50% 以上"的目标①；《关于实施新时代基础教育扩优提质行动计划的意见》提出"到 2027 年，巩固提升普惠性幼儿园覆盖率，公办园在园幼儿占比力争达到 60% 以上"②的目标。从普惠性幼儿园覆盖率的角度分析，除从化区（80.71%）之外，其余 10 个区均已提前达标，接下来要着力做好普惠性幼儿园覆盖率巩固工作。从公办园在园幼儿占比的角度看，11 个区均达到"占比 50% 以上"的目标。但要在 2027 年达到"占比 60% 以上"的目标，除海珠、白云 2 个区外，其余 9 个区均存在差距，公办园覆盖率排名靠后的 3 个区分别为越秀、天河和从化，要特别关注（见表 10）。

表 10　2023 年广州市普惠性幼儿园覆盖率的区域比较

区域	在园幼儿数（人）	公办园在园幼儿数及占比		普惠性民办园在园幼儿数及占比		普惠性幼儿园在园幼儿数及占比	
		幼儿数(人)	占比(%)	幼儿数(人)	占比(%)	幼儿数(人)	占比(%)
荔湾	30750	18407	59.86	9591	31.19	27998	91.05
越秀	28198	14440	51.21	11583	41.08	26023	92.29
海珠	42571	26472	62.18	10657	25.03	37129	87.22
天河	50053	26022	51.99	18155	36.27	44177	88.26
白云	105537	63319	60.00	32422	30.72	95741	90.72

① 教育部、国家发展和改革委员会、公安部、财政部、人力资源和社会保障部、自然资源部、住房和城乡建设部、税务总局、医疗保障局：《关于印发〈"十四五"学前教育发展提升行动计划〉和〈"十四五"县域普通高中发展提升行动计划〉的通知》（教基〔2021〕8号），https://www.gov.cn/zhengce/zhengceku/2021-12/16/content_5661144.htm，最后检索时间：2024 年 4 月 7 日。

② 教育部、国家发展和改革委员会、财政部：《关于实施新时代基础教育扩优提质行动计划的意见》（教基〔2023〕4 号），https://www.gov.cn/gongbao/2023/issue_10726/202309/content_6906513.html，最后检索时间：2024 年 3 月 6 日。

区域	在园幼儿数（人）	公办园在园幼儿数及占比		普惠性民办园在园幼儿数及占比		普惠性幼儿园在园幼儿数及占比	
		幼儿数（人）	占比（%）	幼儿数（人）	占比（%）	幼儿数（人）	占比（%）
黄埔	44917	25795	57.43	13178	29.34	38973	86.77
番禺	91317	54493	59.67	28068	30.74	82561	90.41
花都	56222	32255	57.37	16837	29.95	49092	87.32
南沙	39776	23568	59.25	13557	34.08	37125	93.34
从化	29671	15778	53.18	8168	27.53	23946	80.71
增城	79207	45068	56.90	23248	29.35	68316	86.25
极差率	—	—	1.21	—	1.64	—	1.16
全市	598219	345617	57.77	185464	31.00	531081	88.78

资料来源：广州市教育信息平台。

（二）幼儿园专任教师配备的区域均衡现状分析

幼儿园专任教师配备的区域均衡现状主要从幼儿园生师比、专任教师学历、专任教师职称三个方面分析。

1. 幼儿园生师比基本达标，要特别关注从化区

教育部印发的《县域学前教育普及普惠督导评估办法》规定："县域内幼儿园专任教师总数与在园幼儿总数之比不低于1∶15。"[①] 2023年，全市幼儿园总体生师比达标（13.35），除了从化区幼儿园生师比不达标外（15.43），其余10个区生师比均达标。生师比居高的三个区分别为从化、花都和白云，说明这3个区幼儿园专任教师配备数量相对不足，需要关注（见表11）。

---

① 教育部：《关于印发〈县域学前教育普及普惠督导评估办法〉的通知》（教督〔2020〕1号），https：//www.gov.cn/gongbao/content/2020/content_ 5515284.htm，最后检索时间：2024年4月7日。

表11 2023年广州市幼儿园生师比的区域比较

区域	专任教师数（人）	在园幼儿数（人）	生师比
荔湾	2213	30750	13.90
越秀	2322	28198	12.14
海珠	3254	42571	13.08
天河	4166	50053	12.01
白云	7477	105537	14.11
黄埔	3381	44917	13.29
番禺	7437	91317	12.28
花都	3871	56222	14.52
南沙	3015	39776	13.19
从化	1923	29671	15.43
增城	5738	79207	13.80
极差率	—	—	1.28
全市	44797	598219	13.35

资料来源：《广州市教育统计手册》（2023学年度）。

2. 幼儿园高学历专任教师占比存在区域不均衡

《广东省新时代教师发展体系建设实施方案》中提出"到2025年，珠三角地区幼儿园专任教师大专以上学历比例达到98%"的目标。[①] 2023年，全市幼儿园专任教师大专及以上学历占比为97.83%，可望在2025年达到98%的目标。黄埔、海珠、荔湾3个区的幼儿园专任教师大专及以上学历占比靠后，要特别关注。全市幼儿园高学历专任教师（本科及研究生毕业）占比为43.97%，白云、增城、花都、荔湾、从化5个区的占比低于市平均水平；极差率为2.01，说明在这方面区域发展不均衡的现象较为突出（见表12）。

---

① 广东省教育厅、中共广东省委机构编制委员会办公室、广东省财政厅、广东省人力资源和社会保障厅：《广东省新时代教师发展体系建设实施方案》，https://www.gzdaily.cn/site2/pad/content/2020-11/19/content_1425906.html，最后检索时间：2024年4月8日。

表12 2023年广州市幼儿园专任教师学历层次的区域比较

区域	专任教师数（人）	本科及研究生毕业教师数及占比		大专及以上毕业教师数及占比	
		教师数（人）	占比（%）	教师数（人）	占比（%）
荔湾	2213	918	41.48	2151	97.20
越秀	2322	1356	58.40	2276	98.02
海珠	3254	1496	45.97	3146	96.68
天河	4166	2144	51.46	4083	98.01
白云	7477	2207	29.52	7385	98.77
黄埔	3381	1674	49.51	3224	95.36
番禺	7437	3857	51.86	7344	98.75
花都	3871	1565	40.43	3772	97.44
南沙	3015	1787	59.27	2975	98.67
从化	1923	798	41.50	1883	97.92
增城	5738	1894	33.01	5585	97.33
极差率	—	—	2.01	—	1.04
全市	44797	19696	43.97	43824	97.83

资料来源：广州市教育信息平台。

3. 幼儿园教师职称层次存在区域不均衡

2023年，全市幼儿园高级职称教师（0.17%）和中级职称教师（5.34%）占比均较低，极差率分别为17.33和20.81，说明区域差距极大。高级职称教师占比居后的3个区分别为增城、白云、花都；中级职称教师占比和初级职称教师占比居后的3个区分别为增城、南沙、白云，需要特别关注。全市幼儿园尚有68.35%的专任教师未定职级，其中增城、南沙、白云、黄埔4个区高于市平均水平（见表13）。

表13 2023年广州市幼儿园专任教师职称层次的区域比较

区域	高级职称		中级职称		初级职称		未定职级	
	教师数（人）	占比（%）	教师数（人）	占比（%）	教师数（人）	占比（%）	教师数（人）	占比（%）
荔湾	9	0.41	163	7.37	666	30.09	1375	62.13
越秀	16	0.69	575	24.76	731	31.48	1000	43.07

续表

区域	高级职称		中级职称		初级职称		未定职级	
	教师数（人）	占比（%）	教师数（人）	占比（%）	教师数（人）	占比（%）	教师数（人）	占比（%）
海珠	5	0.15	260	7.99	857	26.34	2132	65.52
天河	10	0.24	327	7.85	1126	27.03	2703	64.88
白云	4	0.05	159	2.13	1502	20.09	5812	77.73
黄埔	3	0.09	168	4.97	745	22.03	2465	72.91
番禺	12	0.16	380	5.11	2657	35.73	4388	59.00
花都	2	0.05	154	3.98	1470	37.97	2245	58.00
南沙	3	0.10	52	1.72	539	17.88	2421	80.30
从化	10	0.52	85	4.42	545	28.34	1283	66.72
增城	2	0.03	68	1.19	874	15.23	4794	83.55
极差率	—	17.33	—	20.81		2.49	—	1.44
全市	76	0.17	2391	5.34	11712	26.14	30618	68.35

资料来源：广州市教育信息平台。

（三）幼儿园办园条件的区域均衡现状分析

幼儿园办园条件的区域均衡现状主要从生均校舍面积、生均占地面积、生均运动场地面积、生均图书四个方面分析（见表14）。

表14 2023年广州市幼儿园办园条件的区域比较

区域	生均校舍面积（平方米）	生均占地面积（平方米）	生均运动场地面积（平方米）	生均图书（册）
荔湾	8.93	9.25	4.15	14.93
越秀	12.03	12.18	5.07	17.10
海珠	9.38	10.07	4.31	12.48
天河	10.06	11.95	5.27	12.72
白云	10.63	11.99	5.49	12.81
黄埔	11.13	13.30	6.06	11.94
番禺	12.63	14.40	6.87	14.43
花都	11.50	13.31	6.71	11.94
南沙	12.60	16.75	7.19	13.72

续表

区域	生均校舍面积（平方米）	生均占地面积（平方米）	生均运动场地面积（平方米）	生均图书（册）
从化	11.08	16.31	7.77	16.10
增城	12.41	15.15	7.43	13.00
极差率	1.41	1.81	1.87	1.43
全市	11.28	13.26	6.15	13.44

资料来源：《广州市教育统计手册》（2023学年度）。

1.幼儿园生均校舍面积区域差距在缩小，要特别关注荔湾区、海珠区和天河区

根据教育部、住房和城乡建设部印发的《幼儿园标准设计样图》中的相关规定，幼儿园生均校舍面积≥10.44平方米。[①] 2023年，广州市幼儿园生均校舍面积（11.28平方米）总体达标。广州市各区生均校舍面积的极差率为1.41，与2022年相比区域差距在缩小（2022年的极差率为1.43[②]）。荔湾、海珠、天河3个区的幼儿园生均校舍面积不达标，需要引起关注。

2.幼儿园生均占地面积区域差距相对较大，要特别关注荔湾、海珠、天河3个区

《广州市社区公共服务设施设置标准（修订）》规定，中心城区幼儿园生均用地不低于10平方米，外围地区幼儿园生均用地不低于13平方米。2023年，广州市各区幼儿园生均占地面积的极差率为1.81，说明区域差距较大。荔湾、海珠、天河3个区的生均占地面积排名靠后，要引起特别关注。

3.各区幼儿园生均运动场地面积都达标，但区域差距较大

根据《县域学前教育普及普惠督导评估办法》中的相关规定，幼儿园生均运动场地面积≥4平方米。[③] 2023年，全市及11个区幼儿园生均运动场地面积

---

① 教育部、住房和城乡建设部：《幼儿园标准设计样图》，http://www.moe.gov.cn/srcsite/A03/s3012/201901/t20190129_368382.html，最后检索时间：2024年5月8日。

② 刘霞：《2022年广州学前教育发展状况与2023年展望》，载广州市教育研究院编《广州教育发展报告（2022~2023）》，社会科学文献出版社，2023，第26页。

③ 教育部：《县域学前教育普及普惠督导评估办法》，https://www.gov.cn/gongbao/content/2020/content_5515284.htm，最后检索时间：2024年4月5日。

均达标。各区幼儿园生均运动场地面积的极差率为1.87,说明区域差距较大。

4.各区幼儿园生均图书都达标,但区域差距在扩大

《幼儿园保育教育质量评估指南》规定,幼儿园配备的图画书人均数量不少于10册。[1] 2023年,全市及11个区幼儿园生均图书均达标。各区幼儿园生均图书的极差率为1.43,与2022年相比,区域差距在扩大(2022年的极差率为1.27[2])。

(四)学前教育经费区域差距较大

2022年,广州市学前教育经费存在区域差距较大的现象。南沙、黄埔、越秀3个区的幼儿园生均一般公共预算教育经费均高于2万元;生均一般公共预算教育经费低于市级水平(12009.65元)的有白云、从化、增城、番禺4个区。幼儿园生均一般公共预算教育经费最高的南沙区(22021.55元)是最低的白云区(5712.88元)的3.85倍(见图1)。

图1 2022年广州市幼儿园生均一般公共预算教育经费的区域比较

资料来源:《2022年广州市幼儿园生均一般公共预算教育经费情况》。

---

① 教育部:《幼儿园保育教育质量评估指南》,http://m.moe.gov.cn/srcsite/A06/s3327/202202/t20220214_599198.html,最后检索时间:2024年4月5日。
② 刘霞:《2022年广州学前教育发展状况与2023年展望》,载广州市教育研究院编《广州教育发展报告(2022~2023)》,社会科学文献出版社,2023,第26页。

三 穗深京沪杭苏及全国学前教育发展比较

本部分基于 2022 年幼儿园学位、师资、办园条件、经费投入等方面数据，从比较的视角，分析广州学前教育发展情况。

（一）广州幼儿园学位供给量在六市中位居第一，但仍存在学位缺口

从幼儿园学位供给的绝对数来看，广州在穗深京沪杭苏六市中位居第一，提供了全国 1.42% 的学位，比 2021 年上升了 0.10 个百分点。基于在园幼儿数、班数等数据，对照教育部《幼儿园工作规程》中规定的 30 人/班的班额标准，2022 年广州幼儿园班额高于深京沪杭苏及全国，存在 18568人的学位缺口（见表 15）。

表 15　2022 年穗深京沪杭苏幼儿园学位供给量比较

城市	在园幼儿数及占比		班数（个）	班额（人）	应设班数（个）	班数缺口（个）	学位缺口（人）
	幼儿数（人）	占比（%）					
广州	655288	1.42	21224	30.87	21843	-619	-18568
深圳	591691	1.28	19319	30.63	19723	-404	-12121
北京	574235	1.24	20662	27.79	—	—	—
上海	534034	1.15	20769	25.71	—	—	—
杭州	392703	0.85	14464	27.15	—	—	—
苏州	377502	0.82	12403	30.44	12583	-180	-5412
全国	46275486	100.00	1757862	26.32	—	—	—

资料来源：广州数据来自《广州市教育统计手册》（2022 学年度），深圳数据来自广东省教育信息平台（深圳市），北京、上海及全国数据来自教育部《2022 年教育统计数据》，杭州数据来自《2023 年杭州统计年鉴》，苏州数据来自《2023 年苏州统计年鉴》。

（二）广州幼儿园专任教师配备数在六市中居后，教师学历层次低于沪京深、专业技术职务层次低于沪京

本部分比较了穗深京沪杭苏及全国学前教育专任教师配备数量，基于数

据的可得性，对穗深京沪及全国学前教育专任教师的学历及专业技术职务进行了比较。

《幼儿园工作规程》规定："幼儿园每班幼儿人数一般为：小班（3~4周岁）25人，中班（4周岁至5周岁）30人，大班（5~6周岁）35人，混合班30人。"① 2023年12月，教育部印发的《幼儿园督导评估办法》规定："每班配备2名专任教师和1名保育员（或配备3名专任教师）。"② 根据上述规定，可以大致推算出幼儿园班师比以2~3为宜，生师比以10~15为宜。不管是从班师比还是生师比的角度分析，穗深京沪杭苏及全国学前教育专任教师配备数量均不够充裕。穗深京沪杭苏六市中，广州市幼儿园班师比最低（2.16）、生师比最高（14.28），说明广州市幼儿园专任教师配备数量相对最不充裕（见表16）。

表16 2022年穗深京沪杭苏及全国学前教育专任教师配备数比较

城市	专任教师数（人）	班师比	生师比
广州	45886	2.16	14.28
深圳	43597	2.26	13.57
北京	49818	2.41	11.53
上海	46112	2.22	11.58
杭州	33138	2.29	11.85
苏州	27287	2.20	13.83
全国	3244204	1.85	14.26

资料来源：广州数据来自《广州市教育统计手册》（2022学年度），深圳数据来自广东省教育信息平台（深圳市），北京、上海及全国数据来自教育部《2022年教育统计数据》，杭州数据来自《2023年杭州统计年鉴》，苏州数据来自《2023年苏州统计年鉴》。

广州市学前教育专任教师学历层次明显低于上海、北京和深圳。广州市高学历学前教育专任教师（本科及研究生毕业）占比（37.96%）略高于全国

① 中华人民共和国教育部：《幼儿园工作规程》，http://www.moe.gov.cn/srcsite/A02/s5911/moe_621/201602/t20160229_231184.html，最后检索时间：2023年12月20日。
② 中华人民共和国教育部：《教育部关于印发〈幼儿园督导评估办法〉的通知》，http://www.moe.gov.cn/srcsite/A11/s6500/202402/t20240201_1113827.html，最后检索时间：2024年3月3日。

平均水平（32.61%），但远远低于上海（84.52%）、北京（56.74%）。穗深京沪四市中，低学历学前教育专任教师（高中及以下毕业）占比最高的是广州（4.36%），高于上海（0.68%）、北京（1.91%）和深圳（2.78%）（见表17）。

表17　2022年穗深京沪及全国学前教育专任教师学历比较

城市	专任教师数（人）	本科及研究生毕业教师占比(%)	专科毕业教师占比(%)	高中毕业教师占比(%)	高中以下毕业教师占比(%)
广州	45886	37.96	57.68	4.20	0.16
深圳	43597	46.79	50.42	2.77	0.01
北京	49818	56.74	41.35	1.90	0.01
上海	46112	84.52	14.81	0.67	0.01
全国	3244204	32.61	57.68	9.09	0.61

资料来源：广州数据来自《广州市教育统计手册》（2022学年度），深圳数据来自广东省教育信息平台（深圳市），北京、上海及全国数据来自教育部《2022年教育统计数据》。

广州市学前教育专任教师专业技术职务层次明显低于上海、北京，高于深圳。穗深京沪四市中，广州市高级职称教师占比位居第三（0.18%），不仅低于北京（2.42%）、上海（1.18%），而且也低于全国平均水平（1.30%）。广州市中级职称教师占比（4.79%）不仅远低于上海（29.98%）、北京（13.39%），也低于全国平均水平（7.69%）。广州市未定职级教师占比（74.53%）不仅高于上海（26.80%）、北京（44.74%），也高于全国平均水平（71.94%）（见表18）。

表18　2022年穗深京沪及全国学前教育专任教师专业技术职务比较

城市	专任教师数（人）	高级职称教师占比(%)	中级职称教师占比(%)	初级职称教师占比(%)	未定职级教师占比(%)
广州	45886	0.18	4.79	20.50	74.53
深圳	43597	0.03	1.12	2.86	95.98
北京	49818	2.42	13.39	39.44	44.74
上海	46112	1.18	29.98	42.04	26.80
全国	3244204	1.30	7.69	19.06	71.94

资料来源：广州数据来自《广州市教育统计手册》（2022学年度），深圳数据来自广东省教育信息平台（深圳市），北京、上海及全国数据来自教育部《2022年教育统计数据》。

（三）广州学前教育办学条件在穗深京沪四市中居后

从各项具体指标来看，广州学前教育生均占地面积（11.88 平方米）在穗深京沪四市中排名第三，不仅低于上海（19.97 平方米）和北京（15.83平方米），而且也低于全国平均水平（16.85 平方米）；广州学前教育生均运动场地面积（5.46 平方米）在四市中排名第二，不仅低于北京（5.72 平方米），而且也低于全国平均水平（5.91 平方米）；广州学前教育生均校舍面积（9.94 平方米）在四市中排名第三，不仅低于上海（14.65 平方米）和北京（11.10 平方米），而且也低于全国平均水平（10.49 平方米）；广州学前教育生均图书（12.21 册）在四市中排最后（见表 19）。

表 19　2022 年穗深京沪及全国学前教育办学条件比较

城市	生均占地面积（平方米）	生均运动场地面积（平方米）	生均校舍面积（平方米）	生均图书（册）
广州	11.88	5.46	9.94	12.21
深圳	9.67	4.72	9.55	13.72
北京	15.83	5.72	11.10	15.06
上海	19.97	5.38	14.65	12.77
全国	16.85	5.91	10.49	12.19

资料来源：广州数据来自《广州市教育统计手册》（2022 学年度），深圳数据来自广东省教育信息平台，北京、上海及全国数据来自教育部《2022 年教育统计数据》。

（四）广州学前教育经费在穗深京沪杭苏六市中居最后

2022 年，广州幼儿园生均一般公共预算教育经费仅为 12010 元，虽略高于全国平均水平（10198 元），但远远低于北京、上海、深圳、杭州和苏州，分别仅为北京的 31.65%、上海的 33.26%、深圳的 40.41%、杭州的 52.81%、苏州的 53.19%（见图 2）。

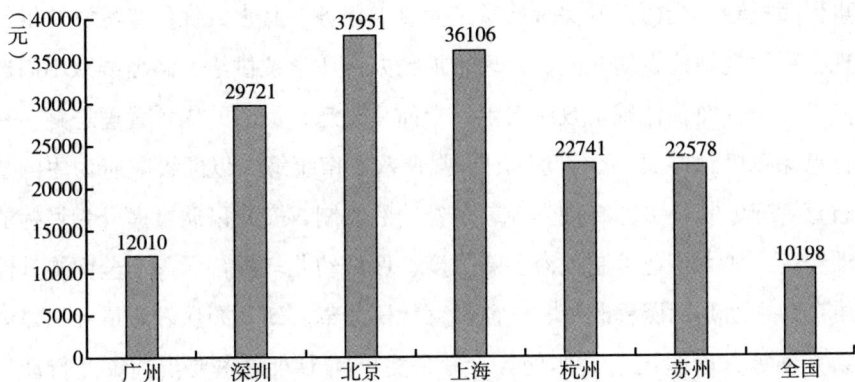

图2　2022年穗深京沪杭苏及全国学前教育经费比较

资料来源：广州、深圳数据来自广东省教育厅、省财政厅、省统计局发布的《2022年全省教育经费执行情况统计表》，北京、上海和全国数据来自教育部、国家统计局、财政部发布的《2022年全国教育经费执行情况统计表》，杭州数据来自杭州市教育局发布的《2022年杭州市教育经费统计分析报告》，苏州数据来自江苏省教育厅发布的《关于2022年全省地方教育经费执行情况的统计公告》。

四　广州学前教育发展的举措与经验

（一）以《广州市"十四五"学前教育发展提升行动计划》引领学前教育高质量体系建设

2023年7月，广州市教育局会同市发展改革委、公安局、财政局、人力资源和社会保障局、规划和自然资源局、住房城乡建设局、税务局、医保局等九部门，联合印发了《广州市"十四五"学前教育发展提升行动计划》（以下简称《行动计划》）。广州市以《行动计划》为引领，加快建设高质量学前教育体系。一是明确了广州学前教育发展的主要目标。《行动计划》提出了"覆盖城乡、布局合理、公益普惠的学前教育公共服务体系进一步优化""全面提升学前教育保教质量与保教队伍专业素养，促进幼儿园内涵发展"的主要目标，为从"幼有所育"迈向"幼有善育"、建设普及普惠的高质量学前教育体系提供了方向引领。二是提出了优化普惠资源供给、夯实普惠保障机制、全面提升保教质量三大重点任务。其中,优化普惠资源供给体现在科学规划建设幼儿园、合理增加公办优质学位供给、满足群众不同选择需求三个方面,体现了政府宏观、全面、动态、灵活的优化管理思路。夯实普惠保障机制方面,《行动计划》强调落实市统筹、以区级政府为主的学前教育管理体制及多方筹措学前教育经费的机制,安排以质量提升为目标的专项经费,加大事业编制挖潜创新力度、保障幼儿教师待遇等。全面提升保教质量,在幼儿园课程改革、学前教育教研改革、幼儿园保教质量评估监测体系完善等方面提出了具体任务。三是提出了十八条主要措施。《行动计划》从优化学前教育资源结构布局、完善学前教育保障机制、建立专业稳定的保教队伍、全面提升学前教育质量、优化幼儿园监管长效机制等五个方面提出十八条举措,确保提出的目标和任务能落实到位。

(二)有序推进国家学前教育普及普惠区创建

2023年10月,广州市教育局印发《广州市创建"全国学前教育普及普惠区"工作实施方案》,明确提出"到2025年,超过30%的区通过县域学前教育普及普惠国家督导评估,到2030年,100%的区通过县域学前教育普及普惠国家督导评估"的目标要求。按照统一部署、分类推进、分步实施的原则,要求各区结合实际,制定"一区一案""一园一策",在改善办园条件、加强教师队伍建设、提升保教保育质量等方面下更大气力,推动学前教育普及普惠安全规范发展,确保学前教育普及普惠区创建工作有序推进。为鼓励支持各区积极申报国家学前教育普及普惠区,"市财政对2025年前认定为学前教育普及普惠区的予以2000万元一次性奖励"。① 番禺、越秀等区先后召开全国学前教育普及普惠区创建工作部署会议,部署对照督导验收指标全面、及时整改;各相关部门、镇街加强对各类幼儿园的分类管理等。广州市及各区协力把学前教育普及普惠区创建过程转化为落实政府责任、强化

---

① 广州市教育局等九部门:《广州市"十四五"学前教育发展提升行动计划》,https://www.gz.gov.cn/zt/jjsswgh/sjzxgh/content/post_ 9107722.html,最后检索时间:2024年3月20日。

部门协作、激发教育作为的加速器，创建市、区内保障学前教育高质量发展的良好生态。

（三）持续深化幼儿园课程改革与建设

2021年10月，广州市人民政府办公厅印发了《广州市教育事业发展"十四五"规划》，提出"加强幼儿园课程建设与质量管理，制定幼儿园课程指南、幼儿园园长课程管理指导意见"的任务。①《行动计划》进一步提出了"推动全市幼儿园课程改革与建设，研制并实施广州市幼儿园课程指南与幼儿园园长课程管理指导意见，坚决纠正幼儿园'小学化'倾向。开展广州市幼儿园课程资源建设，提供多种形式的课程资源"的具体措施。②2023年，在广州市教育局的领导下，广州市教育研究院结合《幼儿园保育教育质量评估指南》的新要求，完成《广州市幼儿园课程指南（试行）》《广州市幼儿园园长管理指导意见（试行）》的研制，并举办了多场文件解读宣讲会。广州市教育研究院持续推进"文溪雅荷"幼儿园主题探究课程、一日生活课程开发；完善"3+n"研训资源建设与实施，完成"文溪雅荷"场景化课程16所示范园视频资源开发等。

（四）多举措促进幼儿园保教质量提升

为牢固树立"健康第一"的教育理念，贯彻落实《"健康中国2030"规划纲要》《健康广州行动（2020—2030年）》关于建设健康环境、健康单位的工作要求，广州市教育局会同广州市卫生健康委员会开展"广州市健康学校（幼儿园）"创建工作。该项工作坚持以评促建，帮助幼儿园牢固树立"健康第一"的教育理念，切实改善幼儿园卫生环境，积极推进幼

---

① 广州市人民政府办公厅：《广州市教育事业发展"十四五"规划》，http://jyj.gz.gov.cn/gk/zfxxgkml/qt/ghjh/content/post_7961341.html，最后检索时间：2024年3月26日。
② 广州市教育局等九部门：《广州市"十四五"学前教育发展提升行动计划》，https://www.gz.gov.cn/zt/jjsswgh/sjzxgh/content/post_9107722.html，最后检索时间：2024年3月20日。

儿园卫生健康促进工作,不断提升师幼健康意识及预防疾病的技能水平。2023 年,全市有 25 所幼儿园通过"市级健康学校(幼儿园)"评估,成为"广州市健康学校(幼儿园)"。2023 年 12 月,广州市教育评估和教师继续教育指导中心组织评估专家组,对越秀区新河浦幼儿园等 23 所幼儿园开展市级幼儿园办园行为督导评估抽查工作,以点带面,规范幼儿园办园行为,提高办园质量。12 月,番禺区入选国家级完善普惠性学前教育保障机制实验区,越秀区入选国家级幼儿园保育教育质量提升实验区,均为全省唯一。

五 广州学前教育发展的展望与建议

(一)统筹推进学前教育督导评估工作

2020 年至今,教育部先后印发了《幼儿园督导评估办法》《县域学前教育普及普惠督导评估办法》《幼儿园保育教育质量评估指南》《关于开展中小学幼儿园校(园)长任期结束综合督导评估工作的意见》等重要文件。与此同时,教育部也明确提出要"切实减轻基层和幼儿园迎检负担"。[1] 为此,广州市要统筹推进学前教育督导评估工作,一是区级政府要深刻把握普及普惠内涵,将学前教育普及普惠工作纳入重要议事日程。可建立由区政府牵头、区各职能部门相互协作的学前教育普及普惠工作推进机制,按照市、区学前教育普及普惠督导评估年度工作计划,统筹推进督导评估认定工作。二是要将幼儿园督导评估工作与中小学幼儿园校(园)长任期结束督导评估、幼儿园保育教育质量评估等工作统筹实施。三是继续健全广州市幼儿园保教质量评估监测长效机制,充分发挥质量评估监测对保育教育的科学导向作用。通过统筹推进学前教育督导评估工作,切实引导幼儿园树立科学保教理念、规范办园行为、提升保教质量,推动学前教育普及普惠安全优质发

---

[1] 中华人民共和国教育部:《关于印发〈幼儿园督导评估办法〉的通知》,http://www.moe.gov.cn/srcsite/A11/s6500/202402/t20240201_1113827.html,最后检索时间:2024 年 3 月 25 日。

展，更好地满足人民群众对幼有优育的美好期盼，为培养德智体美劳全面发展的社会主义建设者和接班人奠定坚实基础。

（二）继续推进学前教育城乡一体化

《关于实施新时代基础教育扩优提质行动计划的意见》明确提出要实施镇村一体化管理、加快缩小办园差距。① 广州市要继续探索推进城乡幼儿园共同体、镇村幼儿园一体化建设。一是支持花都区、南沙区建设省"城乡学前教育一体化管理资源中心试点项目"。2022年7月，广东省教育厅印发《关于申报第二批学前教育高质量发展实验区（"城乡学前教育一体化管理资源中心"试点项目）的通知》，广州市花都区、南沙区被立项为实验区。广州市花都区和南沙区要以试点项目为抓手带动学前教育城乡一体化发展，不断缩小城乡差距，形成一套"可复制可推广可借鉴"的城乡学前教育管理模式。二是推进公办园、镇中心幼儿园、薄弱幼儿园通过结对帮扶、集团化办学、镇村幼儿园一体化管理等方式，构建"城区优质幼儿园+镇中心幼儿园+镇域内其他幼儿园"紧密型城乡教育共同体，充分发挥区域内优质幼儿园的示范和辐射作用，推动区域保教质量提升。

（三）扎实推动学前教育教研改革

教研工作是保障学前教育质量的重要支撑。《教育部关于加强和改进新时代基础教育教研工作的意见》指出："进入新时代，面对发展素质教育、全面提高基础教育质量的新形势新任务新要求，教研工作还存在机构体系不完善、教研队伍不健全、教研方式不科学、条件保障不到位等问题。"② 上述问题也是广州市学前教育教研工作中存在且需要解决的问题。为此，一

---

① 教育部、国家发展和改革委员会、财政部：《关于实施新时代基础教育扩优提质行动计划的意见》（教基〔2023〕4号），https://www.gov.cn/gongbao/2023/issue_10726/202309/content_6906513.html，最后检索时间：2024年3月6日。

② 中华人民共和国教育部：《教育部关于加强和改进新时代基础教育教研工作的意见》，http://www.moe.gov.cn/srcsite/A06/s3321/201911/t20191128_409950.html? eqid=b27331 a3000ec6ff0000000664716b44，最后检索时间：2024年3月25日。

是要推动学前教育教研改革，完善教研指导责任区、区域教研和园本教研制度，实现各类幼儿园教研指导全覆盖。二是要强化幼儿园、教研机构、高校的教研合作，推动粤港澳大湾区学前教育教研交流与合作，构建智慧教研新方式。三是要加强学前教育教研队伍建设。建立新时代广州学前教育教研员准入和退出机制，严格按照准入条件完善市、区教研员的遴选配备。各区按幼儿园数量配备3~5名学前教育专职教研员，建立教研员储备机制，形成一支专兼结合的高素质专业化学前教研队伍。建立健全教研员"能进能出、能上能下、合理流动"的动态管理机制，促进教研员在区域内合理流动。

（四）加快推进学前教育高质量发展

《关于实施新时代基础教育扩优提质行动计划的意见》进一步明确要"加快构建幼有优育、学有优教的高质量基础教育体系"。[①] 推进广州学前教育高质量发展，一是要加快优化学前教育资源结构。2023年，全市在园幼儿数首次出现减少趋势，预计适龄幼儿数将持续下降，必须提前做好资源配备的优化与预警。二是要继续提升学前教育质量。学前教育在快速发展的同时，仍然存在保教质量参差不齐、教育活动"小学化"、幼儿教师队伍不稳定、办园行为不够规范等问题。为此，广州市要继续深化幼儿园教育改革、坚决纠正幼儿园"小学化"倾向、着力建设专业稳定的保教队伍、严格规范办园行为。三是要加大学前教育财政投入力度。市、区政府要统筹财力和资源办好学前教育，确保学前教育生均一般公共预算教育支出逐年只增不减。推动区级财政性学前教育经费占同级财政性教育经费比例不低于5%，落实《广州市普惠性幼儿园生均定额补助实施办法》。市设立质量提升专项经费，用于提升课程质量、实施幼小科学衔接等。继续实施残疾儿童免费学前教育，保障家庭经济困难儿童接受普惠性学前教育。

---

① 教育部、国家发展和改革委员会、财政部：《关于实施新时代基础教育扩优提质行动计划的意见》（教基〔2023〕4号），https://www.gov.cn/gongbao/2023/issue_10726/202309/content_6906513.html，最后检索时间：2024年3月6日。

参考文献

洪秀敏、朱文婷：《我国学前教育高质量发展的逻辑内涵、现实挑战与现代化路径》，《东北师大学报》（哲学社会科学版）2024年第2期。

刘绍怀、高桂梅：《中国式学前教育现代化：内涵、本质与实践进路》，《思想战线》2024年第2期。

施桂红、冯江英、王婷：《从学前教育普惠性到普惠性学前教育——2010—2022年我国普惠性学前教育发展研究热点与前沿分析》，《教育理论与实践》2023年第17期。

王声平、刘丽琼：《县级政府推进县域学前教育资源配置的政策与反思——基于浙江省9县21份学前教育政策文本的分析》，《内蒙古师范大学学报》（教育科学版）2023年第1期。

B.3
2023年广州义务教育发展状况
与2024年展望

张 丹*

摘 要: 2023年,广州市全力保障义务教育阶段的学位供给,开展多种形式的校长教师交流轮岗,扎实推进"双减"工作取得实效,全面促进了义务教育优质均衡发展。针对义务教育区域发展不均衡、师资配置不平衡、义务教育优质均衡发展还不能与广州教育高质量发展相匹配等问题,广州市仍需加大力度推动全市义务教育优质均衡发展和城乡一体化发展,不断为广州教育高质量发展助力。

关键词: 义务教育 高质量发展 广州

一 广州市义务教育发展总体情况分析

2023年,广州市义务教育阶段学校共有1440所,其中小学1008所,初中432所;义务教育阶段在校生175.39万人,其中小学在校生129.45万人,初中在校生45.94万人;义务教育阶段专任教师有10.67万人,其中小学专任教师7.13万人,初中专任教师3.54万人。

全市义务教育阶段公办学校有1143所,占比为79.38%;民办学校有297所,占比为20.62%,其中民办小学126所,民办初中171所。全市义

---

* 张丹,广州市教育研究院教育规划与政策研究所助理研究员,主要研究方向为教育政策、中小学教育等。

务教育阶段公办学校在校学生有 139.33 万人，占比 79.44%；民办在校学生有 36.06 万人，占比 20.56%，其中民办小学在校生 26.69 万人，民办初中在校生 9.37 万人。全市义务教育阶段公办学校专任教师共 8.37 万人，占比 78.33%；民办专任教师共 2.31 万人，占比 21.67%，其中民办小学专任教师 1.55 万人，民办初中专任教师 0.77 万人。

（一）义务教育学校规模逐步扩大，尤其是公办学校数量增长幅度较大

2020~2023 年，全市义务教育学校数量逐年增加，其中，公办学校数量逐年增加，民办学校数量逐年减少。2023 年，全市义务教育公办学校有 1143 所，占比 79.38%，比 2020 年增加了 73 所，提高了 3.55 个百分点；民办学校有 297 所，占比 20.63%，比 2020 年减少了 44 所，占比下降了 3.54 个百分点（见表1）。

表1　2020~2023 年广州市义务教育学校规模情况

年份	学校数（所）	公办学校数及占比		民办学校数及占比	
		学校数（所）	占比（%）	学校数（所）	占比（%）
2020	1411	1070	75.83	341	24.17
2021	1413	1079	76.36	334	23.64
2022	1421	1119	78.75	302	21.25
2023	1440	1143	79.38	297	20.63

资料来源：《广州市教育统计手册》（2020~2023 学年度）。

2020~2023 年，全市义务教育阶段学校在校生数量逐年增加，其中，公办学校在校生数量逐年增加，民办学校在校生数量逐年减少。2023 年，全市义务教育公办学校在校生有 1393267 人，占比 79.44%，比 2020 年增加了 314769 人，占比提高了 7.96 个百分点；民办学校在校生有 360621 人，占比 20.56%，比 2020 年减少了 69737 人，占比下降了 7.96 个百分点（见表2）。

表 2　2020~2023 年广州市义务教育学校在校学生数情况

年份	在校学生数（人）	公办学校在校学生数及占比		民办学校在校学生数及占比	
		人数（人）	占比（%）	人数（人）	占比（%）
2020	1508856	1078498	71.48	430358	28.52
2021	1572359	1152897	73.32	419462	26.68
2022	1636323	1267759	77.48	368564	22.52
2023	1753888	1393267	79.44	360621	20.56

资料来源：《广州市教育统计手册》（2020~2023 学年度）。

（二）义务教育阶段专任教师队伍持续壮大，师资配备水平不断提高

2020~2023 年，全市义务教育阶段专任教师数量逐年增加，其中，公办学校专任教师数量逐年增加，民办学校专任教师数量逐年减少。2023 年，全市义务教育公办学校专任教师有 83658 人，占比 78.33%，比 2020 年增加了 16085 人，占比提高了 5.86 个百分点；民办学校专任教师为 23144 人，占比 21.67%，比 2020 年减少了 2527 人，占比下降了 5.86 个百分点（见表 3）。

表 3　2020~2023 年广州市义务教育学校专任教师情况

年份	专任教师数（人）	公办学校专任教师数及占比		民办学校专任教师数及占比	
		总数（人）	占比（%）	总数（人）	占比（%）
2020	93244	67573	72.47	25671	27.53
2021	97447	71342	73.21	26105	26.79
2022	101133	77808	76.94	23325	23.06
2023	106802	83658	78.33	23144	21.67

资料来源：《广州市教育统计手册》（2020~2023 学年度）。

2023 年，广州市小学阶段生师比为 18.15，初中阶段生师比为 12.94。2020~2023 年，全市小学阶段生师比有所波动，2023 年生师比是这 4 年来最高值，初中阶段生师比逐年递增。全市小学专任教师中具有本科及以上学历的占比逐年递增，2023 年较 2020 年增长了 12.16 个百分点；初中专任教师中具有本科及以上学历的占比也逐年递增，2023 年较 2020 年增长了 3.77 个百分点（见表 4）。

表4　2020～2023年广州市义务教育学校专任教师配备情况

年份	小学		初中	
	生师比	具有本科及以上学历占比(%)	生师比	具有本科及以上学历占比(%)
2020	17.97	80.82	12.53	94.69
2021	17.92	85.65	12.57	96.35
2022	17.90	89.93	12.77	97.55
2023	18.15	92.98	12.94	98.46

资料来源:《广州市教育统计手册》(2020～2023学年度)。

（三）义务教育学校办学条件发展有所放缓

2023年，义务教育阶段学校办学条件中，小学、初中学校生均占地面积分别为12.46平方米和29.61平方米，生均校舍面积分别为6.76平方米和18.44平方米，生均图书分别为22.68册和41.13册。2020～2023年，从生均占地面积、生均校舍面积和生均图书这三个指标来看，全市义务教育阶段学校办学条件总体水平呈下降趋势，2023年小学和初中这三个指标的值是这4年来最低。具体来看，2023年较2020年小学和初中的生均占地面积分别减少了1.24平方米和2.37平方米，小学和初中的生均校舍面积分别减少了0.42平方米和0.19平方米，小学和初中的生均图书分别减少了1.3册和3.93册（见表5）。

表5　2020～2023年广州市义务教育阶段学校办学条件情况

年份	生均占地面积(平方米)		生均校舍面积(平方米)		生均图书(册)	
	小学	初中	小学	初中	小学	初中
2020	13.70	31.98	7.18	18.63	23.98	45.06
2021	13.28	32.13	7.04	19.27	23.61	44.71
2022	13.11	31.59	6.96	19.31	23.52	42.88
2023	12.46	29.61	6.76	18.44	22.68	41.13

资料来源:《广州市教育统计手册》(2020～2023学年度)。

（四）义务教育阶段随迁子女在公办就读的占比呈不断上升趋势

2023 年，广州市义务教育阶段随迁子女在校生总数为 50.81 万人，占在校生总数的 28.97%；进城务工人员随迁子女总数为 33.12 万人，占在校生总数的 18.88%。其中，在公办学校就读的随迁子女为 23.94 万人，占比 47.12%；在公办学校就读的进城务工人员随迁子女总数为 13.95 万人，占比 42.12%。2020~2023 年 4 年间，全市义务教育阶段随迁子女总数呈减少趋势，2023 年较 2020 年减少了 8.16 万人，降低了 10.11 个百分点；进城务工人员随迁子女总数总体呈增加趋势，2022 年是 4 年来的最高值，2021 年是最低值，2023 年较 2020 年增加了 1.41 万人，占比下降 2.14 个百分点。2020~2023 年 4 年间，在公办学校就读的随迁子女总数总体呈减少趋势，2023 年较 2020 年减少 1.31 万人，占比下降了 4.30 个百分点；在公办学校就读的进城务工人员随迁子女总数总体呈增加趋势，2023 年较 2020 年增加了 0.49 万人，但占比下降了 0.31 个百分点（见表 6）。

表 6　2020~2023 年广州市义务教育阶段随迁子女及进城
务工人员随迁子女的就读情况

年份	随迁子女				进城务工人员随迁子女			
	合计（人）	占在校生总数的比重（%）	其中在公办学校就读（人）	占比（%）	合计（人）	占在校生总数的比重（%）	其中在公办学校就读（人）	占比（%）
2020	589641	39.08	252504	42.82	317122	21.02	134555	42.43
2021	526236	33.92	226879	43.11	315391	20.33	136704	43.34
2022	527309	32.23	246693	46.78	345482	21.11	144501	41.83
2023	508062	28.97	239423	47.12	331189	18.88	139485	42.12

资料来源：《广州市教育统计手册》（2020~2023 学年度）及广东省教育信息平台。

二　广州市义务教育均衡发展区域比较分析

1. 义务教育阶段办学规模区域发展不均衡

2023 年，全市小学学校数量最多的是白云区（174 所），最少的是越秀区（46 所）；小学班级数最多的是番禺区（4651 个），最少的是南沙区

（1700个）；小学在校生数最多的是白云区（184786人），最少的是从化区（70706人）。全市小学校均规模最大的是越秀区（1782.59人），最小的是从化区（1039.79人）。全市小学班均规模最大的是越秀区（42.31人），最少的是从化区（39.63人）。

2023年，全市初中学校数量最多的是花都区（72所），最少的是越秀区（17所）；初中班级数最多的是番禺区（1404个），最少的是从化区（602个）；初中在校生数最多的是番禺区（60747人），最少的是南沙区（26143人）。全市初中校均规模最大的是越秀区（2401.24人），最小的是花都区（735.74人）。全市初中班均规模最大的是从化区（46.12人），最小的是荔湾区（40.65人）（见表7）。

表7　2023年广州市义务教育学校办学规模区域比较情况

区域	学校数(所)		班级数(个)		在校生数(人)		校均规模(人)		班均规模(人)	
	小学	初中	小学	初中	小学	初中	小学	初中	小学	初中
荔湾区	48	26	1880	730	74862	29672	1559.63	1141.23	39.82	40.65
越秀区	46	17	1938	910	81999	40821	1782.59	2401.24	42.31	44.86
海珠区	86	25	2459	818	98322	35140	1143.28	1405.60	39.98	42.96
天河区	74	37	3077	976	126855	41240	1714.26	1114.59	41.23	42.25
白云区	174	58	4435	1323	184786	57604	1061.99	993.17	41.67	43.54
黄埔区	69	35	2446	860	97926	36406	1419.22	1040.17	40.04	42.33
番禺区	143	67	4651	1404	184686	60747	1291.51	906.67	39.71	43.27
花都区	105	72	3836	1199	153747	52973	1464.26	735.74	40.08	44.18
南沙区	64	24	1700	598	71065	26143	1110.39	1089.29	41.80	43.72
从化区	68	19	1784	602	70706	27767	1039.79	1461.42	39.63	46.12
增城区	131	52	3760	1172	149521	50900	1141.38	978.85	39.77	43.43

资料来源：《广州市教育统计手册》（2023学年度）。

2. 义务教育阶段师资队伍发展水平区域不均衡

2023年，全市小学专任教师数量最多的是番禺区（10325人），最少的是从化区（3701人）；全市小学生师比为18.15，其中生师比最高的是从化区（19.10），最低的是黄埔区（17.29）；全市小学专任教师中具有本科及以上学历的占比为92.98%，其中比例最高的是番禺区（96.83%），最低的是荔湾区（88.81%）。全市初中专任教师数量最多的是番禺区（4832人），最少的是从化区（1982人）；全市初中生师比为12.94，其中最高的是从化区（14.01），最低的是荔湾区（11.88）；全市初中专任教师中具有本科及以上学历的占比为98.46%，其中比例最高的是越秀区（99.64%），最低的是从化区（96.47%）（见表8）。

表8 2023年广州市义务教育学校师资队伍区域比较情况

区域	小学			初中		
	专任教师数（人）	生师比	具有本科及以上学历占比（%）	专任教师数（人）	生师比	具有本科及以上学历占比（%）
荔湾区	4084	18.33	88.81	2498	11.88	97.16
越秀区	4442	18.46	91.33	3062	13.33	99.64
海珠区	5341	18.41	92.40	2683	13.10	98.88
天河区	7252	17.49	95.71	3242	12.72	98.40
白云区	9930	18.61	89.39	4484	12.85	98.37
黄埔区	5665	17.29	94.85	2908	12.52	98.52
番禺区	10325	17.89	96.83	4832	12.57	98.99
花都区	8291	18.54	93.19	3830	13.83	99.01
南沙区	3852	18.45	95.09	2080	12.57	98.13
从化区	3701	19.10	90.38	1982	14.01	96.47
增城区	8428	17.74	92.16	3890	13.08	98.23

资料来源：《广州市教育统计手册》（2023学年度）。

3. 初中学校办学条件区域差距大

办学条件的极差率（Range Ratio）是指某项指标的最大值与最小值之比，一般比值越大说明该项指标方面的差距程度越大。2023年，小学生均占地面积最大的是从化区（20.43平方米），最小的是越秀区（4.49平方米）；生均校舍面积最大的是南沙区（8.18平方米），最小的是天河区（4.99平方米）；生均图书最多的是从化区（28.11册），最少的是增城区（17.45册）。初中阶段生均占地面积最大的是增城区（49.42平方米），最小的是越秀区（5.51平方米）；生均校舍面积最大的是增城区（27.43平方米），最小的是越秀区（4.82平方米）；生均图书最多的是花都区（60.94册），最少的是越秀区（24.22册）。全市初中生均占地面积极差率值最大，达到8.97；初中生均校舍面积极差率值也较高，为5.69（见表9）。

表9　2023年广州市义务教育学校办学条件区域比较情况

区域	小学			初中		
	生均占地面积 （平方米）	生均校舍面积 （平方米）	生均图书 （册）	生均占地面积 （平方米）	生均校舍面积 （平方米）	生均图书 （册）
荔湾区	6.31	5.40	20.24	15.70	13.59	38.11
越秀区	4.49	5.28	25.65	5.51	4.82	24.22
海珠区	7.89	6.36	27.12	12.63	9.61	29.65
天河区	6.73	4.99	18.56	14.03	9.21	31.56
白云区	13.14	7.87	27.11	27.25	21.95	36.39
黄埔区	12.68	7.96	17.60	33.77	24.93	37.77
番禺区	13.80	6.91	24.29	41.77	24.61	55.22
花都区	12.30	6.62	19.27	37.41	22.29	60.94
南沙区	20.21	8.18	27.34	42.86	23.36	37.66
从化区	20.43	7.24	28.11	33.68	10.85	33.71
增城区	17.84	6.94	17.45	49.42	27.43	48.29
极差值	15.94	3.19	10.66	43.91	22.61	36.72
极差率	4.55	1.64	1.61	8.97	5.69	2.52

资料来源：《广州市教育统计手册》（2023学年度）。

三　穗深京沪杭及全国义务教育发展比较分析

（一）广州市义务教育总体规模在五市中位居第二

2022年，与京沪深杭相比，广州市义务教育学校数量和在校生数总量最多，班级数量仅次于北京市，义务教育总体规模在五市中位居第二。广州市校均规模（1151.53人）仅高于上海市（1126.96人），广州市班均规模（40.92人）仅次于深圳市（45.00人）（见表10）。

表10　2022年穗深京沪杭义务教育规模比较

城市	学校数（所）	班数（个）	在校生数（人）	校均规模（人）	班均规模（人）
广州	1421	39987	1636323	1151.53	40.92
深圳	749	35299	1588437	2120.74	45.00
北京	1052	41952	1439633	1368.47	34.32
上海	1279	39113	1441385	1126.96	36.85
杭州	812	——	987901	1216.63	——
全国	201597	3965937	158526559	786.35	39.97

资料来源：广州数据来自《广州市教育统计手册》（2022学年度），深圳数据来自广东省教育信息平台，北京、上海及全国数据来自教育部《2022年教育统计数据》，杭州数据来自《2023年杭州统计年鉴》。

（二）广州市义务教育专任教师规模在五市中位居第三

2022年，与京沪深杭相比，广州市义务教育专任教师总数仅次于北京和上海，位居第三。广州市义务教育阶段生师比（16.18）在五市中最高，且高于全国平均值（14.88）。在专任教师学历层次方面，广州市具有研究生学历的专任教师占比较低，在五市中居最末位；具有本科学历的专任教师占比较高，高于京沪深。在专任教师职称层次方面，广州市具有中级职称及以上的专任教师占比（36.19%）仅高于深圳市（31.26%）。由此可见，广州市义务教育专任教师总量较大，但师资配备水平还有待进一步加强，高一级学历的专任教师占比还有待提高（见表11）。

表11　2022年穗深京沪杭义务教育专任教师情况比较

城市	专任教师数（人）	生师比	研究生毕业占比（%）	本科毕业占比（%）	中级职称及以上占比（%）
广州	101133	16.18	8.01	84.47	36.19
深圳	100353	15.83	20.54	74.77	31.26

城市	专任教师数（人）	生师比	研究生毕业占比（%）	本科毕业占比（%）	中级职称及以上占比（%）
北京	116777	12.33	18.64	78.52	39.00
上海	112702	12.79	15.45	78.81	45.86
杭州	65802	15.01	——	——	——
全国	10654618	14.88	3.24	77.78	39.27

资料来源：广州数据来自《广州市教育统计手册》（2022学年度），深圳数据来自广东省教育信息平台，北京、上海及全国数据来自教育部《2022年教育统计数据》，杭州数据来自《2023年杭州统计年鉴》。

（三）广州市义务教育办学条件在穗深京沪四市中居前

2022年，广州市义务教育办学条件与深京沪相比，生均校舍面积位居首位；生均占地面积仅次于上海市；每百名学生拥有计算机数量位居首位；生均图书数量仅次于上海市。因此从总体上看，广州市义务教育阶段学校的办学条件较好，处于四市中的前列（见表12）。

表12　2022年穗深京沪义务教育办学条件比较

城市	生均校舍面积（平方米）	生均占地面积（平方米）	每百名学生拥有计算机（台）	生均图书（册）
广州	15.63	18.17	15.46	38.53
深圳	15.47	10.66	12.25	27.13
北京	9.11	17.09	13.00	27.06
上海	11.61	19.06	13.88	39.12
全国	10.22	17.99	9.88	28.63

资料来源：广州数据来自《广州市教育统计手册》（2022学年度），深圳数据来自广东省教育信息平台，北京、上海及全国数据来自教育部《2022年教育统计数据》。

（四）广州市义务教育生均一般公共预算教育经费在穗深京沪四市中居后

2022年，广州市义务教育阶段生均一般公共预算教育经费与深京沪相比，小学和初中的生均一般公共预算教育经费都是最少的，在四市中位居最后（见表13）。

表 13　2022 年穗深京沪义务教育经费比较

单位：元

城市	生均一般公共预算教育经费	
	小学	初中
广州	21632.34	38580.80
深圳	35895.24	48093.12
北京	35896.90	62214.95
上海	32009.96	45055.84
全国	12791.64	18151.98

资料来源：广州、深圳数据来自广东省教育厅、省财政厅、省统计局发布的《2022 年全省教育经费执行情况统计表》，北京、上海和全国数据来自教育部、国家统计局、财政部发布的《2022 年全国教育经费执行情况统计表》。

四　广州市义务教育发展的举措与经验

2023 年，广州市教育系统以习近平新时代中国特色社会主义思想为指导，全面贯彻党的教育方针，落实立德树人根本任务，加快构建公平卓越、活力创新、开放包容的广州教育高质量发展体系，办好人民满意的教育。

（一）推进义务教育优质均衡发展，继续扩大义务教育学位供给

广州市教育局通过预判 2023 年学位需求，组织全市义务教育阶段学校深入摸排招生风险，发动广大义务教育学校挖潜扩容，新增公办基础教育设施可提供的学位数达到 7.71 万个，全力保障义务教育阶段的学位供给。2023 年，适龄儿童少年免试就近入学平稳实现应入尽入，小学一年级新生为 27.4 万人，较 2022 年增加 5.9 万人，平稳应对了 2023 年小学入学峰值；初中一年级新生共计 16.7 万人，较 2022 年增加 1.4 万人。持续开展中小学校基础设施建设三年行动计划中期调整，加大力度扩增中小学公办学位。同

时，广州市支持越秀区、南沙区申报全国义务教育优质均衡发展区。推动将全市义务教育阶段公办农村学校、新建学校和相对薄弱学校 100% 纳入教育集团，深化高质量集团化办学 3.0 版。目前，教育集团在广州市 11 个区已达到全覆盖，2023 年组建基础教育集团 158 个，实现市属基础教育集团、省优质基础教育集团培育对象 11 个区全覆盖，省优质基础教育集团培育对象数量为全省最多。广州市在继续推动集团化办学迭代升级的过程中，进一步扩大义务教育优质资源覆盖面，努力让更多孩子既能"好上学"，更能"上好学"，让教育公平向更广、更深的层面延展。

（二）深入推进并落实好"双减"工作

在推进和落实"双减"工作中，为有效解决"四点半"难题，广州市强化校内课后服务，构建涵盖学业巩固、学科拓展、综合实践、素质提升等内容的课后服务体系，提供多元化课程清单供学生选择。截至 2023 年底，全市义务教育阶段校内课后服务参与学生人数为 116.31 万，占应开展课后服务学生总数的 84.41%；实现"平躺睡"学生数为 79.21 万人，占午休托管学生总数的 94.12%。广州市有八个典型案例获教育部推广，作为试点城市唯一代表在全国"双减"工作会做经验介绍。此外，广州市以"双减"为契机推进课程改革，聚焦校内提质，建好学校主阵地。通过进一步提高课堂教学质量，特别是将"双减"有关内容纳入教师培训全过程，推进教师转变教育理念、革新教学手段、优化教学设计、丰富教学内容，严格执行课程计划，确保学生在课堂上学足学好。

（三）不断促进义务教育资源优化配置

广州市教育局制定了《关于深入推进区域内义务教育学校校长教师交流轮岗工作的补充通知》，通过开展多种形式的校长教师交流轮岗，不断优化区域内义务教育师资科学合理配置，重点引导优秀校长和骨干教师向农村学校、薄弱学校流动，切实推动区域内义务教育师资配置基本均衡、城乡之间师资配置基本均衡。目前，全市已基本实现了区域内义务教育学校校长教师交流轮岗常态化，有效推动了义务教育师资均衡发展。同时，市教育局持续提升义务教育学校办学质量，统筹推进义务教育新课程新课标实施，修订完善了广州市义务教育课程计划并推进在秋季学期落地实施。广州市教育局扎实推进"百县千镇万村高质量发展工程"，开展基础教育强基提质"2+2+1"帮扶行动，越秀与增城、天河与从化携手共进，不断缩小区域间教育差距。

（四）不断完善进城务工人员随迁子女接受义务教育工作

2023 年 5 月，广州市教育局印发了《广州市来穗人员服务管理局关于做好来穗人员随迁子女接受义务教育工作的通知》（穗教规字〔2023〕4号），继续指导全市各区开展来穗人员随迁子女接受义务教育工作。广州市的目标要求是公办义务教育在校生比例（含政府购买学位）为 100%，进城务工人员随迁子女入读义务教育阶段公办学校（含政府购买学位）比例为100%。2023 年，全市公办义务教育在校生比例（含政府购买学位服务）达96.57%，进城务工人员随迁子女入读义务教育阶段公办学校（含政府购买学位）比例达 91.90%，未完成目标要求。全市目前还存在一些问题及困难，比如购买民办义务教育学位服务工作需投入的经费较多，部分区的财政压力大。

五　广州义务教育发展的展望与建议

2024 年是实施"十四五"规划的关键一年，在市委、市政府坚强领导下，广州教育以"二次创业"的姿态，锚定"大干十二年、再造新广州"的目标，为广州实现老城市新活力、"四个出新出彩"，继续在高质量发展方面发挥领头羊和火车头作用，更好地支撑和服务广州高质量发展大局。本文为促进广州义务教育高质量发展提出如下建议。

（一）不断促进义务教育城乡一体化发展，逐步缩小区域间差距

推动《广州市"百县千镇万村高质量发展工程"教育行动方案（2023～

2027年）》的落实，该方案是由广州市教育局研制，聚焦补齐乡村教育发展的短板，目标是要着力推动义务教育优质均衡发展和城乡一体化。通过加强对全市中小学校建设的统筹规划，市教育局会同市发展改革、财政部门一道，指导督促各区项目推进，对项目进展情况、相关政策落实情况进行督导检查，按照市区联动、以区为主的原则，强化各区政府在中小学校建设中的主体责任。同时，广州市推动义务教育优质均衡区创建工作，按照"市级统筹协调、区级负责、部门联动"以及"成熟一区、申报一区"的工作原则，压实各区政府创建主体责任，推进义务教育优质均衡发展区创建工作。

（二）打造高质量的教师队伍是广州教育迈向新阶段的重要基石

广州市教育局全力推进专任教师高一层次学历提升工作，持续开展学历提升计划、召开全市学历提升专题工作会议、到薄弱区进行专项调研、建立定期通报机制。2024年，力争全市小学和初中阶段专任教师高一层次学历占比分别达到93%、99%；2025年，力争全市小学和初中阶段专任教师高一层次学历占比分别达到95%、100%。市教育局落实《关于深入推进区域内义务教育学校校长教师交流轮岗工作的补充通知》，增加骨干教师、特级教师、正高级教师的流动比例。持续强化广州市"1+6+11+N"① 教师发展支持体系建设，认定一批中小学教师发展"基地学校"，推进教育专家、名校长、名教师、名班主任工作室建设。同时，全市高质量实施"羊城菁英校长培养工程"，落实中小学教师"三类四阶段"和中职教师"两类四阶段"进阶式培训，抓好中职学校"双师型"教师队伍建设，推动各区落实好10%的骨干教师认定及培养工作，提升教师教科研能力。同时，加强对教师的关心，缓解教师心理压力，全市建立健全心理问题预防和监测机制，做好针对性心理培训，创造良好的工作环境，切实减轻教师非教学负担，让广大教师聚焦教书育人主业，安心从教、静心从教。

---

① "1+6+11+N"："1"是指广州市教育局；"6"是指全市六个市级教育发展中心；"11"是指11个区级教师发展中心；"N"是指若干所教师发展学校。

（三）持续加大义务教育经费投入

广州市继续落实教育经费投入"两个只增不减"目标，结合市本级财力情况，统筹保障基本公共教育服务需求及各项重点项目投入，充分发挥教育财务支撑、助力和引导作用，为广州市建设高质量教育体系、加快推进教育现代化提供坚强保障。与此同时，市本级预算重点保障义务教育优质均衡区项目、义务教育民办学位补贴项目、教育数字化及科研项目师资队伍建设项目。

参考文献

林鑫、陈长兴：《义务教育优质均衡发展的社会认可度现状及其影响因素——基于S省24个县（市、区）评估数据的分析》，《教育探索》2024年第5期。

柳海民、满莹：《优质均衡：义务教育走向中国式现代化的现实理路》，《教育研究》2024年第2期。

朱德全：《坚持义务教育优质均衡发展的"中国道路"》，《人民教育》2023年第22期。

B.4
2023年广州普通高中教育发展状况与2024年展望

刘志刚*

摘　要: 　2023年，广州市普通高中教育普及水平、师资队伍和办学条件进一步提升，但区域差异较大。相较于深京沪杭四市，广州市办学条件处于中上行列，但班均规模相对偏大，研究生学历毕业教师占比和生均教育经费均偏低。广州在普通高中学位供给、考试招生制度改革、"双新"示范区建设等方面展现出新作为。展望2024年，本文在推动广州市普通高中高质量发展聚焦普通高中扩优提质行动、拔尖创新人才培养、普通高中多样化发展等方面提出了具体建议。

关键词: 　普通高中　多样化特色发展　广州

2023年，广州教育系统坚持以习近平新时代中国特色社会主义思想为指导，深入学习习近平总书记关于建设教育强国的重要论述，全面贯彻党的二十大精神，落实立德树人根本任务，深化普通高中教育改革，进一步推进普通高中多样化特色发展，推动普通高中内涵建设，促进学生全面发展。

一　广州市普通高中教育总体情况分析

2023学年，广州市共有普通高中学校134所，较上年增加了8所；新

---

* 刘志刚，管理学博士，广州市教育研究院教育规划与政策研究所助理研究员，主要研究方向为教育政策、高中教育。

改扩建增加高中学位 1.79 万个（含民办高中），在校学生 18.36 万人，较上年增长 7.84%；普通高中毕业生 5.91 万人，较上年增长了 12.36%；全市普通高中（含特殊教育）共下达招生计划 70355 个，较上年增长了 11.91%。

（一）普通高中教育普及水平进一步提升

2020 年以来，广州市普通高中教育普及水平稳步提升，办学规模持续扩大，2023 年全市普通高中总数（不含校区）为 134 所（其中公办学校 106 所，占比 79.10%），比 2020 年增加了 14 所，增长 11.67%，其中公办普通高中增加了 3 所，民办普通高中增加了 11 所。2023 年普通高中在校生有 18.36 万人（其中公办学校在校生为 16.41 万人，占比 89.38%），比 2020 年增加近 2.42 万人，增长 15.16%，其中公办普通高中在校生人数增加 1.67 万人，占比 69.25%，为更多适龄学生提供了接受普通高中教育的机会。受规模扩大影响，广州市普通高中校均规模和班额总体呈现增长趋势。2023 年，普通高中校均规模和平均班额较 2020 年分别增长了 3.13% 和 4.28%，其中公办普通高中平均班额数比民办普通高中高 13.97%（见表 1）。根据《广州市普通中小学校建设标准指引》每班不超过 50 人的要求，广州市通过扩大班额增加学位供给尚有小幅空间。

表 1　2020~2023 年广州市普通高中规模情况

年份	学校数（所）	班数（个）	在校生数（人）	校均规模（人）	班额（人）
2020	120	3752	159450	1328.75	42.50
2021	124	3798	161633	1303.49	42.56
2022	126	3923	170272	1351.37	43.40
2023	134	4143	183621	1370.31	44.32

资料来源：《广州市教育统计手册》（2023 学年度）。

（二）普通高中教师结构进一步优化

广州着力推动教师队伍建设从规模扩大向高质量发展。全市普通高中学校100%配备劳动教育专任教师和专职心理教师。2023年广州普通高中专任教师有1.54万人（其中公办学校有1.36万人，占比88.31%），比2020年增加821人，增长了5.62%。教师学历结构不断优化，全市普通高中专任教师学历合格率由98.95%提高到99.88%，普通高中专任教师高一层次学历（研究生学历）占比由19.70%提高到29.16%（其中公办普通高中为29.92%，民办普通高中为23.54%），更好地满足了教育教学需要。受规模扩大影响，全市普通高中生师比由10.91上升至11.89，一定程度上反映了广州市在实施选课走班教学模式下仍然面临师资紧张问题（见表2）。

表2　2020~2023年广州市普通高中专任教师配备情况

年份	专任教师数（人）	生师比	专科毕业教师数及占比		本科毕业教师数及占比		研究生毕业教师数及占比	
			人数（人）	占比（%）	人数（人）	占比（%）	人数（人）	占比（%）
2020	14620	10.91	153	1.05	11587	79.25	2880	19.70
2021	14713	10.99	22	0.15	11096	75.42	3595	24.43
2022	14885	11.44	18	0.12	10931	73.44	3934	26.43
2023	15441	11.89	18	0.12	10918	70.71	4503	29.16

资料来源：《广州市教育统计手册》（2023学年度）。

（三）普通高中办学条件进一步改善

硬件方面，广州市普通高中在生均占地面积、运动场地面积和教学仪器设备值方面均呈现逐年增长的态势。普通高中生均教学仪器设备值、生均占地面积和生均运动场地面积增幅较大，2023年较2020年分别增长了22.03%、17.39%和15.89%；普通高中生均校舍面积增幅相对较小，为9.17%。生均图书和每百名学生拥有计算机台数均有所下降，其中民办普通高中指标低于公办高中（见表3）。总体来说，全市普通高中办学条件逐步提升，学生学习成长环境得到改善。

表3　2020~2023年广州市普通高中办学条件

年份	生均校舍面积（平方米）	生均占地面积（平方米）	生均运动场地面积（平方米）	生均教学仪器设备值（元）	每百名学生拥有计算机台数（台）	生均图书（册）
2020	58.86	40.66	14.85	10348.41	65.13	86.56
2021	61.41	41.77	16.01	12226.02	68.73	87.93
2022	61.01	44.17	16.12	12373.75	47.65	84.64
2023	64.26	47.73	17.21	12627.90	48.23	80.35

资料来源：《广州市教育统计手册》（2023学年度）。

二　广州市普通高中教育发展的区域比较

（一）普通高中教育办学规模区域差异大

2023年，全市普通高中学校数量居前的区依次为增城区（17所）、越秀区（15所）和番禺区（15所），最少的区是从化区（8所）。在校学生数占比居前的区依次为越秀区（15.45%）、番禺区（14.05%）、白云区（10.24%）和增城区（9.82%），这四个区普通高中学位供应量占比接近全市的一半（49.56%）；在校学生数占比靠后的区分别是黄埔区（5.49%）、南沙区（6.08%）和从化区（6.45%），在校生最多的区（越秀区）是最少的区（黄埔区）的2.81倍，普通高中办学规模区域差异较大（见图1）。根据《广州市普通中小学校建设标准指引》中普通高中每千人学位数不低于25座的标准[①]，全市除越秀区之外，其他各区均存在学位紧张问题，供需矛盾较为突出（见表4）。全市校均规模较大的区为越秀区、番禺区和荔湾区，校均规模较小的区为南沙区和黄埔区，规模最大的区（越秀区）是最小区（南沙区）的2.03倍。普通高中班额方面，荔湾区、越秀区、花都

[①] 广州市教育局、广州市发展和改革委员会、广州市财政局、广州市规划和自然资源局、广州市住房和城乡建设局：《广州市普通中小学校建设标准指引》，https://www.gz.gov.cn/xw/tzgg/content/mpost_8013836.html，最后检索时间：2024年5月26日。

区班额较大，天河区、黄埔区、南沙区班额较小，班额最大的区（荔湾区）是最小区（天河区）的1.18倍。各区民办普通高中学生数差异较大，海珠区、白云区、从化区和天河区民办普通高中学生较多，占比均超过20%，其他区民办普通高中学生占比均相对较小，最高为10.85%（南沙区），越秀区、荔湾区、黄埔区民办普通高中学生最少，其中越秀区没有民办普通高中。

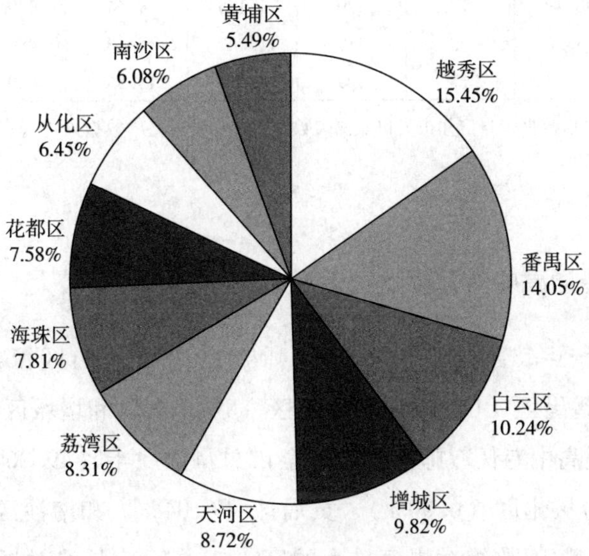

图1　2023年广州市普通高中在校生规模区域比较

资料来源：《广州市教育统计手册》（2023学年度）。

表4　2023年广州市普通高中学位供给区域比较

区　域	常住人口数（万人）	学校数（所）	班数（个）	在校生数（人）	千人学位数（座）	校均规模（人）	班均学生（人）
全　市	1882.70	134	4143	183621	9.75	1370.31	44.32
荔湾区	113.30	9	325	15257	13.47	1695.22	46.94
越秀区	96.00	15	613	28378	29.56	1891.87	46.29
海珠区	176.83	11	327	14338	8.11	1303.45	43.85

续表

区 域	常住人口数 （万人）	学校数 （所）	班数 （个）	在校生数 （人）	千人学位数 （座）	校均规模 （人）	班均学生 （人）
天河区	223.80	13	404	16020	7.16	1232.31	39.65
白云区	366.68	14	426	18809	5.13	1343.50	44.15
黄埔区	122.21	10	247	10082	8.25	1008.20	40.82
番禺区	282.29	15	572	25790	9.14	1719.33	45.09
花都区	172.87	10	301	13911	8.05	1391.10	46.22
南沙区	96.79	12	270	11169	11.54	930.75	41.37
从化区	73.26	8	259	11842	16.16	1480.25	45.72
增城区	158.67	17	399	18025	11.36	1060.29	45.18

资料来源：人口数据来自广州市人口监测大数据平台，普通高中数据来自《广州市教育统计手册》（2023学年度）。

（二）普通高中教育师资队伍配备水平区域差距较大

2023年，全市普通高中专任教师数占比居前的区依次是越秀区（15.02%）、番禺区（13.74%）、白云区（10.27%）和增城区（10.23%），这四个区普通高中专任教师数量接近全市总量的一半（49.26%），占比靠后的区分别为从化区（6.00%）、黄埔区（6.04%）和南沙区（6.08%），普通高中专任教师数绝对规模最大的区（越秀区）是绝对规模最小的区（从化区）的2.5倍（见图2）。2023年全市普通高中生师比为11.89，其中生师比居高的从化区（12.77）和海珠区（12.51），已经超过教育部公布的标准（12.5∶1），师资最为紧张；生师比指标较优的区为天河区（10.58）和黄埔区（10.81）。全市普通高中专任教师中具有研究生学历的占比为29.16%，其中排名靠前的是越秀区（42.26%）和天河区（36.33%），比例最低的是从化区（13.16%）（见表5）。普通高中专任教师高一层次学历（研究生学历）占比极差率（指标的最大值与最小值之比）由2020年的3.27降为2023年的3.21，呈逐步缩小态势，但缩小进程较为缓慢。

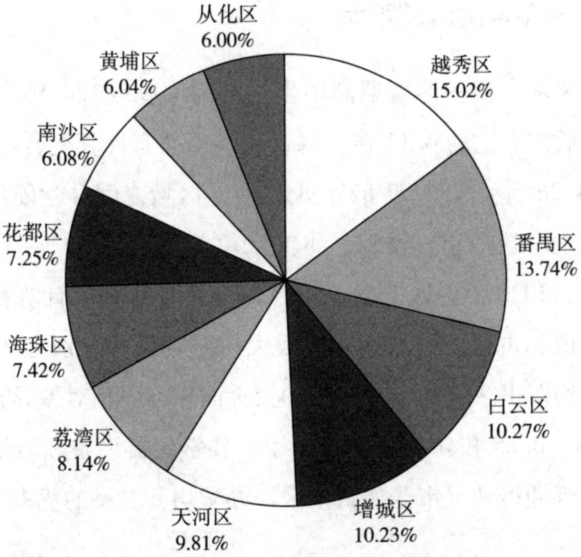

图2 2023年广州市普通高中专任教师规模区域比较

资料来源：《广州市教育统计手册》（2023学年度）。

表5 2023年广州市普通高中教育学校师资队伍区域比较情况

区　域	专任教师数（人）	生师比	研究生学历占比（%）
全　市	15441	11.89	29.16
荔湾区	1257	12.14	32.70
越秀区	2319	12.24	42.26
海珠区	1146	12.51	31.06
天河区	1514	10.58	36.33
白云区	1586	11.86	23.96
黄埔区	933	10.81	29.80
番禺区	2121	12.16	24.14
花都区	1119	12.43	21.00
南沙区	939	11.89	33.12
从化区	927	12.77	13.16
增城区	1580	11.41	23.29

资料来源：《广州市教育统计手册》（2023学年度）。

（三）办学条件区域差距大

从极差率来看，南沙区普通高中生均占地面积（124.50 平方米）是海珠区（30.31 平方米）的 4.11 倍，每百名学生拥有计算机台数（96.58 台）是花都区（14.26 台）的 6.77 倍（见表6），区域之间办学硬件条件差距很大。考虑到个别区极值指标情况，本文采用差异系数（CV①）来计算各区办学条件状况，2023 年各区普通高中在每百名学生拥有计算机台数、生均教学仪器设备值和占地面积方面差异较大，差异系数分别为 0.52、0.45 和 0.40，而在生均图书、运动场地面积和校舍面积方面相对差异较小，差异系数分别为 0.14、0.25 和 0.36。总体来说，教学仪器设备和教学用计算机配备方面可成为近期推动全市普通高中区域办学均衡发展的优先考虑。

表6　2023 年广州市普通高中办学条件区域比较情况

区域	生均占地面积（平方米）	生均校舍面积（平方米）	生均运动场地面积（平方米）	生均教学仪器设备值（元）	每百名学生拥有计算机台数（台）	生均图书（册）
全市合计	64.26	47.73	17.21	12627.90	48.23	80.35
荔湾区	52.85	43.18	15.13	23812.98	75.31	97.13
越秀区	50.46	40.19	15.80	19370.19	55.20	90.91
海珠区	30.31	29.27	10.91	13328.83	49.59	88.65
天河区	64.29	53.99	16.78	18572.38	48.80	72.01
白云区	57.93	41.22	19.28	12368.34	28.27	84.07
黄埔区	73.83	71.46	18.98	10764.50	71.22	73.94
番禺区	42.36	32.46	13.34	7123.20	28.77	72.72
花都区	61.08	41.14	16.94	6835.47	14.26	66.91
南沙区	124.50	81.50	27.02	10497.90	96.58	96.88
从化区	54.57	30.57	14.04	7135.27	26.03	72.52
增城区	94.65	60.10	21.12	9097.84	36.55	68.16
极差率	4.11	2.78	2.48	3.48	6.77	1.45

资料来源：《广州市教育统计手册》（2023 学年度）。

---

① 差异系数（Coefficient of Variation，CV），又称变异系数，是标准差与平均数的比值，它是衡量数据离散程度的关键统计指标。差异系数越大，代表数据离散程度越高；反之亦然。

三 穗深京沪杭普通高中教育发展比较

本部分基于普通高中办学规模、师资、办学条件、经费投入等方面数据，从穗深京沪杭及全国比较的视角，分析广州普通高中教育发展情况。

（一）广州普通高中校均、班均规模相对偏大

2022 年，广州市普通高中在校学生数在穗深京沪杭五市中处于第四位，仅比杭州市多，低于北京、上海、深圳（见表7）。相对于当年常住人口而言，广州普通高中学位供给比例低于杭州和深圳，与北京相当，高于上海。广州市普通高中校均规模（1351 人）在穗深京沪四市中位居第一，并显著高于上海（689 人）和北京（567 人）；广州市普通高中班均规模（43 人），远高于北京（34 人）、上海（38 人），略低于深圳（45 人），基于班额优化配置推进普通高中学位供给仍面临较大的压力。

表 7 2022 年穗深京沪杭及全国普通高中教育规模比较

地区	学生数（人）	班数（个）
广州	170272	3923
深圳	194735	4344
北京	198928	5831
上海	192936	5140
杭州	138603	—
全国	27138747	557897

资料来源：广州数据来自《广州市教育统计手册》（2022 学年度），深圳数据来自广东省教育信息平台（深圳市），北京、上海及全国数据来自教育部《2022 年教育统计数据》，杭州数据来自《2023 年杭州统计年鉴》。

（二）广州普通高中专任教师高一层次学历占比偏低，专业技术职称层次较高

穗深京沪杭五市中，广州市普通高中生师比（11.44）居后，略高于深

圳市，低于其他三市，表明广州市普通高中教师配备数相对不充裕（见表8）。2022 年，广州市普通高中专任教师研究生毕业数为 3934 人，占比 26.43%，在穗深京沪四市中处于最末，显著低于深圳（43.16%）和北京（40.55%），高于全国平均水平（13.08%）。广州普通高中专任教师本科及以上学历为 99.87%，低于上海（99.99%），高于北京（99.84%）和深圳（99.76%）（见表9）。

表8　2022 年穗深京沪杭普通高中专任教师配备数比较

地区	专任教师数（人）	研究生毕业教师数（人）	本科毕业教师数（人）	专科毕业教师数（人）	生师比
广州	14885	3934	10931	18	11.44
深圳	16568	7150	9377	39	11.75
北京	22789	9242	13512	34	8.73
上海	20127	7029	13096	2	9.59
杭州	12815	—	—	—	10.82
全国	2133159	278939	1833450	20383	12.72

资料来源：广州数据来自《广州市教育统计手册》（2022 学年度），深圳数据来自广东省教育信息平台（深圳市），北京、上海及全国数据来自教育部《2022 年教育统计数据》，杭州数据来自《2023 年杭州统计年鉴》。

表9　2022 年穗深京沪杭普通高中专任教师学历比较

地区	专任教师数（人）	研究生毕业教师占比（%）	本科毕业教师占比（%）	专科毕业教师占比（%）
广州	14885	26.43	73.44	0.12
深圳	16568	43.16	56.60	0.24
北京	22789	40.55	59.29	0.15
上海	20127	34.92	65.07	0.01
杭州	12815	—	—	—
全国	2133159	13.08	85.95	0.96

资料来源：广州数据来自《广州市教育统计手册》（2022 学年度），深圳数据来自广东省教育信息平台（深圳市），北京、上海及全国数据来自教育部《2022 年教育统计数据》，杭州数据来自《2023 年杭州统计年鉴》。

广州普通高中教育专任教师高级职称占比 34.89%，在穗深京沪四市中处于第二位，低于北京（39.09%），高于上海（27.96%）和深圳（24.06%）；

广州普通高中教育专任教师中级职称及以上占比为73.38%，在四市中列首位，远高于全国平均水平（60.78%）和深圳（52.78%）（见表10）。

表10　2022年穗深京沪杭普通高中专任教师职称比较

地区	专任教师数（人）	高级职称教师数（人）	中级职称教师数（人）	中级职称及以上（%）
广州	14885	5193	5729	73.38
深圳	16568	3987	4758	52.78
北京	22789	8909	6643	68.24
上海	20127	5628	8165	68.53
杭州	12800	—	—	—
全国	2133159	561963	734590	60.78

资料来源：广州数据来自《广州市教育统计手册》（2022学年度），深圳数据来自广东省教育信息平台（深圳市），北京、上海及全国数据来自教育部《2022年教育统计数据》，杭州数据来自《2023年杭州统计年鉴》。

（三）广州市普通高中办学条件处于中上水平

2022年，广州市普通高中生均校舍面积低于北京，在穗深京沪四市中处于第二位；生均占地面积低于北京、上海，在穗深京沪四市中处于第三位；生均运动场地面积仅高于上海，在穗深京沪四市中处于第三位；每百名学生拥有计算机台数和生均图书量均低于北京，在穗深京沪四市中处于第二位。综合来说，广州市普通高中办学硬件条件较好，在穗深京沪四市中处于中上水平（见表11）。

表11　2022年穗深京沪普通高中办学条件比较

地区	生均校舍面积（平方米）	生均占地面积（平方米）	生均运动场地面积（平方米）	每百名学生拥有计算机台数（台）	生均图书（册）
广州	44.17	61.01	16.12	47.65	84.64
深圳	44.00	44.50	17.12	34.59	63.68
北京	68.61	90.81	27.92	64.74	110.81
上海	42.96	61.37	15.38	40.82	81.32
全国	25.07	44.52	10.94	15.62	41.41

资料来源：广州数据来自《广州市教育统计手册》（2022学年度），深圳数据来自广东省教育信息平台（深圳市），北京、上海及全国数据来自教育部《2022年教育统计数据》。

（四）广州普通高中生均教育经费偏低

2022 年，广州普通高中生均一般公共预算教育经费为 46852.08 元，虽高于全国平均水平，但在穗深京沪杭五市中位居最后，分别为深圳的 56.98%、北京的 69.41%、上海的 79.58% 和杭州的 95.29%（见图3）。

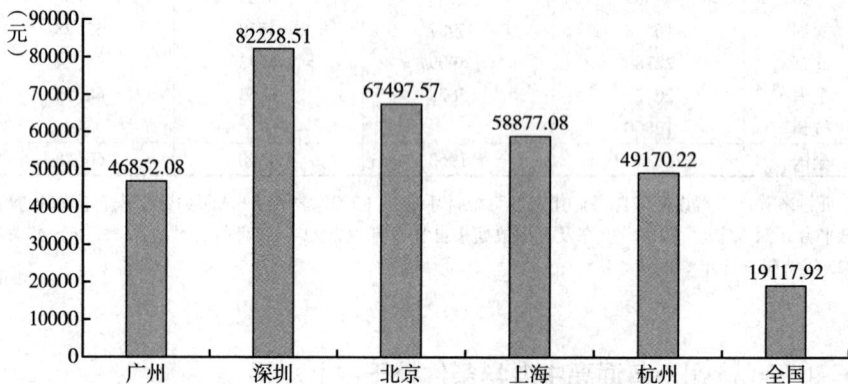

图3　2022 年穗深京沪杭及全国普通高中生均教育经费比较

资料来源：广州、深圳数据来自广东省教育厅、省财政厅、省统计局发布的《2022 年全省教育经费执行情况统计表》，北京、上海和全国数据来自教育部、国家统计局、财政部发布的《2022 年全国教育经费执行情况统计表》，杭州数据来自杭州市教育局发布的《2022 年杭州市教育经费统计分析报告》。

四　广州市普通高中教育发展的举措与经验

2023 年，广州市通过大力推进普通高中建设、增加高中学位、稳步推进中考招生制度改革等措施推进普通高中内涵发展，推动普通高中优质特色发展，促进学生全面发展。

（一）聚焦普通高中扩优提质

广州市多措并举扩大优质普通高中学位供给，加强市级统筹和规划引领，印发实施《广州市普通高中学位建设攻坚方案》和《广州市普通高中学位攻坚实施计划（2023~2025年）》，成立广州市普通高中学位建设攻坚工作领导小组，加强学位供给测算和储备项目收集，对广州普通高中发展进行全盘计划，谋划新建、改扩建、社会力量办学和综合高中四类共54个项目。指导各区做好高中阶段学位供求科学预测，压实高中学位建设责任，市区联动推动相关高中学位建设项目落地。通过增、扩、改等举措持续推进高中学位增量扩优，为人民群众提供更多普通高中教育资源。2023年，新改扩建增加高中学位1.79万个（含民办高中）。华南师范大学附属中学（知识城校区）、广东实验中学（永平校区）、广州市第六中学（从化校区）建成并投入使用。持续推进与清华大学附属中学合作办学，2023年9月学校高中部招收首届新生。扎实推进"百县千镇万村高质量发展工程"，印发《广州市基础教育强基提质"2+2+1"帮扶行动方案》，开展帮扶行动，越秀与增城、天河与从化携手共进，市教研院与白云、花都、从化、增城4区教研共建，进一步缩小区域间教育差距，把普通高中扩优提质落到实处。

（二）聚力高中"双新"示范区建设

聚焦关键领域和关键问题全面实施新课程改革，深入推进广州市普通高中新课程新教材实施省级示范区建设工作三年规划，以实施"构建以全面育人导向的教学评新生态行动方案"为抓手，通过项目推进，实现重点突破。推动区域内省级教研基地和市级学科教研基地建设，深化普通高中校本课程建设和课堂教学改革，打造特色课程群。充分发挥国家级、省级、市级示范校的示范、引领作用，建立市、区、校三级联动交流机制，探索区域整体推进新课程新教材实施的有效路径，深化推进广州市"1+3"融合主题教研新样态，大力推动教研帮扶工作机制，实现发展共赢。2023年，广州分两批新增21所普通高中入选省普通高中新课程新教材实施示范校，全市共计28所省级以上示范校，数量位居全省第一。

（三）推进高中多样化特色发展

深入推进高中多样化特色发展，加快构建具有广州特色、体现高质量标准的高中教育新生态。一是完善配套机制。广州市教育局印发实施《关于推进职普融通的实施意见》，积极创新综合高中发展思路，探索职普融通试点，构建普通高中和中职学校合作机制，推动横向融通，推进高中阶段职业教育课程的普及，为广州高中阶段学校多样化发展探索新路径。广州市教育局出台《广州市民办普通高中设置标准》，对民办普通高中的设立条件提出了明确具体的要求，推动民办高中规范特色发展。二是加强调研指导。强化顶层设计，加强全市普通高中多样发展调研论证，系统推进，引领全市普通高中学校特色发展、分类发展。指导学校基于自身办学历史、文化特色和课程资源等优势，培育优势学科，加快凝练形成办学特色，为学生提供分层分类、丰富多元的选修课程，深化育人方式改革，加强高中学生发展指导，实现培养模式的多样化特色化。

（四）深化考试招生制度改革

坚持教、考、招联动，发挥考试招生的"指挥棒"作用，以考试招生制度和评价改革撬动高中育人方式变革。一是进一步深化高中阶段学校考试招生制度改革，根据国家和省考试招生制度改革最新文件精神，出台《关于深入推进高中阶段学校考试招生制度改革的实施意见》，明确 2024~2026 年中考招生录取相关工作，确保考试招生工作的公平、公正、公开。因地制宜优化招生选拔机制，完善高中名额分配制度，2023 年在初中毕业生较上年增加 1 万人的情况下，全市普通高中学校招生计划较 2022 年增加 7485 个，进一步减轻中考升学压力，激发学生学习的内生动力。二是持续推进教育评价改革试点市建设，完善市级层面的普通高中教育评价体系。提升评价的科学性和有效性，推动完善普通高中学校评价标准，完成广州协和、广铁一中、广大附中、广州六中、广州外国语学校等学校集团化办学督导评估，组织 11 个区 131 所样本校的 61216 名学生、3128 名教师高质量完成 2023 年省普通高中教育质量监测工作。三是深化监测结果解读和应用，组织专家团队指导各区解读监测报告，制定整改方案并推进实施，全面带动提升普通高中教育办学水平。

五 广州普通高中教育发展的展望和建议

（一）做优"基本盘"，深入开展普通高中扩优提质行动

一是加强规划布局，着力增加优质资源供给。提高政治站位，从建设教育强国的高度系统谋划，高位推动《广州市普通高中学位建设攻坚方案》和《广州市普通高中学位攻坚实施计划（2023～2025年）》落地落实。辩证把握普通高中入学人数变化的远近态势，多渠道扩大普通高中学位供给。坚持市级统筹，市区、区际统筹协同推进，强化学位保障合力，以集成创新的力度通过高标准新建和改扩建一批优质普通高中、探索发展综合高中等途径，持续扩大优质普通高中教育资源总量，优化普通高中建设格局。近期加快推进华南师范大学附属中学知识城校区、广东实验中学永平校区等项目高中学位建设，加快六中花都校区、艺术中学黄埔校区建设，推进清华附中湾区学校二期、广州外国语学校（增城校区）项目前期工作。

二是全面加强高质量教师队伍建设。坚持人才强教，以高质量师资为扩大优质高中教育资源提供强有力支撑。加快提升普通高中教师队伍学历层次，有效提升专任教师教育教学胜任能力。大力弘扬教育家精神，持续强化"1+6+11+N"教师发展支持体系建设①，对领军人才、重点人才、基础人才分层精准培养，以教师专业化驱动夯实普通高中教育高质量发展底座。

三是以教科研共同体推进区域普通高中整体高质量发展。落实《广州市基础教育强基提质"2+2+1"帮扶行动方案》，建立区域教研联盟，加强协同教研。因地制宜采用网络教研、综合教研、主题教研以及教学展示、现场指导、项目研究等多种方式，提升片区教研工作实效，助推区域普通高中教育质量整体提升。

---

① "1+6+11+N"教师发展支持体系："1"是指广州市教育局，"6"是指全市六个市级教师发展中心，"11"是指11个区级教师发展中心，"N"是指若干所教师发展学校。

（二）构建"新生态"，扎实推进普通高中多样化发展

一是加快研制出台全市普通高中多样化特色化发展指导性意见，加强高中分类发展专业指引和制度保障。在办学模式、特色类型、资源工具等方面提供配套支撑。加强顶层设计，统筹推进全市高中学校多样化发展，确定整体建设方案和政策支持途径，市级政策层面明确科技、人文、艺体、外语、综合等特色高中办学类型。指导督促各区教育局科学规划本区普通高中规模、类别、结构、布局、配套支持政策等，细化区级特色创建方案。深入开展普通高中分类发展研究，加强对区域的指导和学校的支持，形成政府主导、教育部门牵头、有关部门协作、高中学校主动作为的分类发展机制，探索行之有效的运行模式，有效满足学生多样化学习需求。

二是立足评价驱动，建立完善高中学校多样化发展评估制度。深化普通高中教育评价改革，改进普通高中办学的评价方法，将对普通高中学校的评价与学校多样化发展目标结合起来，加大多样化特色办学指标权重。根据不同类型学校发展特征进行适当调整，在评价内容上要坚持综合评价与特色评价相结合，制定专项指标单独评价，强调共性与个性相结合。强化督导评估，结合高中阶段学校多样化发展，深化多元评价方式，进一步优化招生机制，稳步推进综合素质评价和中考改革，注重增值评价，以落实《普通高中学校办学质量评价指南》为重要抓手，探索多元多维的学生综合素质评价体系，聚焦学生实际获得，以评价改革牵引德智体美劳五育融合，引导普通高中科学特色育人。

三是将推进普通高中多样化发展与高中"双新"示范建设有机结合，全面提升普通高中多样化发展内涵，更好地为学生适应社会生活、接受高等教育和未来职业发展夯实基础。发挥"双新"示范区示范校建设的牵引带动作用，加强课程教材规划与实施监测，潜心抓好课堂教学改革，深化学生发展指导，强化学校育人成效评价，引领推动普通高中特色多样化发展。

（三）提升"贡献力"，纵深推进拔尖创新人才培养

一是构建纵向贯通、横向协作的拔尖创新人才早期培养机制。聚焦连续贯通，打破学段壁垒，深化大中小有机衔接的拔尖创新人才贯通培养，强化资源配置和核心育人要素建设，突出兴趣、素养导向，加强选拔、培养、评价一体化建设，以"强基计划"等贯通衔接培养课程和实践项目建设为抓手，探索实施全过程贯通培养。推动建立市、区、校三级有组织的拔尖创新人才培养体系。在市级层面建立拔尖创新人才早期培养的新型机制和常设机构，加强顶层设计和专项研究，研制拔尖创新人才早期培养总体规划和实施方案，统筹推进课程建设、教学评价、专门师资研修、专项教育资源支持体系建设等。加大对各区及学校的指导和支持力度，厘清不同主体在拔尖人才早期培养上的职能和义务，深化有组织的人才培养。

二是探索建设科技高中。推动出台全市科学教育工作实施方案，依托科学教育特色学校创建工作，探索发展科技高中，加强学校资源和社会优质资源的横向整合，丰富探究性、科创性资源与活动供给、打造高质量科创特色课程和实践项目群，助力拔尖创新人才的早期培养。

三是推动数字化赋能拔尖创新人才培养。建设普通高中教育评价数字化支撑系统，精准生成学生数字画像，充分表征每个学生的兴趣、特长差异，有力地提升拔尖创新人才早期培养的精准性和科学性。支持普通高中学校利用人工智能、大数据等技术创设多元化数字化学习场景和空间，积极赋能学生个性化、多元化学习。

参考文献

杨振峰：《推动高中高质量发展 助力教育强国建设》，《中小学校长》2023年第10期。

刘琴、施久铭、程路等：《2023中国基础教育政策分析》，《人民教育》2023年第Z1期。

安雪慧：《以普通高中高质量发展助力教育强国建设》，《人民教育》2023年第17期。

B.5
2023年广州中等职业教育发展状况与2024年展望

李 媛*

摘 要： 2023年，广州市深入推进现代职业教育体系建设改革，强化政府统筹协调、探索长学制培养路径、优化竞赛培育体系、发挥评价改革导向、持续深化产教融合，中等职业学校规模大体稳定，教师队伍结构更加优化，办学条件得到进一步提升。与京沪杭深四市相比，广州市中等职业学校在校生规模位居前列，师资配备处于中等水平，办学条件居后。为全面推动广州市现代职业教育高质量发展，为广州经济社会发展和产业转型升级提供有力的人才支持，需要深入推动职业教育贯通培养，切实提高中职学校的办学水平，探索提升中职学校的校企合作层次。

关键词： 中等职业教育 学校规模 办学条件 教师队伍 广州

一 广州市中等职业教育发展概况

2023年，广州市中等职业学校规模大体稳定，教师队伍结构更加优化，办学条件得到进一步提升。

（一）中等职业学校办学规模大体稳定

2023年，广州市、区属中等职业学校（不含技工学校）共有45所。其

---

* 李媛，教育学博士，广州市教育研究院教育规划与政策研究所副研究员，主要研究方向为职业教育政策。

中,公办学校(含高校办学)有36所,民办学校有9所。广州市中等职业学校(不包括技工学校)共有99032名在校生,与2020年相比,增长了1.71%;招生数为32420人,与2020年相比,减少了7.65%;中等职业教育(包括技工学校)与普通高中招生比为0.50∶0.50,与2020年相比,职普招生比有所降低(见表1)。

表1　2020~2023年广州市中等职业学校办学规模及变化情况①

年份	学校数(所)	在校生(人)	招生数(人)	职普招生比
2020	45	97367	35107	0.56∶0.44
2021	48	115152	40102	0.57∶0.43
2022	45	101061	36048	0.52∶0.48
2023	45	99032	32420	0.50∶0.50

资料来源:根据《广州市教育统计手册》(2020~2023学年度)数据计算得出,其中除"职普招生比"外均未统计市、区属技工学校数据。

(二)中等职业学校教师队伍结构更加优化

2023年,广州市中等职业学校专任教师数为5417人,占教职工总数的比例为78.07%;生师比为18.28,与2020年相比有所上升,但优于《中等职业学校设置标准》规定的20∶1的合格标准。专任教师中,本科及以上学历教师比例为98.14%,其中硕士研究生及以上学历教师有926人,占专任教师比例为17.09%,与2020年相比有所提升。专任教师中,具有高级职称的教师有1395人,占专任教师的比例为25.75%,与2020年相比略有提升。专业课、实习指导课教师中"双师型"教师占比为78.10%,比2020年提升8.40%。校外兼职教师有288人,与2020年相比略有提升(见表2)。

---

① 广州市中职学校在校生大部分为市外省内生源。

表2 2020~2023年广州市中等职业学校教师队伍及变化情况

年份	生师比	"双师型"教师占专业课教师比例(%)	校外兼职教师占专任教师比例(%)	专任教师本科及以上学历比例(%)	专任教师研究生及以上学历比例(%)	专任教师高级职称比例(%)
2020	18.24	63.04	5.22	97.15	13.90	24.79
2021	16.24	70.21	5.29	97.67	13.69	24.29
2022	18.49	71.40	5.45	97.73	15.66	24.92
2023	18.28	78.10	5.32	98.14	17.09	25.75

资料来源：根据《广州市教育统计手册》（2020~2023学年度）数据计算得出。

（三）中等职业学校办学条件得到进一步改善

2023年，广州市中职学校生均校舍面积，生均教学仪器设备值等指标值较2020年均有改善。与2020年相比，广州市中职学校生均校舍面积提升67.61%；生均教学仪器设备值提升10.45%。生均占地面积和生均图书指标值略有下降，分别降低19.76%和10.27%（见表3）。

表3 2020~2023年广州市中等职业学校办学条件变化情况

年份	生均占地面积(平方米)	生均校舍面积(平方米)	生均教学仪器设备值(万元)	生均图书(册)
2020	27.98	19.73	1.34	41.87
2021	23.30	16.16	1.06	33.61
2022	30.59	19.02	1.41	34.44
2023	22.45	33.07	1.48	37.57

资料来源：根据《广州市教育统计手册》（2020~2023学年度）数据计算得出。

二 穗京沪杭深中等职业教育发展情况比较

职业教育是我国现代教育体系建设的重要组成部分，而中等职业教育不仅是一座城市高中阶段教育的重要内容，也是城市经济社会发展的重要支撑。分析梳理不同城市中等职业教育发展状况可为广州提升中等职业教育发展水平提供借鉴。通过与北京、上海、杭州、深圳的中等职业教育发展现状对比发现,广州市中等职业学校在校生规模居于前列,师资配备处于中等水平,办学条件居后。

(一)广州市中职学校在校生数在五市中位居前列

中等职业教育办学规模是中等职业教育发展情况的直观表现,反映了所在城市高中阶段教育的资源布局以及中等职业教育学位供给能力。首先,从学校数量来看,广州市有市、区属中职学校45所,略高于杭州市,在五市中位列第三;其中,广州市有民办中职学校9所,占学校总数的20%,民办中职学校所占比例位列第二,仅次于北京市,上海市中职学校中民办学校占比最低。其次,从在校生数量来看,广州市中等职业学校在校生规模最大,在五市中位列第一。深圳市中职学校数和在校生数最少。另外,2022年新修订的《中华人民共和国职业教育法》出台,对于职普招生比例不再设限,要求因地制宜、协调发展,因此城市比较中不再设置该指标(见表4)。

表4 穗京沪杭深中职学校办学规模情况比较

城市	学校数(所)	民办学校数(所)	在校生数(万人)
广州	45	9	9.90
北京	77	17	5.46
上海	56	3	9.83
杭州	43	—	7.13
深圳	19	2	3.87

资料来源:北京市、上海市、杭州市和深圳市数据均来自各市《2023年度中等职业教育质量年报》,其中上海市仅统计独立设置且招生的中等职业学校。"—"表示数据缺失。

(二)广州市中职学校师资配备在五市中处于中等水平

教师是第一资源,建设高水平"双师型"教师队伍是职业院校高质量、可持续发展的基本保障条件之一。第一，从生师比来看，广州市中职学校生师比最高，在五市中位列第一，虽已达到中等职业学校办学条件规定的最低标准，但与其他四市中职教师配备规模相比，还有一定的差距；第二，从教师队伍结构来看，各城市中职学校高级职称教师占专任教师的比例都高于20%，符合国家标准，其中北京市该项指标值最高，广州市排名第二；上海市专任教师中硕士研究生及以上学历占比最高，其次是深圳市，广州市位列第四。第三，从"双师型"教师结构来看，各城市"双师型"教师占专业课教师的比例普遍较高，超过了中职学校设置标准规定的50%的要求。广州市"双师型"教师占比高于上海市、深圳市（见表5）。①

表5　穗京沪杭深中职学校教师队伍建设情况比较

城市	生师比	专业课教师中"双师型"教师占比(%)	专任教师中高级职称教师占比(%)	专任教师中硕士研究生及以上学历教师占比(%)
广州	18.28	78.10	25.75	17.09
北京	9.21	—	34.74	21.37
上海	13.11	75.46	23.89	29.95
杭州	12.55	—	—	—
深圳	13.93	75.17	21.98	24.67

资料来源：北京市、上海市、杭州市和深圳市数据均来自各市《2023年中等职业教育质量年度报告》，其中上海市仅统计独立设置且招生的中等职业学校。"—"表示数据缺失。

（三）广州市中职学校办学条件在五市中居后

提升办学条件、实施中等职业学校办学条件达标工程，已经成为各省中职教育改革的重要内容之一。首先，广州市生均占地面积为22.45平方米，

---

① 教育部印发的《中等职业学校设置标准》（教职成〔2010〕12号）规定，中职学校师生比须达到1∶20，专任教师中，具有高级专业技术职称人数不低于20%。《国家职业教育改革实施方案》（国发〔2019〕4号）规定，到2022年，职业学校"双师型"教师（同时具备理论教学和实践教学能力的教师）占专业课教师总数超过一半。

没有达到国家基本办学标准，且在五市中排名最末。其次，生均教学仪器设备值和生均图书两项指标，虽然广州市达到国家标准，但生均教学仪器设备值在五市中排名最末，生均图书仅高于深圳（见表6）。[①]

表6　穗京沪杭深中职学校基本办学条件情况比较

城市	生均占地面积 （平方米）	生均校舍面积 （平方米）	生均教学仪器 设备值(万元)	生均图书 （册）
广州	22.45	33.07	1.48	37.57
北京	70.71	42.45	6.38	62.35
上海	33.41	27.32	4.93	48.81
杭州	37.58	26.35	1.61	49.72
深圳	32.00	29.00	3.46	31.85

资料来源：北京、上海数据来自教育部《2022年教育统计数据》；其余城市未作明确标注的数据均来自各市《2023年中等职业教育质量年度报告》。

三　广州市中等职业教育发展的举措与经验

2023年，广州市以习近平新时代中国特色社会主义思想为指导，深入贯彻落实习近平总书记重要讲话和重要指示批示精神，深入推进现代职业教育体系建设改革，强化政府统筹协调，着力完善政策制度供给；探索长学制培养路径，畅通人才成长成才通道；优化竞赛培育体系，着力打造拔尖技能人才；发挥评价改革导向，全面深化学校内涵建设；持续深化产教融合，不断提升社会服务质量。10所广东省高水平中职学校建设单位在2022年省高水平中职学校建设项目中期检查中合格率达100%。职业学校入选国家"十四五"规划教材数位居全国前列、位列省内第一。

---

① 教育部印发的《中等职业学校设置标准》（教职成〔2010〕12号）规定，中职学校生均用地面积指标不少于33平方米；生均校舍面积指标不少20平方米；生均仪器设备价值不低于2500元；适用印刷图书生均不少于30册；计算机拥有数量不少于每百生15台。

（一）强化政府统筹协调，着力完善政策制度供给

为加大对职业教育的统筹协调和保障力度，近年来，广州加快构建"1+1+N"①的职业教育政策体系。2023 年初，分管副市长牵头开展关于以职业教育高质量发展服务支撑制造业立市的调查研究，组织召开 2023 年第1 次广州市职业教育发展联席会议、"服务制造业立市推进职业教育高质量发展（高职院校）"调研座谈会等，听取职业教育重点工作汇报，研究审议拟出台的职业教育重大政策。截至 2023 年底，广州市已出台《广州市中等职业学校"强内涵、创优质"办学质量评价工作方案》《广州市职业学校办学条件达标工程实施方案》《关于推动我市职业教育教科研发展的若干措施（试行）》等政策文件。

（二）探索长学制培养路径，畅通人才成长成才通道

为满足人民群众对更好发展前景的需求，持续畅通学生成长成才通道，广州积极推进本科层次职业教育试点，推动广州番禺职业技术学院纳入省"十四五"高校设置规划本科层次职业学校培育单位；持续推进贯通培养，为职业学校学生打通成长成才通道。当前，中职学生可选择"三二分段"等贯通培养途径，五年内取得大专文凭；也可通过"3+证书"考试或普通高考升入高一级学校。2023 年，广州市中职学校毕业生中升入高一级学校的比例为 63.48%，其中，升入本科院校的学生数为 349 人，与 2021 学年相比有明显增长。当前，广州正着眼于区域产业发展所需，优先选取优质职业学校和行业龙头企业，在医药、汽车领域，率先探索中高企协同的长学制人才培养模式。2024 年 1 月 5 日，广州医药集团有限公司、广州卫生职业技术学院和广州市医药职业学校，广汽埃安新能源汽车有限公司、广州铁路职业技术学院和广州市交通运输职业学校，分别签订了中高企协同推动长学制

---

① "1+1+N"，即 1 个总体统领的地方性法规（《广州职业教育促进条例》），1 个总体实施方案（《促进现代职业教育改革推进高质量发展的实施方案》），N 个相关配套政策文件。

人才培养合作协议，成为广州探索开展职业教育长学制人才培养改革的"先行军"。

（三）优化竞赛培育体系，着力打造拔尖技能人才

广州市中职学校以校级技能竞赛为基础、市级技能竞赛为中继、省级技能竞赛为重点、国家级技能竞赛为核心，不断优化"校赛-市赛-省赛-国赛"四级技能竞赛培育体系，确保每位学生在校期间参赛率达到100%，着力打造拔尖技能人才蓄水池。一是将学生技能竞赛与教师专业技能提升紧密结合起来，强化对专业教师的竞赛技能训练，支持教师将技能竞赛与专业建设、教学改革相结合，开展课题研究，推动"岗赛课证"融通。二是推动职业学校形成专业全覆盖、师生全参与的竞赛格局，充分发挥技能竞赛引领作用，切实提升技能人才培养质量。2023年，广州市中职学生获2023年全国职业院校技能大赛一等奖5个、二等奖11个、三等奖8个，2022～2023年度分别获得广东省职业院校学生专业技能大赛一等奖83个、138个、168个。中职教师共获全国中职教师教学能力比赛国赛一等奖1个，省赛一等奖5个、二等奖21个、三等奖28个。三是积极承办技能大赛，提升学校影响力。2023年，广州市中职学校共承办省职业院校学生专业技能大赛26个，其中，广州市旅游商务职业学校顺利完成2023年全国职业院校技能大赛（中职组）酒店服务赛项承办工作，是本年度广东省唯一承办国赛的中职学校。

（四）发挥评价改革导向，全面深化学校内涵建设

2023年，广州市根据《深化新时代教育评价改革总体方案》，参照国家"双高计划"和广东省高等职业教育"创新强校工程"考核，结合广州中职学校办学实际，坚持问题导向、定量为主、动态评价、以评促建原则，印发实施《广州市中等职业学校"强内涵、创优质"办学质量评价工作方案》（以下简称《方案》），在全省率先开展对中职学校的办学质量评价。《方案》主要采取定量与定性相结合的评价方式，从招生与就业、人才培养、

科研与培训服务、教师队伍、特色与创新等五个方面对学校的办学成效进行评价，旨在逐步建立健全中等职业学校评价制度，并发挥评价改革导向作用，不断激发中等职业学校办学活力，切实提升学校内涵建设水平和人才培养质量，促使各区、各校更加重视职业教育工作，带动全市中等职业学校整体办学水平显著提升。

（五）持续深化产教融合，不断提升社会服务质量

一是完善机制搭建平台。近年来，广州以市产教对接会、市职业教育发展联席会议等平台为依托，以市域产教联合体、行业产教融合共同体为抓手，推动完善政校行企常态化沟通交流机制，推进解决产教融合中存在的具体问题，促进教育链、人才链、资金链、产业链、创新链有机衔接，加快形成产教良性互动、校企优势互补的产教深度融合发展格局。截至2023年底，广州已立项建设2个市级市域产教联合体——广州市智能装备制造产教联合体、广州市新能源汽车智能制造产教联合体。二是推进产业学院建设。广州市中职学校以产业学院为载体，充分发挥其聚合资金、基地、平台和市场资源等优势，推动专业建设、实践训练、技能竞赛、创新创业，形成校企人才培养合力。其中，广州市交通运输职业学校与广州汽车集团股份有限公司、广州市轻工职业学校与广州无线电集团有限公司等共建的产业学院成效显著，起到良好的示范作用。三是升级职业教育集团。广州市中职学校依托职教集团，不断创新产教融合机制和人才培养模式，在"双师型"教师队伍建设、人才培养质量提升等方面取得显著成效。2023年5月25日，广州市人工智能教育集团在广州归谷科技园召开第一次理事大会，广州市轻工职业学校作为集团理事长单位依托职教集团办学，有效促进产教融合提层次、拓领域、丰类型。

四　广州市中等职业教育发展的展望与建议

2024年是我国全面贯彻落实党的二十大精神的关键之年，也是广州市落实"十四五"教育发展规划、深入推进现代职业教育体系建设改革、全

力推动职业教育高质量发展的冲刺节点。为此，基于国家政策引导、发达城市比较以及广州市中等职业教育发展在当前所面临的困境，本文为广州市中等职业教育发展提出如下建议。

（一）深入推进职业教育贯通培养

要继续推进现代职业教育体系建设。完善现代职业教育体系建设，一体化培养技术技能人才是我国通过职业教育培养高素质技术技能人才的重要思路。当前，广州市职业教育贯通培养模式以"三二分段"为主且覆盖面不足；在当前开展的"三二分段"试点工作中，中职与高职的课程体系还未实现实质性贯通衔接，高职学校在牵头设计一体化人才培养方案和参与前三年的人才培养方面参与度较低，中职与高职在教学资源上投入不均衡。为此，建议广州市积极推动省市共建现代职业教育体系改革市域试点，为有条件的高职院校争取开展本科层次职业教育试点，探索开展中高企协同的长学制人才培养、中本协同育人试点，进一步扩大"三二分段"培养规模。与此同时，根据教育部对中高职专业目录的调整衔接，在相关专业探索中高职一体化培养的课程衔接、教学衔接和管理衔接，实现中高职一体化培养的全方位衔接。

（二）切实提高中职学校的办学水平

中职学校的办学水平直接影响该学校的技能人才培养质量。当前广州市中等职业教育规模在全国处于领先水平，但中职学校的基础办学条件、师资水平、专业品牌、课程建设等方面并没有显出较强的优势。为此，建议广州市一方面加强对职业学校办学定位、办学规模的统筹指导，科学核定和调控招生规模，与此同时，加大基础办学条件建设力度，加快推进科教城入驻和旧校区统筹利用工作。持续实施职业学校校园微改造工程，提升办学形象；另一方面，继续深化中职学校内涵建设，以建设省高水平中职学校和创建国家优质中职学校为抓手，引领带动全市中职学校教育教学改革全面深化，不断培育高层次标志性成果。对接现代产业体系，推进专业升级和数字化改造，高水平建设教学资源库、精品在线开放课程，及时把新方法、新技术、新工艺、新标准引入教育教学实践。

（三）探索提升中职学校的校企合作层次

校企合作是指教育机构与企业基于资源交换的深层次、全方位长期的合作，是职业教育发展的必由之路。然而，随着我国中等职业教育由"以就业为导向"向"以促进就业为导向"发展政策的转变，即中职学校功能定位由"就业"转向"升学+就业"，在现实中，中职学生升学热也已成为不可逆转的趋势。2023年广州市中职毕业生升学率达63.48%，较上一年高10.08个百分点，中职学生毕业后选择升学，必然损害合作企业的预期收益，从而降低企业参与校企合作的积极性。为此，建议广州市提高中职学校校企合作层次，一是支持中职学校与高职院校、本科院校开展组织层面的合作，如在三二分段培养基础上，推行市域内中高职一体化五年制培养；高职院校在中职学校办产业学院等，并在此基础上联合，与企业、产业开展产教融合实践。二是更新校企合作人才培养模式。随着越来越多的中职学生毕业后选择升学，以往"订单班""冠名班"等形式的校企合作人才培养模式将不再适用，可以采用设立工作室开展项目式教学等方式，实现企业全流程参与培养学生的基础性专业技能。三是通过校企合作及时更新课程与教材。学校与企业合作不仅是培养这一小部分学生的岗位胜任能力，而是要利用企业对市场的敏感性，根据产业技术的更新迭代，及时更新专业课程与教材，并应用于全专业的教育教学，整体提升专业人才培养质量。

参考文献

徐伟：《从形式一体化走向内涵一体化：中高职贯通培养的新使命——中高职贯通培养交流会议综述》，《中国职业技术教育》2024年第10期。

周维莉、胡思宇：《教育均衡视域下中等职业教育资源配置现状、问题及方略——以长江经济带为例》，《职业技术教育》2023年第24期。

逯长春：《中等职业教育导向的时代转变：从"就业"到"就业与升学并重"》，《中国职业技术教育》2023年第19期。

陈鹏：《中等职业教育基础性定位的再认识》，《国家教育行政学院学报》2021年第5期。

人口与学位篇

B.6
出生人口下降背景下广州市幼儿园学位变化及对策研究

刘 霞*

摘 要: 2010~2023 年,广州市户籍出生人口数及出生率均呈现先升后降的发展趋势,2017 年达到拐点。2020 年广州市幼儿园招生数达到拐点,2021 年后招生数逐步减少;2022 年广州市幼儿园及公办幼儿园在园幼儿数达到拐点,预计 2023 年后在园幼儿数逐步减少。基于对广州市适龄幼儿数的分析,建议广州市各区要更加精准地做好幼儿园布局规划、统筹托幼资源转化及配备、及时调整并优化托幼师资队伍、支持和鼓励公办园改善办园条件、积极应对民办园关停带来的风险。

关键词: 人口变化 幼儿园学位 学前教育 广州

---

* 刘霞,广州市教育研究院教育规划与政策研究所研究员,主要研究方向为学前教育基本理论、学前教育规划与政策等。

一　问题的提出

近年来，我国人口形势发生了很大的变化，人口总量缓慢增长，高龄少子化趋势明显。[①] 自2011年以来，国家对生育政策进行了逐步调整，先后实施了"双独二孩""单独二孩""全面二孩""全面三孩""鼓励生育"等政策。人口形势和生育政策的变化，必然会对学前教育事业发展产生重大影响。教育部等九部门印发的《"十四五"学前教育发展提升行动计划》明确提出，要"充分考虑出生人口变化、乡村振兴和城镇化发展趋势，逐年做好入园需求测算，完善县（区）普惠性幼儿园布局规划"等。[②] 公共教育供给的对象主要是教育适龄人口，学位供给的规模也是由适龄人口规模决定的。幼儿园学位供给要充分考虑出生人口变化，满足适龄幼儿就近入园的需要。出生人口不断发生着改变，而幼儿园学位及配套资源的供给需要较长周期的建设，这就要求政府必须对幼儿园学位及配套资源进行前瞻性谋划。为此，有必要根据广州市最新的户籍出生人口统计数据，分析全市幼儿园学位的变化及趋势，预测幼儿园学位的供需情况，这对确保广州市合理供给幼儿园学位、科学配置学前教育资源具有重要的现实意义。

二　广州市户籍出生人口变化趋势分析

出生人口数和出生率反映一定时期内人口的出生水平。2010~2023年，

---

① 孙百才、蔡翼飞、高春雷、高文书：《2016~2030年人口变动及城乡、区域分布对教育供给的影响研究》，《教育经济评论》2018年第3期，第14~39页。

② 教育部、国家发展改革委、公安部、财政部、人力资源和社会保障部、自然资源部、住房和城乡建设部、税务总局、医疗保障局：《关于印发〈"十四五"学前教育发展提升行动计划〉和〈"十四五"县域普通高中发展提升行动计划〉的通知》（教基〔2021〕8号），https://www.gov.cn/zhengce/zhengceku/2021-12/16/content_5661144.htm，最后检索时间：2024年4月7日。

广州市全年户籍出生人口数、户籍出生率均呈现先升后降的发展趋势（见表1）。

表1　2010~2023年广州市户籍出生人口变化趋势

年	出生人口数(人)	出生人口环比增速(%)	出生率(‰)
2010	99779	—	12.47
2011	87024	-12.78	10.74
2012	101782	16.96	12.44
2013	115813	13.79	14.00
2014	113926	-1.63	13.61
2015	150403	32.02	17.73
2016	137275	-8.73	15.92
2017	200958	46.39	22.73
2018	170997	-14.91	18.73
2019	139773	-18.26	14.86
2020	148572	6.30	15.33
2021	117960	-20.60	11.82
2022	109600	-7.09	10.71
2023	115804	5.66	11.07

资料来源：广州市人口监测大数据平台。

2010~2013年，全市户籍出生人口数呈现缓慢增长的趋势。2013年12月，国家实施"单独二孩"政策，2015年迎来此期间户籍出生人口数的第一次高峰，2015年出生人口数达到15.04万人，比2014年增加了32.02%。2015年10月，国家实施"全面二孩"政策，2017年迎来了此期间户籍出生人口数的第二次高峰，2017年出生人口数为20.10万人，比2016年增加了46.39%。2017年广州市户籍出生人口数达到拐点。人口堆积效应在2015年、2017年两次高峰内释放完毕，后续增长乏力，2017年后户籍出生人口数呈现逐步减少的基本态势。虽然2020年出生人口数比2019年增加了6.30%，但出生人口数减少趋势不变。2021年、2022年户籍出生人口数连续两年下降。2023年户籍出生人口仅有11.58万人，相较2017年减少了8.52万人，降幅为42.37%。

2010~2016 年，全市户籍出生率整体上呈现缓慢增长的趋势；2017 年全市户籍出生率为 22.73‰，户籍出生率达到此期间的拐点。2017~2023 年，全市户籍出生率整体呈现下降趋势。

三 广州市幼儿园学位变化及趋势分析

本部分从幼儿园招生数及在园幼儿数、公办幼儿园在园幼儿数等方面，对 2010 年以来的广州市幼儿园学位数变化趋势进行分析。

（一）2020 年广州市幼儿园招生数达到拐点，2021 年后招生数逐步减少

幼儿园招生数必然受到户籍出生人口数变化的影响。对应 2017 年出现的户籍出生人口数拐点，2020 年广州市幼儿园招生数达到拐点，2021 年、2022 年连续两年招生数下降。2020 年户籍出生人口数虽略有回升，但幼儿园招生数仍呈现下降趋势。需要注意的是，受非户籍常住人口流动、经济收入等各种因素的影响，各年度户籍出生人口数变动幅度与对应年份幼儿园招生数变动幅度并不完全一致。以 2020 年幼儿园招生数为例，该年度招生数仅比上一年度招生数增长了 14.91%，而对应年份 2017 年的户籍出生人口数比上一年度增长了 46.39%；以 2023 年幼儿园招生数为例，虽然对应年份 2020 年的户籍出生人口数比上一年度增长了 6.30%，但该年度招生数比上一年度下降了 8.63%（见表 2）。

表 2　2013~2023 年广州市幼儿园招生数分析

出生年份	户籍出生人口（人）	出生人口环比增速（%）	对应招生年份	招生人数（人）	招生人数环比增速（%）	户籍出生数占招生数比例（%）
2010	99779	—	2013	126112	—	79.12
2011	87024	-12.78	2014	137608	9.12	63.24
2012	101782	16.96	2015	164102	19.25	62.02

续表

出生年份	户籍出生人口（人）	出生人口环比增速（%）	对应招生年份	招生人数（人）	招生人数环比增速（%）	户籍出生数占招生数比例（%）
2013	115813	13.79	2016	174280	6.20	66.45
2014	113926	−1.63	2017	179411	2.94	63.50
2015	150403	32.02	2018	191685	6.84	78.46
2016	137275	−8.73	2019	193130	0.75	71.08
2017	200958	46.39	2020	221927	14.91	90.55
2018	170997	−14.91	2021	206847	−6.80	82.67
2019	139773	−18.26	2022	196193	−5.15	71.24
2020	148572	6.30	2023	179267	−8.63	82.88

资料来源：人口数据来自广州市人口监测大数据平台，幼儿园招生数据来自广州市教育信息平台。

一般情况下，户籍出生人口数与对应年份幼儿园招生数会保持相对稳定的比例。2013~2019年，户籍出生人口数占招生数的比例都在70%左右。2020~2023年，受到新冠疫情及其他因素的可能影响，户籍出生人口数占招生数的比例波动幅度较大，2020年户籍出生人口数占招生数的比例高达90.55%，2021年下降至82.67%，2022年下降至71.24%，2023年回升至82.88%。2020~2023年，户籍出生人口数占幼儿园招生数比例的均值为81.84%。以此比例为依据推测出2024~2026年广州市幼儿园招生数作为中方案，以中方案为标准下调10%作为低方案，上调10%作为高方案（见表3）。

表3 2024~2026年广州市幼儿园招生数预测

出生年份	户籍出生人口数（人）	对应招生年份	招生数预测（人）		
			低方案招生数	中方案招生数	高方案招生数
2021	117960	2024	129721	144135	158548
2022	109600	2025	120528	133920	147312
2023	115804	2026	127350	141500	155651

资料来源：人口数据来自广州市人口监测大数据平台。

（二）2022年广州市幼儿园在园幼儿数达到拐点，预计2023年后在园幼儿数逐步减少

2013~2022 年，广州市实际在园幼儿数整体上呈现上升态势。需要注意的是，2021~2022 年，全市实际在园幼儿数增幅明显减缓；2022~2023 年，全市实际在园幼儿数首次出现负增长；2022 年，广州市幼儿园实际在园幼儿数达到拐点，2023 年在园幼儿数比 2022 年下降了 8.71%（见表4）。

表4 2013~2023 年广州市常住人口数与在园幼儿数分析

年份	常住人口数（万人）	常住人口数环比增速（%）	实际在园幼儿数（人）	实际在园幼儿数环比增速(%)	根据招生数推测的在园幼儿数(人)	实际在园幼儿数占根据招生数推测的在园幼儿数比例(%)
2013	1472.24	—	378728	—	—	—
2014	1529.02	3.86	404261	6.74	—	—
2015	1594.95	4.31	445218	10.13	427822	104.07
2016	1678.38	5.23	463037	4.00	475990	97.28
2017	1746.27	4.04	483497	4.42	517793	93.38
2018	1798.13	2.97	498127	3.03	545376	91.34
2019	1831.21	1.84	527648	5.93	564226	93.52
2020	1874.03	2.34	574541	8.89	606742	94.69
2021	1881.06	0.38	633203	10.21	621904	101.82
2022	1873.41	-0.41	655288	3.49	624967	104.85
2023	1882.70	0.50	598219	-8.71	582307	102.73

资料来源：人口数据来自广州市人口监测大数据平台，在园幼儿数来自广州市教育信息平台。

《广东省促进学前教育普惠健康发展行动方案》明确规定，幼儿园布局规划应当按照常住人口千人学位数不低于 40 座的标准测算学位需求。[①] 2013~2023 年，广州市常住人口数整体上保持上升的基本态势。从环比增速

① 广东省人民政府办公厅：《关于印发广东省促进学前教育普惠健康发展行动方案和广东省推动义务教育优质均衡发展行动方案的通知》（粤府办〔2018〕28 号），http://www.gd.gov.cn/gkmlpt/content/0/147/post_ 147073.html#7，最后检索时间：2024 年 5 月 7 日。

的角度分析，各年度实际在园幼儿数变动幅度与常住人口数变动幅度差距较大。例如，2021年，广州市常住人口数环比增速仅为0.38%，而该年度实际在园幼儿数环比增速为10.21%；2023年，广州市常住人口数环比增速为0.50%，而该年度实际在园幼儿数环比增速为-8.71%。因此，不宜按常住人口数来预测2024~2026年广州市在园幼儿数。

2013~2023年，实际在园幼儿数与根据招生数推测的在园幼儿数保持相对稳定的比例。2021~2023年，全市实际在园幼儿数占根据招生数推测的在园幼儿数的比例在101.82%至104.85%之间，比例均值为103.13%。结合表3预测的2024~2026年广州市幼儿园中方案招生数，推测出2024~2026年广州市幼儿园在园幼儿数，再乘以上述比例均值（103.13%），得到2024~2026年广州市幼儿园在园幼儿数作为中方案。以中方案为标准下调10%作为低方案，上调10%作为高方案（见表5）。

表5 2024~2026年广州市幼儿园在园幼儿数预测

单位：人

年份	在园幼儿数低方案	在园幼儿数中方案	在园幼儿数高方案
2024	482272	535858	589444
2025	424472	471636	518800
2026	389419	432687	475956

（三）2022年广州市公办园在园幼儿数达到拐点，预计2023年后公办园在园幼儿数逐步减少

2013~2022年，广州市公办园在园幼儿数逐步增加，全市公办园在园幼儿数环比增长率最高出现在2020年，为41.44%。2020年以来，全市公办园在园幼儿占比增幅明显，2022年占比已达55.53%。2023年，全市公办园在园幼儿数下降了5.02%，因在园幼儿总数下降幅度更大（-8.71%），故该年度公办园在园幼儿数占比升至57.77%（见表6）。

表6 2013~2023 年广州市公办园在园幼儿数及占比分析

年份	在园幼儿数（人）	在园幼儿数环比增速(%)	公办园在园幼儿数(人)	公办园在园幼儿数环比增速(%)	公办园在园幼儿占比(%)
2013	378728	—	118658	—	31.33
2014	404261	6.74	127926	7.81	31.64
2015	445218	10.13	149060	16.52	33.48
2016	463037	4.00	155309	4.19	33.54
2017	483497	4.42	158743	2.21	32.83
2018	498127	3.03	165133	4.03	33.15
2019	527648	5.93	182134	10.30	34.52
2020	574541	8.89	257615	41.44	44.84
2021	633203	10.21	337841	31.14	53.35
2022	655288	3.49	363896	7.71	55.53
2023	598219	-8.71	345617	-5.02	57.77

资料来源：广州市教育信息平台。

2023 年 8 月，教育部、国家发展改革委、财政部印发了《关于实施新时代基础教育扩优提质行动计划的意见》（以下简称《扩优提质计划》），明确提出，"到 2027 年，公办园在园幼儿占比力争达到 60% 以上"。[1] 据此，可以提出 2024~2026 年广州市公办园在园幼儿占比分别为 58%、59%、60% 的目标。根据表 5 预测的 2024~2026 年广州市幼儿园在园幼儿数，结合上述占比目标，可以推测出 2024~2026 年全市公办园在园幼儿数的范围（见表 7）。

表7 2024~2026 年广州市公办园在园幼儿数预测

年份	在园幼儿数（人）		公办园在园幼儿占比目标(%)	公办园在园幼儿数(人)	
	低方案	高方案		低方案	高方案
2024	482272	589444	58	279718	341878
2025	424472	518800	59	250439	306092
2026	389419	475956	60	233651	285574

---

[1] 教育部、国家发展改革委、财政部：《关于实施新时代基础教育扩优提质行动计划的意见》（教基〔2023〕4 号），https://www.gov.cn/gongbao/2023/issue_10726/202309/content_6906513.html，最后检索时间：2024 年 3 月 6 日。

四　对策建议

从近期及未来出生人口变化趋势看，"十四五"期间广州市适龄幼儿数将持续下降，由此带来的学前教育资源统筹优化问题需要引起高度关注。

（一）更加精准地做好幼儿园布局规划

虽然《扩优提质计划》提出了"到2027年，公办园在园幼儿占比力争达到60%以上"的目标，[①] 但因2021年后在园幼儿数逐步减少，预测2024~2026年广州市整体上不用继续增加幼儿园学位和公办园学位。需要注意的是，2023年数据显示，各区公办园在园幼儿总数及占比存在一定差距。例如，越秀、天河两个区的公办园在园幼儿数占比未超过52%，距离60%的目标尚有较大差距；番禺、增城两个区的公办园在园幼儿总数相对较大（分别为91317人和79207人），增比任务会相对更重。显然，不同区域、不同性质幼儿园的变化情况并不可能完全一致。建议区级教育部门在科学研判在园幼儿数和各类幼儿园变化结构和分布特点的前提下，对幼儿园尤其是公办幼儿园的审批规划应更加精准，加强对区域内人口出生数变化、经济发展、教育发展的研究，既要保证普惠性学前教育资源的充分供给，也要有效应对学前教育资源利用不充分可能带来的各种风险，科学规划、合理安排各类幼儿园的布局。

（二）统筹托幼资源转化及配备

《中华人民共和国学前教育法（草案二次审议稿）》规定，"鼓励有条件的幼儿园开设托班，招收二周岁以上三周岁以下的儿童，提供托育服务。"[②]

---

① 教育部、国家发展改革委、财政部：《关于实施新时代基础教育扩优提质行动计划的意见》（教基〔2023〕4号），https：//www.gov.cn/gongbao/2023/issue_10726/202309/content_6906513.html，最后检索时间：2024年3月6日。
② 《中华人民共和国学前教育法（草案二次审议稿）》，http：//www.npc.gov.cn/flcaw/userlndex.html？lid=ff8081819014ec3f019058e421c440a6，最后检索时间：2024年7月20日。

广州市人民政府办公厅正式印发《广州市 3 岁以下婴幼儿照护服务体系建设三年行动计划（2023—2025 年）的通知》，提出"到 2025 年，全市各类幼儿园开设托班 1000 个以上"的工作目标，并要求市教育局、市卫生健康委、市规划和自然资源局、市财政局、各区政府等责任单位要"鼓励幼儿园开设托班。在满足 3 至 6 岁适龄儿童入园需求的基础上，鼓励有条件的幼儿园利用现有资源开设托班或扩大托班规模，鼓励新建幼儿园根据实际统筹考虑设置托班，已规划与托儿所合设的幼儿园应开设托班，鼓励有条件的民办幼儿园开设普惠性托班，招收 2~3 岁幼儿。完善幼儿园托班登记管理制度，加强幼儿园开设托班业务指导。通过教育部门审批许可的幼儿园托班，符合一定条件的可参照享受婴幼儿照护相关补贴及收费政策。到 2025 年，各类幼儿园开设托班托位达到 2 万个以上。"① 建议广州市要及时把握扩大托育服务供给的机会，尽快制定并出台幼儿园开设托班的管理办法以及对师资、环境和课程等方面的要求，既体现 0~3 岁、3~6 岁保育和教育的衔接性与连贯性，又能遵循 3 岁以下婴幼儿发展的特殊性。相关部门要适时完善和落实已出台的各项普惠托育服务支持政策，统一规范包括幼儿园托班在内的各类托育服务价格，避免托育服务行业盲目扩张和价格恶性竞争，尽可能地减轻幼儿园托班对托育服务市场的冲击。

（三）及时调整并优化托幼师资队伍

随着在园幼儿总数的减少，幼儿园专任教师总体上也将逐渐富余，建议广州市要及时调整并优化托幼师资队伍。一是引导各类幼儿园逐步清退不具备合格资质条件的专任教师，吸纳优秀的高等院校师范专业毕业生进入，逐步形成以本科、专科为主体的幼儿园专任教师队伍。二是要提前建立幼儿园师资分流转岗的机制，及时把握托幼行业人力资本统筹开发的时机。对因幼儿园关停或缩小规模后富余的合格师资，要为其分流到托育服务行业再就业

---

① 广州市人民政府办公厅：《关于印发广州市 3 岁以下婴幼儿照护服务体系建设三年行动计划（2023—2025 年）的通知》（穗府办〔2024〕3 号），https://www.gz.gov.cn/zwgk/ghjh/zxgh/content/post_ 9462647.html，最后检索时间：2024 年 4 月 8 日。

提供便利。要建立健全幼儿园师资转入托育服务行业后的职称待遇衔接制度，畅通其职业发展渠道，切实增强职业吸引力。要尽快完善托育服务从业人员职业素养的提升、考核与认定体系，依托公办托育服务机构和承担指导功能的示范性、综合性托育服务中心等，建立幼儿园师资转入托育服务行业的转岗培训体系，加强岗前培训、定期培训和全员轮训等制度，不断提升职业技能培训质量，扩大合格托育服务从业人员规模。三是鼓励各级师范院校，如广州大学、广州幼儿高等师范专科学校等学前教育专业开设早期教育方向，强化 0~6 岁托幼师资一体化职前培养。

（四）支持和鼓励公办园改善办园条件

随着出生人口数下降，广州市公办园招生数及在园幼儿数也将随之减少，建议各区要以此作为改善公办园办园条件、提升公办园保教质量的契机。2023 年广州市教育统计数据显示，广州市公办园平均班额为 29.83 人，刚刚达到教育部《幼儿园工作规程》中规定的 30 人的班额标准。在办园条件各项指标中，民办幼儿园总体上优于公办幼儿园，民办幼儿园生均校舍面积、生均占地面积、生均运动场地面积、生均图书分别是公办幼儿园的 1.08 倍、1.05 倍、1.05 倍、1.06 倍。各区要及时把握公办园提升质量的契机，引导公办园适时缩小班额、改善办园条件，为进一步提高保教质量创造有利条件。

（五）积极应对民办园关停带来的风险

随着适龄幼儿逐渐减少、公办园在园幼儿占比稳步提高，部分区域的部分民办园会因招生数和在园幼儿数不足而关停。2023 年 8 月，羊城派（《广东羊城晚报》旗下账号）报道，近几个月，广州十余所民办幼儿园宣布关停，遍及天河区、海珠区、番禺区、黄埔区、花都区等地。① 民办幼儿园的

---

① 羊城晚报·羊城派：《幼儿园接连关停，业内人士：幼教行业洗牌对孩子或是利好》，https://baijiahao.baidu.com/s？id=1774904065415675077&wfr=spider&for=pc，最后检索时间：2024 年 4 月 10 日。

突然关停，在读幼儿分流、教师去向、保教费用退还等问题极易引发舆情。2023 年 7 月，上海市嘉定区教育局印发《嘉定区关于全面建设高质量幼儿园的实施方案》，提出"通过落实责任、合理分流等措施，稳步推进民办三级幼儿园'关停并转'工作"。① 对部分区域普惠性民办园的调研显示，一些普惠性民办园办学人长期不投入，其质量不符合普惠性民办园的要求。建议各区建立质量不合格普惠性民办园退出机制，对质量不合格普惠性民办园停止发放生均定额补助，让生源向优质的普惠性民办园流动。

实地调研也发现，部分无证园或变相无证园（以培训机构、托育机构的名义招收全日制适龄幼儿）仍在招生运营。在个别城乡接合部的街道，无证园甚至多于有证园。部分家长缺乏甄别无证园的能力和意识，部分无证园在课程中增加小学化内容更加迎合部分家长需要等原因使这些区域的普惠性民办园招生愈加困难。2023 年 9 月，江西省鹰潭市余江区一开学就开展为期一周的无证民办园专项治理检查工作，要求全区已关停的无证民办幼儿园及新开办的无证民办幼儿园，在未取得办学许可证前不得组织办园活动。② 各区教育部门可参考借鉴其他城市的做法，提前谋划并采取针对性措施，尽可能地减少并积极应对民办园关停带来的可能风险。

参考文献

贺芳、彭虹斌：《2022—2035 年城乡学前教育学龄人口预测及资源需求分析》，《教育与经济》2023 年第 6 期。

刘鑫：《人口预测下甘肃省学前教育资源需求与配置研究》，西北师范大学硕士学位论文，2020。

---

① 嘉定区教育局：《嘉定区关于全面建设高质量幼儿园的实施方案》，http：//www.jiading.gov.cn/jiaoyu/publicity/zwgkbzml/zdgz/jcjy/xqjy1/166005，最后检索时间：2024 年 4 月 10 日。
② 《关于进一步加强无证幼儿园关停取缔及托幼违规招生工作的通告》，《鹰潭日报》2023 年 8 月 29 日。

石贤贤：《北京市学龄前人口发展趋势预测及学前教育资源需求分析》，首都经济贸易大学硕士学位论文，2022。

王广州：《人口预测方法与应用》，社会科学文献出版社，2018。

周宇香：《基础教育学龄人口变化：特征、趋势与影响》，《北京教育学院学报》2024年第1期。

B.7
人口变动背景下广州市小学教育
资源配置优化研究

张　丹*

摘　要： 本文根据 2000~2023 年广州市户籍出生人口基础数据，预测 2024~2029 年广州市小学阶段招生人数和在校生人数。结果发现，广州市小学招生人数在 2023 年达到拐点，小学在校生数在 2024 年达到拐点，2024 年后，全市小学招生人数和在校生数呈现下降趋势。针对学龄人口变动形势，本文在小学师资、办学条件、教育质量等方面提出对策与建议，不断完善优化全市小学教育资源配置。

关键词： 学龄人口　教育资源配置　小学　广州市

一　问题的提出

目前，我国正处于迈向第二个百年的历史征程，经济发展进入新常态，已由高速增长阶段转向高质量发展阶段，同时，我国发展面临着老龄化和低生育水平加剧等重大人口挑战，严峻的人口变动形势，以及随之产生的教育资源配置的挑战，使得学龄人口变动已成为重要的现实问题。学龄人口变动对教育资源配置有着直接影响，如何使教育资源更好地适应学龄人口变动，是新时期教育高质量发展亟待解决的问题。近年来，由于学龄人口的不断变

---

* 张丹，广州市教育研究院教育规划与政策研究所助理研究员，主要研究方向为中小学教育、基础教育政策与规划等。

动,这给基础教育资源配置带来了一定的影响和挑战,小学作为义务教育的第一个阶段,更是受到更大的影响和挑战。本文通过对 2000~2023 年广州市人口数据和教育事业统计数据进行分析测算,预测出 2024~2029 年广州市小学阶段招生人数和在校生数,针对学龄人口变动给全市小学教育资源配置带来的冲击提出对策与建议。

二 广州市小学学龄人口变化趋势

(一)2017年广州市户籍出生人口数达到高峰

2000~2023 年,广州市户籍出生人口数出现三段起伏变化,第一次变化出现在 2000~2009 年,这 10 年间户籍出生人口呈平稳上升趋势,2008 年出生人口数是这 10 年来的峰值(79130 人)。第二次变化出现在 2010~2019 年,2010 年广州市户籍出生人口数较 2009 年呈上升趋势,之后呈现 3 个小高峰,分别是在 2013 年、2015 年和 2017 年,其中在 2017 年达到这些年来的峰值(200958 人)。在这 10 年期间,受国家生育政策调整的影响,2016 年"全面二孩"政策实施后 2017 年出生人口数达到最高值,随着人口堆积效应在短期内释放完毕,从 2018 年开始,户籍出生人口数开始急剧下降。第三次变化出现在 2020~2023 年,这 4 年间广州市户籍出生人口开始呈下降趋势,2022 年户籍出生人口又降回低谷值(109644 人)①(见图 1)。

(二)2023年广州市小学招生人数达到拐点

由于出生人口数基本决定了对应小学入学年份的招生数量,本文根据已有的 2010~2017 年广州市户籍出生人口数据,对应小学招生年份为 2016~2023 年的招生人数进行测算,采用预测系数 0.64 为标准上下调整 10%的比例,推测低、中、高三个方案的系数。根据 2018~2023 年广州市

---

① 2000~2023 年广州市户籍出生人口数据来自广州市统计局。

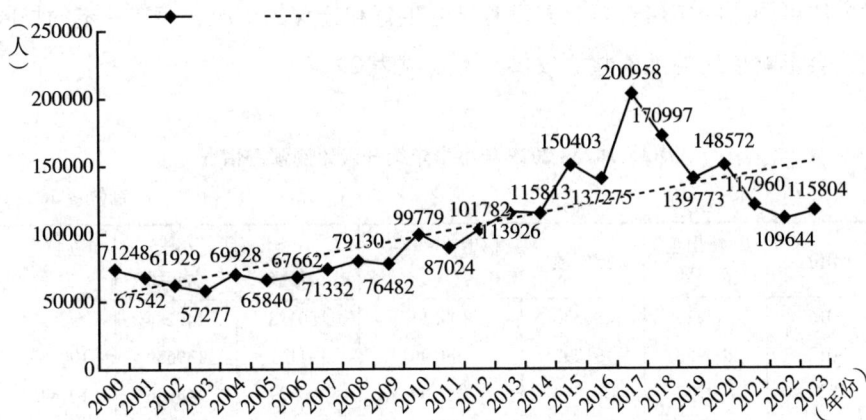

图1 2000~2023年广州市户籍出生人口变化情况

资料来源：广州市统计局。

户籍出生人口数，测算出对应小学招生年份2024~2029年全市小学的招生人数（见表1）。

表1 2018~2023年广州市户籍出生人口数与对应年份小学招生人数

单位：人

出生年份	户籍出生人口数（人）	对应招生年份	小学招生人数（人）		
			低方案	中方案	高方案
2018	170997	2024	231077	267183	316661
2019	139773	2025	188882	218395	258839
2020	148572	2026	200773	232144	275133
2021	117960	2027	159405	184313	218444
2022	109644	2028	148168	171319	203044
2023	115804	2029	156492	180944	214452

资料来源：人口数据来自广州市统计局。

对2024~2029年小学招生数和在校生数的预测，采用了年级升级比例法，根据已有小学的1~6年级的在校生数进行预测，使用本学年的在校生数乘以一定的比例来预测下一学年的在校生数，例如，使用本学年小学一年级的在校生数乘以一定的升学率来预测下一学年小学二年级的在校生数。这种方法可预测的年份较短，并没有结合生育和迁移的情况，存在一定的局限性，会影响预测的准确性，仅供参考（见表 2）。[①]

表2　2024~2029年小学年级升级比例预测情况

单位：人

年份	户籍出生人口数	招生数	招生比一年级（%）	小学一年级	小学六年级	在校生总数
2016	137275	180334	100.11	180128	140284	968531
2017	200958	191092	99.96	191162	139639	1004695
2018	170997	206514	100.09	206329	148986	1058455
2019	139773	210895	99.94	211029	156668	1104714
2020	148572	198393	100.02	198353	160759	1125103
2021	117960	211956	100.00	211958	165945	1164403
2022	109644	213837	99.99	213863	177263	1204223
2023	115804	272459	100.00	272463	196114	1294475
2024	—	231077	100.00	231075	199278	1315353
2025	—	188882	100.00	188881	188021	1290594
2026	—	200773	100.00	200772	199162	1288388
2027	—	159405	100.00	159404	200320	1233456
2028	—	148168	100.00	148167	254440	1165986
2029	—	156492	100.00	156491	215790	1054708

资料来源：人口数据来自广州市统计局，学生数据来自广东省教育信息平台。

教育事业统计数据显示，2016~2023 年，广州市小学招生数呈上升趋势，2023 年是近年来的最高值（272459 人）。2024~2029 年低方案预测结果显示，广州市小学招生人数 2024 年后开始呈下降趋势，预测招生人数在 2028 年达到最低值（见图 2）。

（三）预测2024年广州市小学在校生数达到拐点

教育事业统计数据显示，2016~2023 年，广州市小学在校生数呈逐年上

[①] 赵佳音：《人口变动背景下北京市及各区县义务教育学龄人口与教育资源需求预测》，《教育科学研究》2016 年第 6 期，第 37~43 页。

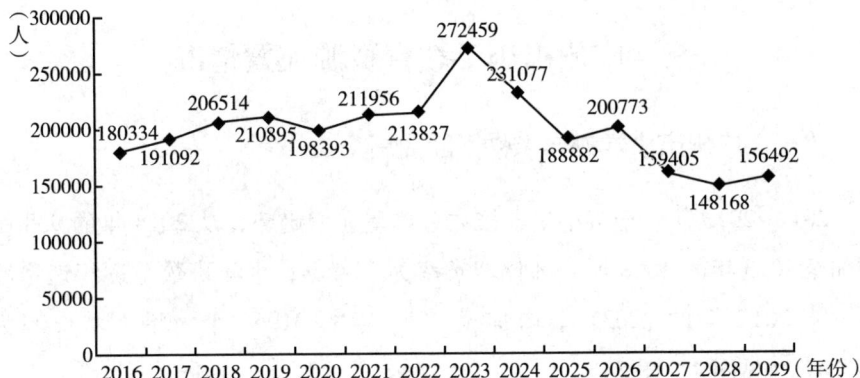

图2 2016～2029年广州市小学招生数变化情况

资料来源：广东省教育信息平台。

升趋势，2023年广州市小学在校生数为1294475人，是历年来的最高值。2024～2029年小学在校生数据测算结果显示，广州市小学在校生数将在2024年迎来高峰，在校生数预计可达到1315353人。2023～2026年，全市小学在校生总数处于高位，从2027年开始呈下降趋势，到2029年预计减少至1054708人，与2024年相比下降幅度为19.82%。因此，2024年将会是广州市小学在校生人数最多的一年（见图3）。

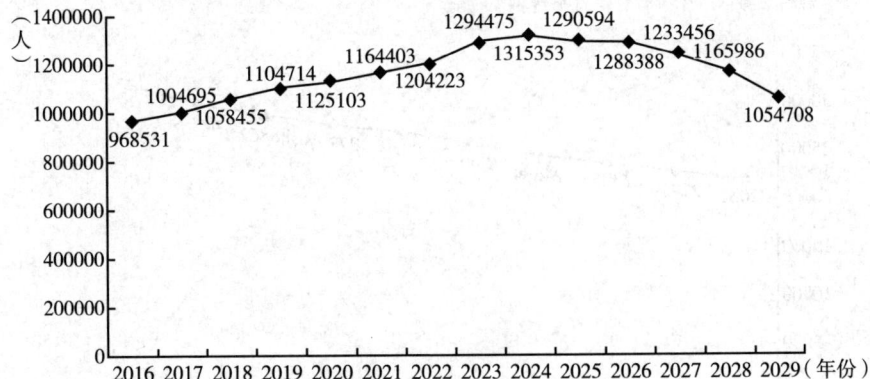

图3 2016～2029年广州市小学在校生数变化情况

资料来源：广东省教育信息平台。

三 广州市小学教育资源配置情况

（一）广州市小学办学条件不断提高

2014~2023 年，全市小学学校数总体呈递增趋势，从 2014 年的 938 所增加至 2023 年的 1008 所，环比增长率为 7.46%；小学班数呈逐年递增趋势，从 2014 年的 22031 个增加至 2023 年的 31966 个，环比增长率为 45.10%（见图 4、图 5）。

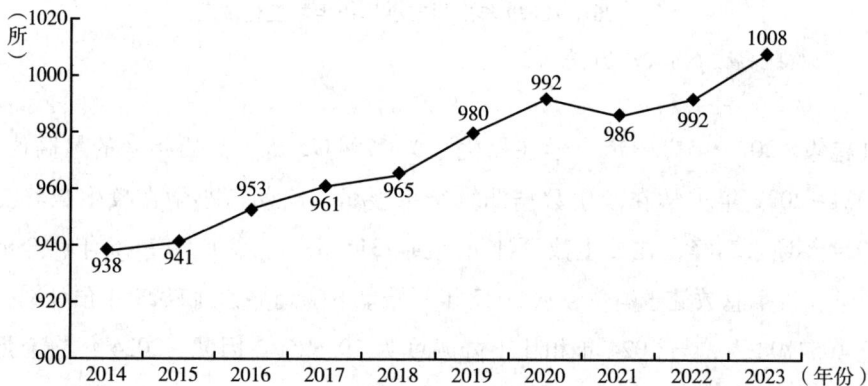

图 4 2014~2023 年广州市小学学校数变化情况

资料来源：广东省教育信息平台。

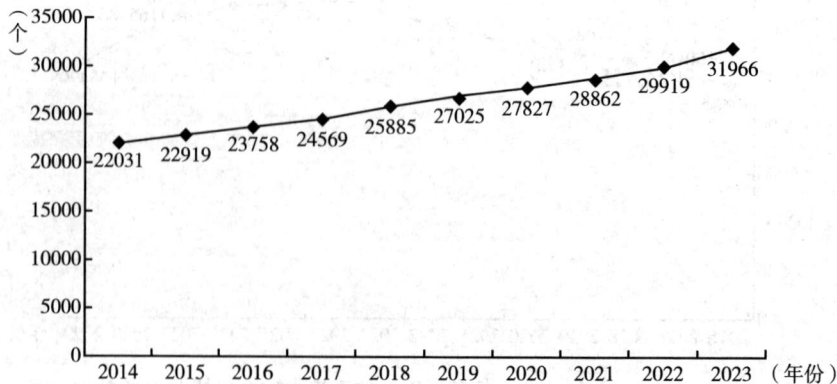

图 5 2014~2023 年广州市小学班数变化情况

资料来源：广东省教育信息平台。

（二）广州市小学专任教师总数不断增加

2014~2023年，全市小学专任教师数也逐年递增，从2014年的47379人增加至2023年的71311人，环比增长率为50.51%。小学生师比呈下降趋势，从2014年的19.00下降低至2023年的18.15，下降了0.85个百分点（见图6、图7）。

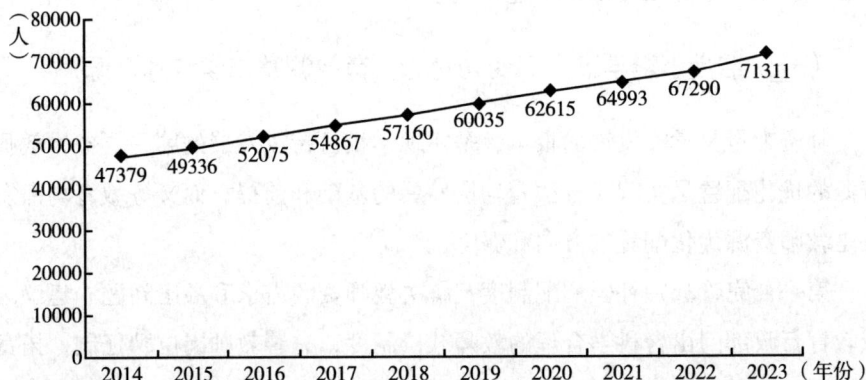

图6　2014~2023年广州市小学专任教师总数变化情况

资料来源：广东省教育信息平台。

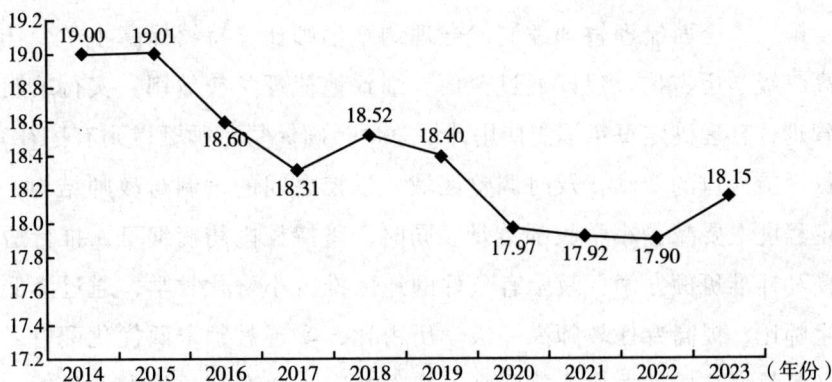

图7　2014~2023年广州市小学生师比变化情况

资料来源：广东省教育信息平台。

四 广州市小学教育资源配置对策建议

小学学龄人口变化给广州市小学教育发展带来了冲击，小学师资、办学条件、教育质量都将面临重大挑战，一是达到高峰前如何合理配置好教育资源，二是为避免高峰之后出现教育资源浪费，要提前做好规划。因此，本文主要从以下三个方面提出对策建议。

（一）结合小学学龄人口变动趋势，有效调整小学教师资源

师资力量是学校发展的根本，是实现学校可持续发展的第一要务，教师资源的优化配置是实现义务教育均衡发展的基础和前提，而义务教育均衡发展是教师资源优化配置的方向和保障。

第一，完善教师补偿调配制度，解决教师资源需求和溢出问题。建议区域教育行政部门出台科学合理的教师补偿制度，完善教师岗位聘任制，拓宽师资来源渠道，加强岗位设置管理。考虑到入学高峰过后，小学教师资源的大幅度溢出，要完善教师调配和退出制度，合理安排超编教师，促进教师合理调配和轮岗，实行动态化管理，根据生源变化、学校布局调整和中学与小学编制余缺等情况，及时调整各学段、学校之间的编制。

第二，全面梳理教师编制，合理调整生师比，持续提高小学专任教师高一级学历占比。建议通过全面、细致地梳理学校编制，实行编制动态管理，合理确定每年编制使用计划总量，确保每年师资得到有序补充。根据学龄人口的变动，及时调整区域、学校之间的编制与教师结构，在一定程度上要减少小学教师数量。同时，坚持校内均衡编班，推行适度规模和标准班额办学，鼓励有条件的地区推行小班化教学，通过降低小学生师比，提高专任教师高一级学历占比，实现教师资源优化配置，促进义务教育高质量发展。目前已有省份制定了教育高质量发展目标，对办学标准进行了修改，例如《江苏教育现代化 2035》提出，到 2035 年，

小学生师比由 18 下降为 15;① 《广州市教育事业发展"十四五"规划》指出,到 2025 年,全市小学本科及以上学历专任教师占比达到 93% 以上,建议广州市应及时根据教育发展需求,对小学办学标准进行调整,从而不断适应小学教育资源配置的需求。②

第三,注重教师队伍建设,提高教师质量。市、区级教育行政部门和学校要多提供教师成长的平台,制定相关政策切实保障不同区域教师进修的权利与机会,多种进修方式相结合缩小区域间教师质量的差异,保障优质教师资源合理、有序地流动。同时结合教师的实际情况,定点精准服务,加大中小学教师的转岗培训力度,统筹考虑教师的不同发展需求,围绕教师的个人需求灵活安排教师培训,制定培训方向和研修主题。

(二)结合小学学龄人口变动趋势,不断优化学校办学条件

第一,提高办学条件标准,解决资源短缺和过剩问题。目前执行的办学条件标准是在教育发展不充分情况下制定的,未来学龄人口呈下降趋势,义务教育阶段的校舍和教师存在过剩问题,可以适当提高办学条件标准,提高生均校舍面积和完善基础设施配置。学校数量及基础配置资源的阶段性变化为资源调整带来较大困难,极易出现资源短缺或浪费的情况。要有小学学校数量减少的准备,做好学校间的整合,在保证每位学龄人口受教育的同时避免资源浪费。对于需求增长的地区需要及时补充教育资源,在资源不易供给、可利用空间有限和学龄人口聚集的背景下,采取租赁、改建等多种方式满足未来对校舍面积的增长需求。

第二,合理保障城区学校配置,改善乡村小规模学校办学条件。按照《中国教育现代化 2035》"实现基本公共教育服务均等化"战略任务的要求,

---

① 江苏省教育厅:《省委教育工委 省教育厅关于认真学习贯彻全省教育大会精神的通知》(苏教办〔2019〕12 号),http://jyt.jiangsu.gov.cn/art/2019/7/4/art_61418_8611263.html,最后检索时间:2024 年 5 月 27 日。

② 广州市人民政府:《广州市人民政府办公厅关于印发广州市教育事业发展"十四五"规划的通知》,https://www.gz.gov.cn/zt/jjsswgh/sjzxgh/content/post_7914772.html,最后检索时间:2024 年 5 月 27 日。

一方面，根据城市化进程和人口流动趋势合理规划学校布局，加大城区学位供给，城区新建小区要严格落实国家对城区新建小区配建学校的政策，在学龄人口高峰期配建学校；另一方面，要在农村和边远地区保留必要的教学点、乡村小规模学校和寄宿制学校，保障这些地区的学生就近接受义务教育。

（三）结合小学学龄人口变动趋势，要综合施策促进义务教育优质均衡发展

第一，从体制机制上，强化学校布局调整中的资源协调。及时结合广州市入户政策变化，相关部门要做好学龄人口变化的跟踪与监测，及时根据学校教育承载力进行提前预测。建立健全人口、规划、建设部门与教育部门联系制度，科学规划好学校建设。

第二，按照国家和省关于义务教育公办学位占比目标，落实义务教育公民办比例要求。优化教育经费投入结构，加大公办学校投入力度，根据不同区域、不同学校实际情况，结合经济社会发展水平，构建适合的教育经费投入模式，落实政府财政投入职责，给予学校资金使用自主权，激发学校办学活力，推动教育资源均衡配置，提高使用效率。

第三，聚焦优质均衡发展，提高城乡义务教育资源配置水平。以推进国家"义务教育优质均衡区"的创建工作为契机，把优质均衡作为广州市小学教育高质量发展的主题主线，满足人民对更优质、更公平教育的期待与需求。缩小城乡、区域和校际的差异，完善城乡学校建设标准，促进城乡和区域统一。加强教育集团化建设，推动学校校长、干部、教师在区域间和集团内的流动，实现优质课程、教学成果等教育资源的有序流动和共享，促进教育资源合理布局，均衡优质发展。

参考文献

李玲、周文龙、钟秉林、李汉东：《2019—2035 年我国城乡小学教育资源需求分析》,《中国教育学刊》2019 年第 9 期。

李维、杨顺艳、许佳宾:《人口变化背景下我国城乡义务教育资源需求预测与规划》,《现代远程教育研究》2024 年第 2 期。

赵佳音:《人口变动背景下北京市及各区县义务教育学龄人口与教育资源需求预测》,《教育科学研究》2016 年第 6 期。

胡咏梅、元静:《2021~2035 年学龄人口变动对我国基础教育事业发展的挑战及应对策略》,《人民教育》2023 年第 5 期。

尚伟伟、郅庭瑾:《人口变动与教育资源优化配置——中国教育发展论坛 2019 综述》,《清华大学教育研究》2019 年第 3 期。

B.8
人口变动视角下广州市初中
学位需求预测及政策建议

肖秀平*

摘　要：　人口变动带来了学位需求的变动。研究发现，广州市人口变动出现如下趋势：2020 年以来，广州市常住人口增速明显放缓；各区增幅变动加剧；户籍出生人口在 2017 年达到峰值后开始回落；常住人口出生人口数降幅明显；户籍人口自然增长率在全国若干个省份中仍保持一定优势；相对于户籍人口持续增长，非户籍常住人口出现回落。预测结果显示：2023~2028 年广州市初中招生数保持增长态势，预计 2029 年出现拐点，2030 年开始将逐步回落。本文提出教育资源仍需向初中学段倾斜、关注区域学位需求变动、调整资源配置方式、完善随迁子女入学政策等建议。

关键词：　人口变动　初中教育　学位需求预测　广州市

一　问题的提出

人口数量、人口结构、人口流动、人口空间分布等均会带来学位需求的变化。初中阶段属于义务教育，初中学位的供给务必保障。2022 年，我国人口首次出现负增长，人口自然增长率为 -0.6‰；北京、上海、天津、重

---

* 肖秀平，广州市教育研究院教育规划与政策研究所副所长，副研究员，主要研究方向为教育财政、基础教育政策。

庆等直辖市的人口自然增长率均为负数。2023 年，我国人口出生率继续下行，广州市人口变动呈现了怎样的特点？人口变动视角下，广州市初中学位需求发生了怎样的变化？政府对此应做出哪些回应？这是本报告试图探讨的主要问题。

二 广州市人口变动形势

从常住人口、常住人口出生人口、户籍出生人口、户籍人口自然增长率、户籍与非户籍常住人口变化等指标来看，广州市人口变动呈现如下趋势[①]。

（一）常住人口仍保持增长态势，但增速明显放缓

2010~2020 年，广州市常住人口年均增长率为 3.96%。[②] 根据《2023年上半年广州市人口发展情况报告》中的数据，2023 年上半年，广州市常住人口为 1915.01 万人。2020~2023 年上半年，广州市常住人口的平均增长率为 0.87%。虽然 2022 年广州市常住人口出现回落[③]，但广州市常住人口仍保持总体增长态势，增速明显放缓（见图 1）。

（二）各区常住人口变化幅度加大，越秀、荔湾、白云三区逆转

相对于第六次和第七次人口普查十年间人口变化幅度，2020~2022 年，广州市各区常住人口的变化幅度加大。变化幅度居于前五位的分别是越秀区、荔湾区、白云区、南沙区、增城区。其中，越秀区的常住人口由原来的负增长，转变为超过 10% 的增长；荔湾区和白云区的常住人口由原来的增

---

① 本报告中未注明出处的广州市人口数据均取自《2022 年广州统计年鉴》，广州市教育数据均取自各年度《广州市教育统计手册》。
② 根据第六次、第七次人口普查数据测算。
③ 广州市统计局官网发布《2022 年广州市人口规模及分布情况》：2022 年末广州市常住人口为 1873.41 万人。

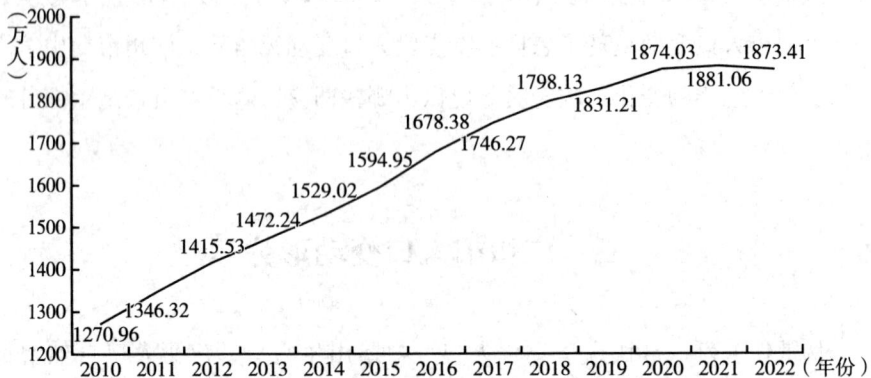

图1 2010~2022年广州市常住人口变化趋势

长趋势转变为下降趋势；南沙区和增城区的常住人口由原来的高速增长转变为近三年的小幅增长（见表1）。

表1 2020~2022年广州市各区常住人口变化情况

区域	2020~2022年 年均增长率(%)	2010~2020年 年均增长率(%)	年均增长率之差 （个百分点）	变化幅度排名
荔湾区	-7.51	3.29	10.80	2
越秀区	10.02	-1.10	-11.12	1
海珠区	2.35	1.56	-0.79	11
天河区	0.28	4.61	4.33	7
白云区	-2.74	5.39	8.13	3
黄埔区	-2.15	4.31	6.46	6
番禺区	0.41	4.23	3.82	8
花都区	2.69	5.73	3.04	9
南沙区	4.59	12.56	7.97	4
从化区	-2.10	-3.59	-1.49	10
增城区	2.79	9.49	6.70	5

资料来源：根据广州市人口监测大数据平台、广州市统计局官网数据测算。

（三）常住人口出生人口数呈递减趋势，且减速较快

2020~2022年[1]，广州市年末常住人口出生人口（含非户籍）分别为17.64万人、16.19万人、14.21万人，根据2023年上半年数据估算[2]，2023年末广州市常住人口出生人口为14.52万人。2020~2023年，广州市年末常住人口出生人口数总体呈递减趋势，年均增长率为-6.28%（见图2）。

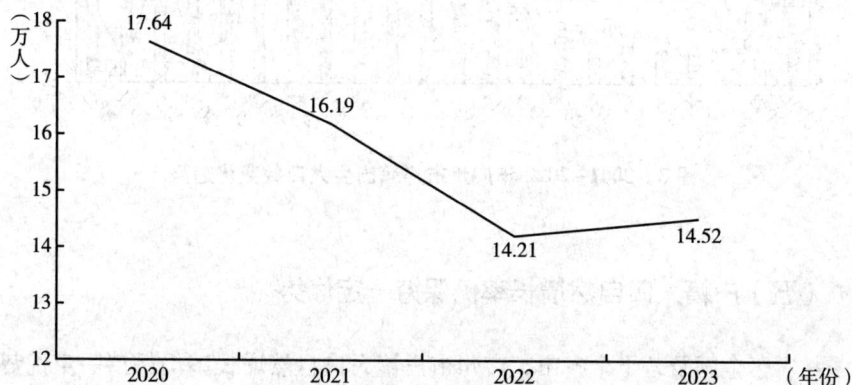

图2　2020~2023年广州市常住人口出生人口数变化趋势

（四）户籍出生人口数在2017年达到峰值后降幅明显

2001~2022年，广州市户籍出生人口变化曲线出现多次起伏，2010年、2015年和2017年的年度环比增长率均超过30%；2017年达到峰值（20.10万人）后总体回落，2022年减少至10.96万人。根据2023年上半年数据估算，2023年广州市户籍出生人口约为10.14万人。2017~2023年，广州市户籍出生人口年均增长率为-10.78%，降幅明显（见图3）。

---

[1]　目前项目组仅能获取到2020~2022年及2023年上半年的常住人口出生人口数，限于所掌握的数据，该指标仅作趋势预判参考，各学段招生数据预测选择了户籍出生人口数指标。

[2]　广州市发展和改革委员会编《2023年上半年广州市人口发展情况报告》：2023年上半年广州市常住人口出生人口为7.27万、户籍出生人口数为5.07万。

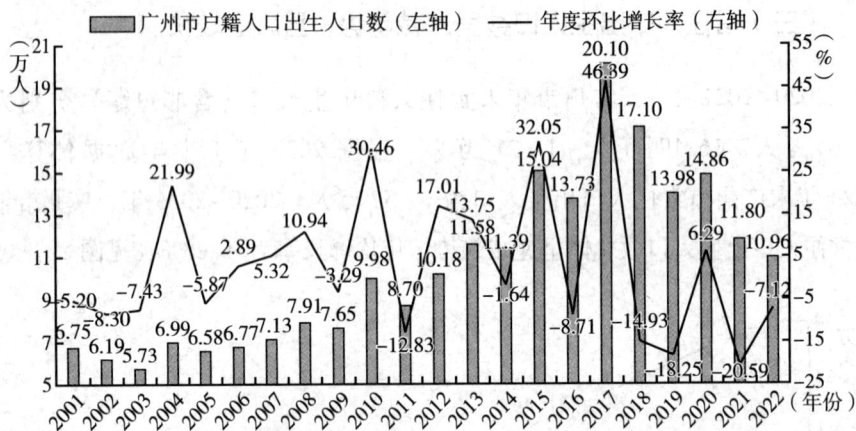

图3 2001~2022年广州市户籍出生人口数变化趋势

（五）户籍人口自然增长率仍保持一定优势

相对于全国及若干个省市，广州市户籍人口自然增长率仍保持一定优势。2022年，广州市户籍人口自然增长率为5.10‰，高于全国（-0.60‰）、广东省（0.33‰），也高于北京市（0.05‰）、上海市（-1.61‰）、天津市（-0.93‰[①]）、重庆市（-2.11‰）等，低于深圳市（13.93‰）（见图4）。

（六）户籍人口持续小幅增长，非户籍常住人口出现回落

相对于户籍人口的小幅稳定增长，非户籍常住人口出现回落。户籍人口从2010年的806万人增长至2022年的1035万人，年均增长率为2.10%。非户籍常住人口经历了快速增长，在2020年出现峰值，而后逐年回落。2020~2022年，广州市非户籍常住人口分别为888.92万人、869.53万人、838.50万人（见图5）。非户籍常住人口的回落，可能与广州市放宽了落户政策有关，也可能与城市对人口迁入的吸引力下降有关。未来非户籍常住人口发展趋势存在较大不确定性。

---

① 天津市人口自然增长率为2021年数据。

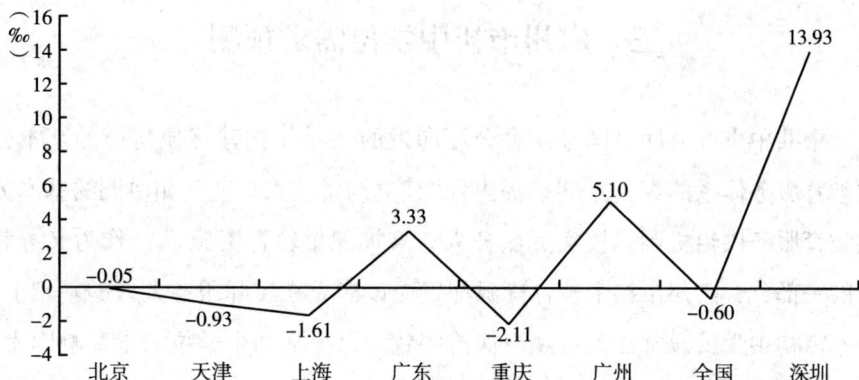

图4　2022年广州市与不同区域户籍人口自然增长率对比

资料来源：国家及相关省市统计局官网。

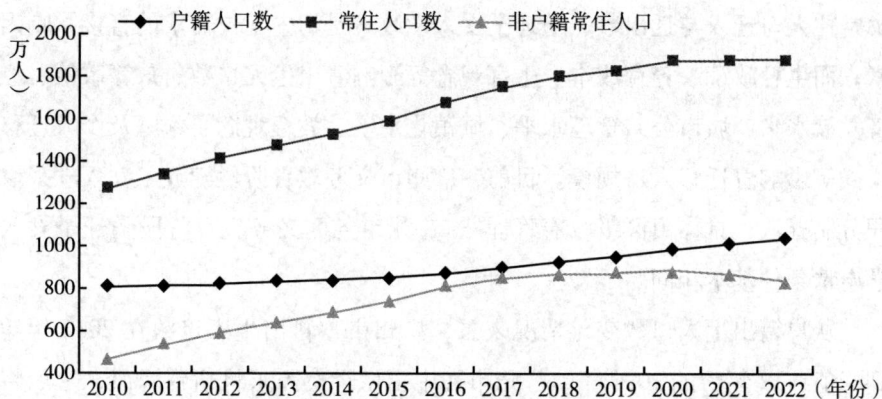

图5　2010~2022年广州市户籍人口与非户籍常住人口变化趋势

　　总之，2020年以来，广州市常住人口增速明显放缓；各区增幅变动加剧；户籍出生人口在2017年达到峰值后开始回落；常住人口出生人口数减势较快；户籍人口自然增长率在全国若干个省市中仍保持一定优势；相对于户籍人口持续增长，非户籍常住人口出现回落。

三 广州市初中学位需求预测

中共中央办公厅、国务院办公厅印发的《关于构建优质均衡的基本公共教育服务体系的意见》明确提出："建立与常住人口变化相协调的基本公共教育服务供给机制，按实际服务人口规模配置教育资源。"[①] 作为义务教育的一部分，广州市初中教育资源配置应该建立在实际服务人口的基础上，与本市初中学龄段常住人口规模保持一致。以下从初中学位需求影响因素、初中招生数及在校学生数预测两个方面进行分析。

（一）广州市初中学位需求影响因素及其初步判断

户籍常住人口出生人口数、非户籍常住人口出生人口数、非户籍初中学龄常住人口迁入与迁出数、随迁子女入学政策是初中学位需求的直接影响因素；而生育政策、养育成本、生育观念等影响着出生人口数，户籍政策、经济发展水平、城市公共管理水平、城镇化水平、教育观念、家庭及个人迁移模式等影响着迁移人口规模。目前，广州市义务教育阶段随迁子女入学采取积分制办法，具体由区级政府管理[②]，广州市各区义务教育阶段随迁子女入学申请条件基本相同。

从户籍出生人口数变化情况来看，广州市户籍出生人口数在 2017 年达到峰值，12 年后的 2029 年，广州市初中招生学位需求将达到峰值，之后将出现逐步回落。相对于初中招生数峰值，初中在校学生总数峰值会相应延后 1~2 年，因此可以较明确地预判，2023~2030 年，广州市初中学位仍存在扩容需要。从户籍与非户籍常住人口出生人口数变动趋势来看，2017~2023 年，广州市户籍出生人口数年均增长率为-10.78%，减幅明显。2020~2023

---

① 《关于构建优质均衡的基本公共教育服务体系的意见》，https://www.gov.cn/zhengce/202306/content_ 6886110. htm，最后检索时间：2024 年 5 月 20 日。

② 在广州市办理的有效期内的《广东省居住证》连续满 1 年且符合区内居住或就业、创业的条件均可申请积分入学。

年，广州市常住人口出生人口数总体呈递减趋势，年均增长率为-6.28%。由此可初步推断出广州市初中招生学位需求在2029年达到峰值，之后将会出现较大降幅。从非户籍常住人口的变化趋势来看，广州市非户籍常住人口在2020年达到峰值，在2021年和2022年连续两年出现减少，说明2021年以来，广州市非户籍常住人口中迁出人口数量超过了迁入人口数量，从而可以初步判断初中招生学位需求将相应地出现一定程度的减少。从人口迁移的影响因素来看，随着《广州市差别化入户市外迁入管理办法（试行）》的实施，广州市净迁入人口规模很可能会出现一定程度的扩大，户籍学龄人口的初中教育需求增幅会逐步呈现；加之广州市综合吸引力较强，随迁子女初中教育需求仍会保持较高比重。

（二）2023~2028年广州市初中招生数及在校学生数预测

根据小学各年级在校学生数，采用年级升级比例法[1]（Grade Progression Ratio，GPR）预测初中招生数[2]及在校学生数。

1. 2023~2028年升级比例预测

本报告通过对2012~2022年广州市小学一年级学生升入初中一年级，初中一年级升入初中二年级、初中二年级升入初中三年级比例的对比分析，选取2020~2022年各升级比例平均值作为2023~2028年广州市初中一、二、三年级学生的升级比例。经测算，2023~2028年广州市小学一年级升入初中一年级、初中一年级升入二年级、初中二年级升入三年级比例的平均值分别为82.43%、98.70%、97.14%。考虑到2020~2022年广州市初中一年级升级比例呈逐年提高趋势，本报告对2023~2028年广州市初中一年级升级比例进行了校正，设立低、中、高三个方案，升级比例分别为82.43%、85.44%、88.39%（见表2）。

---

① 年级升级比例法是学龄人口预测的国际通用方法之一，其前提是假设各年级升级比例不变，由现有适龄常住人口数或在校生人数乘以升级比例得出。鉴于初中学位与小学学位申请条件一致，本报告以小学一年级学生数为基数，采用年级升级比例法来预测初中学位需求。

② 本报告中，初中招生数用初中一年级在校学生数代替。

表2 2023~2028年广州市初中学生升级比例预测

单位：%

年度	小学一年级升初中一年级比例	初中一年级升二年级比例	初中二年级升三年级比例
2012	—	98.24	94.33
2013	—	100.16	96.33
2014	—	98.95	95.97
2015	—	97.36	95.25
2016	—	97.70	94.77
2017	82.25	97.98	94.78
2018	80.79	98.07	95.40
2019	79.61	98.09	96.51
2020	79.84	98.19	96.60
2021	82.01	99.01	96.95
2022	85.44	98.89	97.86
2023~2028(低)	82.43	98.70	97.14
2023~2028(中)	85.44	98.70	97.14
2023~2028(高)	88.39	98.70	97.14

2. 2023~2028年初中各年级在校生数预测

按照低方案，2023~2028年广州市初中一年级在校生数将从15.76万人增长至2028年的17.63万人；初中在校学生数将从44.89万人增长至2028年的50.55万人。六年间，除2026年初中一年级在校学生数有所回落外①，其他年份初中一年级在校学生数及初中在校学生数均保持增长态势（见表3）。

表3 2023~2028年广州市初中在校学生预测（低方案）

单位：人

年度	初中一年级在校学生数	初中二年级在校学生数	初中三年级在校学生数	初中在校学生数
2023	157570	151896	139479	448946
2024	170071	155521	147552	473145
2025	173946	167861	151073	492880

---

① 2026年初中一年级在校学生数回落与2020年小学一年级在校学生数回落一致。

续表

年度	初中一年级 在校学生数	初中二年级 在校学生数	初中三年级 在校学生数	初中 在校学生数
2026	163497	171684	163060	498241
2027	174711	161372	166774	502857
2028	176282	172440	156756	505478

按照中方案，2023～2028 年广州市初中一年级在校生数将从 16.33 万人增长至 2028 年的 18.27 万人；初中在校学生数将从 45.47 万人增长至 2028 年的 52.39 万人。六年间，除 2026 年初中一年级在校学生数有所回落①，其他年份初中一年级在校学生数及初中在校学生数均保持增长态势（见表4）。

表4　2023～2028 年广州市初中在校学生预测（中方案）

单位：人

年度	初中一年级 在校学生数	初中二年级 在校学生数	初中三年级 在校学生数	初中 在校学生数
2023	163324	151896	139479	454699
2024	176282	161201	147552	485035
2025	180298	173991	156591	510880
2026	169468	177954	169015	516437
2027	181092	167265	172865	521222
2028	182719	178738	162481	523938

按照高方案，2023～2028 年广州市初中一年级在校生数将从 16.90 万人增长至 2028 年的 18.90 万人；初中在校学生数将从 46.03 万人增长至 2028 年的 54.20 万人。六年间，除 2026 年初中一年级在校学生数有所回落，其他年份初中一年级在校学生数及初中在校学生数均保持增长态势（见表5）。

---

① 2026 年初中一年级在校学生数回落与 2020 年小学一年级在校学生数回落一致。

表5 2023~2028年广州市初中在校学生预测（高方案）

单位：人

年度	初中一年级 在校学生数	初中二年级 在校学生数	初中三年级 在校学生数	初中 在校学生数
2023	168968	151896	139479	460343
2024	182374	166772	147552	496698
2025	186529	180003	162002	528534
2026	175324	184104	174855	534283
2027	187350	173045	178838	539233
2028	189034	184914	168096	542044

3. 2023~2028年，广州市初中招生数保持增长态势，预计2029年出现拐点

按照低、中、高方案，2023~2028年广州市初中招生数均保持增长态势；与2022年相比，2028年初中一年级在校生数预计分别增加2.24万人、2.88万人和3.51万人。根据广州市户籍出生人口数在2017年达到峰值，2029年，广州市初中招生学位需求将达到峰值，2030年开始将出现逐步回落。

4. 2023~2028年，广州市初中在校学生数持续上升，预计2030年出现拐点

按照低、中、高方案，2023~2028年广州市初中在校学生数均保持持续增长态势；与2022年相比，2028年初中在校生数预计分别增加7.34万人、9.18万人和10.99万人。相对于初中招生数峰值，初中在校学生总数峰值会相应延后1~2年，因此可以较明确地预判，2023~2030年，广州市初中学位仍存在扩容需要。预计2031年开始出现逐步回落。

四 政策建议

持续上升阶段和逐步回落阶段是广州市初中学位需求面临的两个不同阶段，不同阶段的学位需求对广州市初中教育资源配置带来极大的挑战：既要考虑招生规模扩大趋势，满足义务教育阶段学生的入学需求，又要充分考虑

2031 年之后学位需求逐渐减少带来的资源配置变化。本文从政府资源配置的角度提出以下四点政策建议。

（一）教育资源仍需向初中学段倾斜，保障适龄人口入学需求

按照预测结果，2023~2028 年广州市初中学位需增加 7.34 万~10.99 万个，在此基础上需进一步测算教育经费、师资、校舍、功能场室及仪器设备等方面的增量。其中，在教育经费配置上，需根据创建全国义务教育优质均衡区需要以及义务教育阶段公办与民办学位比例要求，按照生均教育经费标准做好规划及年度预算。

（二）全市初中教育资源配置需关注区域学位需求变动

鉴于 2020 年以来广州市各区常住人口规模的变化幅度加大，人口在不同区域之间的流动将带来初中学位需求的变动。建议各区教育局以片区为单位，做好常住人口及初中学龄人口摸查工作，跟踪人口变动情况，在摸清区域学位需求基础上，及时布局或者调整初中教育资源。

（三）调整资源配置方式，以便学段间教育资源融合与流动

鉴于广州市初中学位需求呈现了先增后降的发展趋势，建议广州市及时调整初中教育资源配置方式，做好未来生源减少、学位需求降低的准备，避免教育资源浪费。考虑到广州市普通高中学位需求旺盛，建议初中教育资源配置方式以能够向普通高中学段流动为参考因素。在师资配备上，调整初中新入职教师准入标准，除提高学历标准外，可考虑将双学位作为准入标准，以拓宽教师任教学科范围，缓解结构性缺编问题。在教师培训方面，提前做好转岗教师培训计划，有针对性地实施转岗教师培训。在新建学校学制设置上，建议设置完全中学，或者通过在普通高中增设初中校区及教学班的方式增加初中学位。在校舍及场馆建设上，建议按照普通高中标准配置教学楼、体育场馆、功能场室等。

（四）进一步完善随迁子女入学政策，增强人口流入吸引力

在出生人口下行背景下，人口流入是城市综合竞争力的表现，也是城市健康运行的重要保障。建议在初中学位需求增长阶段未雨绸缪，进一步完善随迁子女入学政策，特别是增强小学阶段随迁子女入学便利性，将教育作为吸引人才、吸引城市建设者的关键点。

参考文献

梁文艳、孙雨婷：《义务教育资源配置如何适应城乡学龄人口变动——基于第七次全国人口普查数据的测算》，《教育研究》2023 年第 4 期。

熊春文、陈辉：《人口变迁与教育变革——基于第七次全国人口普查公报的社会学思考》，《教育研究》2021 年第 11 期。

胡咏梅、元静：《2021—2035 年学龄人口变动对我国基础教育事业发展的挑战及应对策略》，《人民教育》2023 年第 5 期。

毋磊、郑曼：《高质量义务教育的基本保障：学龄人口变动与教育资源配置的适切性分析——以浙江省为样本》，《当代教育论坛》2022 年第 5 期。

唐一鹏：《我国特大城市基础教育规模变动及其趋势预测——以北京、上海为例》，《上海教育科研》2018 年第 3 期。

邱畅、贺芳：《中国大陆学龄人口变动与师范教育规模调整研究》，《教师教育论坛》2019 年第 9 期。

课程与评价篇 ⟩

B.9

广州市幼儿园课程质量现状
评价调查报告*

刘　霞**

摘　要： 幼儿园课程质量由课程理念、课程目标、课程内容、课程实施、课程评价、课程管理、课程资源七个维度的质量构成。本文采用《幼儿园课程质量现状调查自评问卷》调查了广州市1077名园长，调查结果显示，幼儿园课程质量整体上处于中等水平，七个维度质量不均衡；不同办园性质、不同规模、不同评估等级的幼儿园课程总体质量和七个维度质量水平存在显著差异；幼儿园办学自主权、班子课程领导力、教师课程能力、课程方案、行政支持、课程建设内驱力能显著预测幼儿园课程质量。建议要促进幼儿园课程质量的整体均衡提升、充分激发幼儿园办学活力、强化区级教育行

---

* 本文系广东省教育科学规划2022年度中小学教师教育科研能力提升计划重点项目"基于标准的幼儿园课程方案设计与实施研究"（项目编号：2022ZQJK011）和广州市教育科学规划2020年度课题"创生取向的区域幼儿园课程建设研究"（项目编号：202012725）的研究成果。

** 刘霞，广州市教育研究院教育规划与政策研究所研究员，主要研究方向为学前教育基本理论、学前教育规划与政策等。

政部门的管理与支持力度、努力提升幼儿园领导班子和教师的课程能力。

关键词： 课程质量　课程评价　幼儿园课程　广州

一　问题的提出

2018 年，《中共中央 国务院关于学前教育深化改革规范发展的若干意见》提出，要"推进学前教育普及普惠安全优质发展，满足人民群众对幼有所育的美好期盼"[①]。2022 年，我国学前教育毛入园率为 89.70%，普惠性幼儿园占全国幼儿园的比例为 84.96%[②]，学前教育普及普惠的发展目标已经基本实现，但发展不平衡不充分的问题仍十分突出。全面、整体提升幼儿园保教质量成为我国今后相当一段时期内学前教育发展的重要目标。

课程是实现教育目标的中介，保证教育质量的关键就是要保证课程质量。[③] 课程质量是幼儿园过程质量的重要组成部分，也是提升幼儿园保教质量的重要抓手。[④] 提升幼儿园课程质量的前提条件是要清晰、准确地掌握幼儿园课程质量现状。目前国内专门的关于幼儿园课程质量的实证研究还较少。关于课程质量的实证研究大多散见于幼儿园教育质量的整体研究之中，如有研究者采用《中国托幼机构教育质量评价量表（第三试用版）》，对 8 个省份 428 个幼儿班级教育质量现状进行调查分析[⑤]，采用《中国幼儿园教

---

① 《中共中央 国务院关于学前教育深化改革规范发展的若干意见》，https://www.gov.cn/zhengce/2018-11/15/content_5340776.htm，最后检索时间：2023 年 12 月 28 日。

② 教育部发展规划司：《2022 年全国教育事业发展基本情况》，http://www.moe.gov.cn/fbh/live/2023/55167/sfcl/202303/t20230323_1052203.html，最后检索时间：2024 年 5 月 8 日。

③ 陈玉琨等著：《课程改革与课程评价》，教育科学出版社，2001，第 201 页。

④ Susan Edwards. Process Quality, Curriculum and Pedagogy in Early Childhood Education and Care, *OECD Education Working Papers*, No. 247, 20 May 2021.

⑤ 罗妹、李克建：《基于全国 428 个班级样本的学前教育质量城乡差距透视》，《学前教育研究》2017 年第 6 期，第 13~20 页。

育环境质量评价量表》对江西省 36 所幼儿园教育环境质量进行调查分析①，采用《中国幼儿园教育环境质量评价量表（第二版）》对北京市 30 个流动儿童幼儿班级教育质量进行调查分析②，采用《走向优质——中国幼儿园教育质量评价标准》中的"课程促进"子标准，对 5 个省 300 个幼儿园班级课程质量进行调查分析③，等等。总体上看，上述研究采用的评价工具中涉及课程的指标范围及数量有限，尚缺乏对课程理念、目标、内容、实施、评价、管理、资源等要素的系统研究，难以全面反映幼儿园课程质量现状。此外，上述研究均是从外来研究者的视角进行调查分析，缺乏课程建设重要主体——幼儿园园长的视角。

基于此，本研究拟采用自编工具《幼儿园课程质量现状调查自评问卷》，从幼儿园园长自评的视角，对幼儿园课程质量现状进行全面的调查分析，期望能揭示幼儿园课程质量的现状，发现存在的问题与短板，为提升课程质量、推动学前教育优质发展提供事实依据与决策方向。

二 研究设计

（一）研究对象

2023 年 3 月，本研究以问卷星在线填写的方式，面向广州市幼儿园园长发放电子问卷，共收到 1077 份有效问卷。调查对象涵盖不同性质、评估等级、规模幼儿园的园长。从办园性质的角度，教育部门办园园长154 人，占比 14.30%；其他类型公办性质幼儿园园长 390 人，占比36.21%；普惠性民办幼儿园园长 388 人，占比 36.03%；非普惠性民办

---

① 裴指挥、郑孝玲、张丽：《江西省幼儿园教育环境质量调查分析》，《江西师范大学学报》（哲学社会科学版）2012 年第 2 期，第 120~125 页。
② 史瑾：《北京市流动儿童幼儿园教育质量调查》，《上海教育科研》2015 年第 9 期，第 27~30 页。
③ 原晋霞：《我国幼儿园课程质量现状探索与提升建议》，《学前教育研究》2021 年第 1 期，第 43~56 页。

幼儿园园长 145 人，占比 13.46%。从办园规模的角度，小规模幼儿园（5 个班及以下的幼儿园）园长 121 人，占比 11.24%；中等规模幼儿园（6~12 个班的幼儿园）园长 727 人，占比 67.50%；大规模幼儿园（12 个班及以上）园长 229 人，占比 21.26%。从幼儿园评估等级的角度，省一级幼儿园园长 51 人，占比 4.73%；市一级幼儿园园长 97 人，占比 9.01%；区一级幼儿园园长 465 人，占比 43.18%；未评级幼儿园园长 464 人，占比 43.08%。

（二）研究工具

1. 自编《幼儿园课程质量现状调查自评问卷》

在对幼儿园课程及课程质量评价相关研究文献进行分析的基础上，本文设计了《幼儿园课程质量现状调查自评问卷》，从课程理念、课程目标、课程内容、课程实施、课程评价、课程管理、课程资源等七个维度调查幼儿园课程质量。

2. 完善调查问卷结构

调查问卷包括三个部分：第一部分是园长的基本信息，包括个人信息和任职幼儿园信息。第二部分是对幼儿园课程质量现状的调查，包括课程理念、课程目标、课程内容、课程实施、课程评价、课程管理、课程资源七个维度合计 29 道题，每道题使用 Likert5 点记分法，每道题选项从"完全不符合"到"完全符合"分为五个等级，分值依次从"1"分到"5"分，得分越高则表明幼儿园该维度课程质量水平越高。第三部分是对幼儿园课程质量影响因素的调查，包括幼儿园办学自主权、班子课程领导力、教师课程能力、课程方案、行政支持、课程建设内驱力的调查。本研究中，幼儿园办学自主权指的是幼儿园有教育教学、人事工作和经费使用自主权，班子课程领导力指的是幼儿园领导班子领导幼儿园课程规划与建设的能力，教师课程能力指的是教师参与幼儿园课程规划与建设工作的能力，课程方案指的是幼儿园书面课程方案编制及在教育工作中的落实情况，行政支持指的是地方教育行政部门对幼儿园课程的监督管理、经费和业务支持，课程建设内驱力指的是幼儿园源于自身发展需求进行课程建设的动力水平等。这是本研究预设的影响幼儿园课程质量水平的六个重要因素。

3.对自评问卷做信效度分析

对《幼儿园课程质量现状调查自评问卷》进行内在信度分析，问卷信度系数（Cronbach's Alpha）为0.979，七个维度的信度系数分别为0.950、0.946、0.949、0.954、0.952、0.948、0.938，说明问卷具有良好的信度。通过七个维度与自评问卷的相关系数矩阵分析结构效度。各维度与自评问卷之间在0.01水平上显著相关，Pearson相关系数在0.552~0.886。自评问卷与各维度之间的相关系数高于问卷各维度之间的相关系数，说明自评问卷七个维度之间既有一定的独立性，又能较好地反映问卷要测查的内容，问卷具有较高的结构效度。

（三）数据分析

采用SPSS 25.0软件对问卷数据进行统计分析，具体运用了描述统计分析、单因素方差分析、多元回归分析法等。

三　研究结果与分析

（一）广州市幼儿园课程质量整体上处于中等水平

由表1可见，广州市幼儿园课程质量的总得分均值为3.90分（满分为5分），标准差为0.51分。对数据的进一步分析发现，总得分高于4.00分的幼儿园有289所，占比为26.83%；总得分处于3.00~4.00分的幼儿园有767所，占比超过七成（71.22%）。由此可以推断出广州市幼儿园课程质量整体上处于中等水平。从七个维度来看，幼儿园课程各维度质量不均衡，课程管理和课程资源两个维度的质量相对居后，得分均值低于4分的分别是课程管理、课程资源、课程理念和课程评价四个维度，需要引起特别关注。

表1　广州市幼儿园课程质量总体水平的描述统计

单位：分

维度	极小值	极大值	均值	标准差
课程理念	1.00	5.00	3.85	0.61
课程目标	2.00	5.00	4.01	0.58
课程内容	2.00	5.00	4.04	0.56
课程实施	3.00	5.00	4.12	0.54
课程评价	1.00	5.00	3.98	0.59
课程管理	1.00	5.00	3.66	0.66
课程资源	1.00	5.00	3.69	0.66
总体质量	2.31	5.00	3.90	0.51

（二）广州市幼儿园课程质量的园际差异分析

本文采用单因素方差分析方法分析不同性质、不同规模、不同评估等级幼儿园课程质量水平是否存在差异。

1. 不同性质幼儿园课程总体质量及七个维度课程质量水平均存在显著差异

由图1可见，不同性质幼儿园中，教育部门办园课程总体质量及七个维度质量得分均值均为最高，说明教育部门办园课程质量相对较高。除课程资源维度（普惠性民办园在该维度上的得分均值比其他类型公办性质园高0.01分）外，普惠性民办园课程总体质量及六个维度质量得分均值均为最低，说明普惠性民办园课程质量相对较低，需要引起关注。

采用单因素方差分析方法对不同性质幼儿园课程质量水平进行了差异性检验。检验结果显示，不同性质幼儿园课程总体质量及七个维度质量得分均值都存在显著差异。对差异的进一步分析显示，在课程总体质量和课程理念维度，普惠性民办园和其他类型公办性质园显著低于教育部门办园和非普惠性民办园，非普惠性民办园显著低于教育部门办园。在课程目标、课程内容、课程评价、课程管理等维度，普惠性民办园和其他类型公办性质园显著低于教育部门办园，普惠性民办园显著低于非普惠性民办园。在课程实施维度，普惠性民办园显著低于其他三类幼儿园，其他类型公办性质园和非普惠性民办园显著低于教育部门办园。在课程资源维度，普惠性民办园和其他类型公办性质园显著低于教育部门办园和非普惠性民办园。

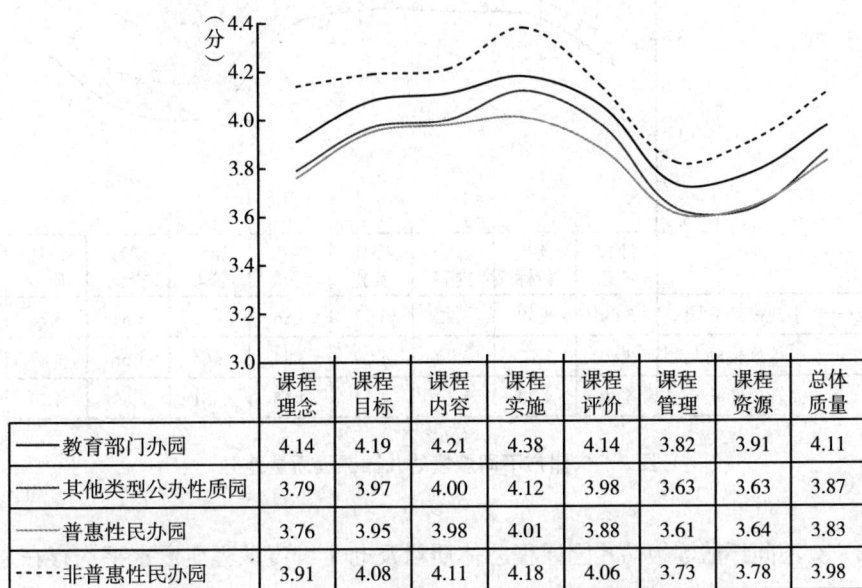

	课程理念	课程目标	课程内容	课程实施	课程评价	课程管理	课程资源	总体质量
—— 教育部门办园	4.14	4.19	4.21	4.38	4.14	3.82	3.91	4.11
—— 其他类型公办性质园	3.79	3.97	4.00	4.12	3.98	3.63	3.63	3.87
—— 普惠性民办园	3.76	3.95	3.98	4.01	3.88	3.61	3.64	3.83
---- 非普惠性民办园	3.91	4.08	4.11	4.18	4.06	3.73	3.78	3.98

图1 广州市不同性质幼儿园课程质量差异

2. 不同规模幼儿园课程总体质量及七个维度课程质量水平均存在显著差异

由图2可见，不同规模幼儿园中，大规模幼儿园课程总体质量及七个维度质量得分均值都最高，说明大规模幼儿园课程质量相对较高。小规模幼儿园课程总体质量及七个维度质量得分均值都最低，说明小规模幼儿园课程质量相对较低，需要引起关注。

采用单因素方差分析方法对不同规模幼儿园课程质量水平进行了差异性检验。检验结果显示，不同规模幼儿园课程总体质量及七个维度质量得分均值都存在显著差异。对差异的进一步分析显示，在课程总体质量及课程理念两个维度，小规模和中等规模幼儿园均显著低于大规模幼儿园。在课程实施、课程管理、课程资源等三个维度，中等规模幼儿园显著低于大规模幼儿园。

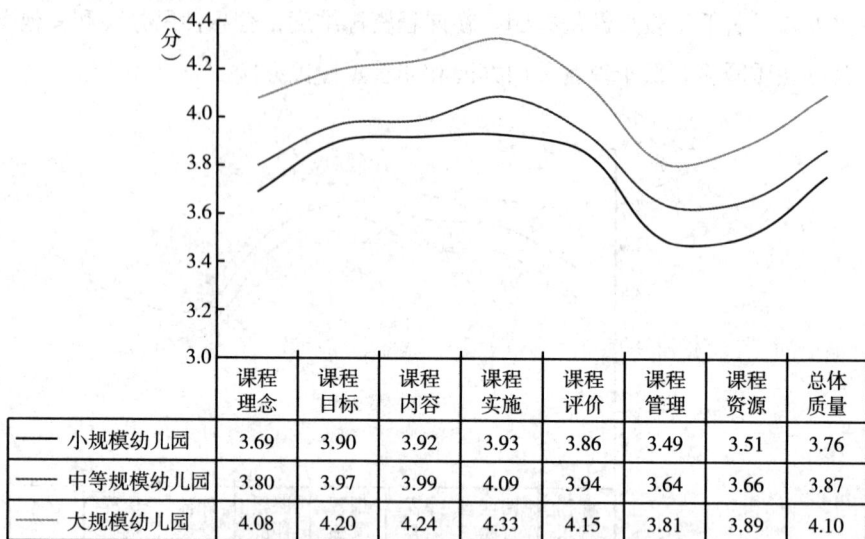

	课程理念	课程目标	课程内容	课程实施	课程评价	课程管理	课程资源	总体质量
小规模幼儿园	3.69	3.90	3.92	3.93	3.86	3.49	3.51	3.76
中等规模幼儿园	3.80	3.97	3.99	4.09	3.94	3.64	3.66	3.87
大规模幼儿园	4.08	4.20	4.24	4.33	4.15	3.81	3.89	4.10

图 2　广州市不同规模幼儿园课程质量差异

3. 不同评估等级幼儿园课程总体质量及七个维度课程质量水平均存在显著差异

由图 3 可见，不同评估等级幼儿园中，省一级幼儿园课程总体质量及七个维度质量得分均值都最高，说明省一级幼儿园课程质量相对较高。未评级幼儿园课程总体质量及七个维度质量得分均值都最低，说明未评级幼儿园课程质量相对较低，需要引起关注。

采用单因素方差分析方法对不同评估等级幼儿园课程质量水平进行了差异性检验。检验结果显示，不同评估等级幼儿园课程总体质量及七个维度质量得分均值都存在显著差异。对差异的进一步分析显示，在课程总体质量及课程目标、课程实施等两个维度，未评级幼儿园显著低于其他三类幼儿园，区一级和市一级幼儿园显著低于省一级幼儿园。在课程理念维度，未评级幼儿园显著低于其他三类幼儿园，区一级幼儿园显著低于市一级和省一级幼儿园，市一级幼儿园显著低于省一级幼儿园。在课程内容、课程评价、课程管理、课程资源等维度，未评级、区一级和市一级幼儿园显著低于省一级幼儿园。

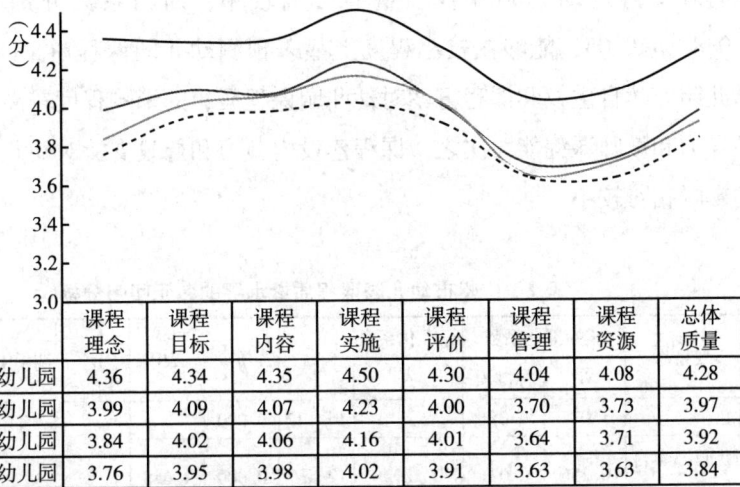

	课程理念	课程目标	课程内容	课程实施	课程评价	课程管理	课程资源	总体质量
—— 省一级幼儿园	4.36	4.34	4.35	4.50	4.30	4.04	4.08	4.28
—— 市一级幼儿园	3.99	4.09	4.07	4.23	4.00	3.70	3.73	3.97
—— 区一级幼儿园	3.84	4.02	4.06	4.16	4.01	3.64	3.71	3.92
---- 未评级幼儿园	3.76	3.95	3.98	4.02	3.91	3.63	3.63	3.84

图3 广州市不同评估等级幼儿园课程质量差异

（三）广州市幼儿园课程质量水平的回归分析

相关研究和对园长的访谈结果显示，幼儿园办学自主权、班子课程领导力、教师课程能力、课程方案、行政支持、课程建设内驱力等因素可能影响到幼儿园课程质量水平。本研究以幼儿园课程质量为因变量，幼儿园办学自主权、班子课程领导力、教师课程能力、课程方案、行政支持、课程建设内驱力等因素为自变量进行多元回归。由表2可见，方差膨胀因子（VIF）的值均小于5，说明此模型不存在严重的多重共线性。多元回归模型具有统计学意义 [$F(6, 1076) = 321.309$，$p = 0.000 < 0.001$]，可以解释幼儿园课程质量变异的64.3%（调整 $R^2 = 0.643$）。其中，幼儿园办学自主权对课程质量的影响最大（$B = 0.256$，$p < 0.001$），能够在很大程度上显著预测幼儿园课程质量。课程方案对幼儿园课程质量的影响次之（$B = 0.193$，$p < 0.001$），能够在较大程度上显著预测幼儿园课程质量。班子课程领导力和教师课程能力对幼儿园课程质量的回归系数分别为0.116和0.111，$p < 0.001$，能够在一定程度上显著预测幼儿园课程质量。课程建设内驱力

和行政支持对幼儿园课程质量的影响较小，回归系数分别为 0.045 和 0.038，$p<0.05$，能够在较小程度上显著预测幼儿园课程质量。比较而言，幼儿园办学自主权和课程方案对幼儿园课程质量的影响程度较高，班子课程领导力和教师课程能力次之，课程建设内驱力和行政支持对幼儿园课程质量的影响相对较小。

表 2　广州市幼儿园课程质量水平的多元回归分析

变量	非标准化系数		标准化系数	t	p	VIF	R^2	调整 R^2	F
	B	标准误	β						
常数	1.075	0.071		15.137	0.000				
幼儿园办学自主权	0.256	0.021	0.292	12.437	0.000	1.658			
课程方案	0.193	0.017	0.281	11.231	0.000	1.882			
班子课程领导力	0.116	0.020	0.161	5.702	0.000	2.400	0.643	0.641	$F(6,1076)$ = 321.309; $P=0.000$
教师课程能力	0.111	0.019	0.165	5.948	0.000	2.315			
课程建设内驱力	0.045	0.018	0.06	2.555	0.011	1.681			
行政支持	0.038	0.015	0.055	2.578	0.010	1.374			

四　讨论与建议

基于以上幼儿园课程质量现状与出现的问题，拟对相关行政管理部门和幼儿园提出如下建议，希望能对幼儿园课程质量提升有所启发和帮助。

（一）要促进幼儿园课程质量的整体均衡提升

第一，要有效提升幼儿园课程理念、课程评价两个维度的质量水平。幼儿园课程质量的有效提升，应该是课程理念、课程目标、课程内容、课程实施、课程评价等核心要素质量的整体均衡提升。研究结果显示，上述课程五个核心要素中，幼儿园课程理念、课程评价两方面质量相对居后。对园长的访谈结果显示，园长和教师对课程目标、课程内容、课程实施的理解比较正确、落实相对轻松，但对课程理念、课程评价的理解和落实感到困难。不少幼儿园不知道如何制定先进的、符合本园实际的课程理念，不知道如何把课程理念落实到课程目标、内容、实施以及评价之中；对如何科学系统地对课程进行诊断、反馈与改进也感到困难。建议各级相关部门和幼儿园自身除了要继续强化对幼儿园课程建设的整体培训外，要更深入、细化课程内部各构成要素的培训与提升，特别是要聚焦课程理念、课程评价等要素的基本理论与实践培训，使幼儿园课程质量提升更有针对性。

第二，要特别重视幼儿园课程管理、课程资源两个维度的质量提升。本研究在课程方案编制、实施、评价及完善的管理机制，课程质量监控工作流程的制定及落实，课程质量保证与提升指引等方面调查了幼儿园课程管理质量，结果显示幼儿园课程管理处于相对落后水平。在幼儿园课程资源库的建设与应用、课程资源的制度建设等方面调查了幼儿园课程资源质量，结果显示幼儿园课程资源质量不尽如人意。课程管理和课程资源贯穿在课程建设的全过程，是课程建设顺利进行的前提与保障。建议市、区教研和师资培训部门通过专题性的教研和培训提升园长的课程管理能力；区域教研部门可以聚集区域内骨干力量联合开发幼儿园课程资源库等。

第三，要重点扶持普惠性民办幼儿园、小规模幼儿园、未评级幼儿园课程质量提升。从园际比较结果来看，普惠性民办幼儿园、小规模幼儿园、未评级幼儿园课程整体质量和七个维度质量均处于相对落后水平，而上述三类幼儿园是广州市幼儿园的重要组成部分，它们的课程质量在很大程度上决定着广州市整体课程质量及在园幼儿所接受的学前教育质量。建议充分发挥教育部门办园、省及市一级幼儿园、大规模幼儿园的示范引领作用，鼓励各类幼儿园之间互相帮扶，保障各级各类幼儿园课程质量的共同提升。

（二）要充分激发幼儿园办学活力

办学活力不足是制约质量提升的关键因素，亟待创新体制机制，进一步释放与增强每一所学校的办学活力。① 2020 年 9 月，教育部等八部门印发《关于进一步激发中小学办学活力的若干意见》（以下简称《办学活力若干意见》），明确提出要保障学校办学自主权、增强学校办学内生动力等②。本研究发现，幼儿园办学自主权和课程建设内驱力能显著预测幼儿园课程质量。对数据的进一步分析发现，1077 所幼儿园办学自主权的总体得分均值为 3.91 分（满分为 5 分），其中教育教学自主权得分均值（3.79 分）、经费使用自主权得分均值（3.85 分）相对居后，课程建设内驱力总体得分均值为 3.99 分。根据《办学活力若干意见》，保障学校办学自主权，包括保证教育教学自主权、扩大人事工作自主权、落实经费使用自主权。建议从以下四个方面入手充分激发幼儿园办学活力，提升幼儿园课程质量。

第一，保障幼儿园的教育教学自主权。建议从幼儿园层面和教师层面进行。在幼儿园层面，各级政府相关部门要鼓励支持幼儿园结合本地本园实际，办出特色、办出水平；强化幼儿园课程实施主体责任，明确幼儿园在遵循国家和地方课程要求的基础上有"五个自主"，包括自主安排教育教学计划、自主选择教育教学内容、自主运用教育教学方式、自主组织研训活动、自主实施教育教学评价。在教师层面，幼儿园要充分发挥教师课程改革主体作用，鼓励教师大胆创新，改进教育教学方法，开展丰富多彩的教育教学活动等。

第二，落实幼儿园尤其是普惠性幼儿园的经费使用自主权。对数据的进一步分析发现，普惠性幼儿园经费使用自主权得分均值（3.80 分）显著低于非普惠性幼儿园（4.12 分）。建议相关部门要支持普惠性幼儿园按照预算管理有关规定和幼儿园发展实际需要，自主提出年度预算建议，自主执行批准的预算项目，对预算资金进行全过程绩效管理。完善普惠性幼儿园公用经费使用管理办法，加大普惠性幼儿园经费使用自主权，优先保障教育教学需

---

① 吕玉刚：《让"全面激发中小学办学活力"落到实处——〈关于进一步激发中小学办学活力的若干意见〉文件解读》，《中小学管理》2020 年第 11 期，第 5~7 页。

② 《教育部等八部门关于进一步激发中小学办学活力的若干意见》，http://www.moe.gov.cn/srcsite/A06/s3321/202009/t20200923_ 490107. html，最后检索时间：2024 年 1 月 15 日。

要，确保幼儿园正常运转。支持普惠性幼儿园依法依规自主使用社会捐资助学的经费。

第三，扩大公办园的人事工作自主权。研究发现，公办园在人事工作自主权项的得分均值（3.96分）低于普惠性民办园（4.01分）和非普惠性民办园（4.26分），建议要继续扩大公办园的人事工作自主权。具体包括：一是扩大幼儿园在副园长聘任中的参与权和选择权，鼓励地方积极探索由幼儿园按规定条件和程序提名、考察、聘任副园长。二是扩大幼儿园对中层管理人员的聘任自主权，支持幼儿园根据实际需要自主设置内设机构，自主择优选聘中层管理人员。三是扩大幼儿园在教师招聘中的参与权，充分尊重和发挥幼儿园在教师公开招聘工作中的重要作用，由幼儿园提出教师招聘需求和岗位条件，并全程参与面试、考察和拟聘人员确定；鼓励地方探索在幼儿园先行面试的基础上组织招聘；具备条件的幼儿园可按规定自主组织公开招聘。四是扩大幼儿园职称评聘自主权，中初级职称和岗位由具备条件的幼儿园依据标准自主评聘，高级职称和岗位按照管理权限由幼儿园推荐或聘用。五是扩大幼儿园绩效工资分配自主权，奖励性绩效工资由幼儿园在考核的基础上自主分配，充分发挥绩效工资的激励功能。

第四，增强幼儿园课程建设内在动力。对数据的进一步分析发现，普惠性民办园课程建设内驱力得分均值仅为3.85分，然后依次为其他类型公办性质幼儿园（3.97分）、非普惠性民办园（4.03分）和教育部门办园（4.34分）。自2001年《幼儿园教育指导纲要（试行）》颁布，我国新一轮幼儿园课程改革启动至今，改革的难度、力度、广度和深度是前所未有的。从幼儿园课程改革的实际情况来看，地区之间、幼儿园之间出现了严重的不均衡，部分幼儿园课程改革停留在频繁更换课程资源上，部分幼儿园表现为不断跟风更换课程实施方式，"穿新鞋走老路"等现象屡见不鲜。显然，课程质量的提升仅依靠"自上而下"是远远不够的，幼儿园课程建设内在动机的激发必不可少。换言之，源于幼儿园的内驱力是顺利提升幼儿园课程质量的关键，建议相关部门积极探索各种方式，如通过奖优扶弱、参与式培训等有效增强幼儿园课程建设的内在动力。

（三）要强化区级教育行政部门的管理与支持力度

本研究发现，行政支持和课程方案对幼儿园课程质量具有显著影响。对数据的进一步分析发现，广州市部分区域幼儿园课程质量水平存在显著差异。课程方案是对幼儿园课程的预设性规划，是幼儿园课程实施与管理的基本依据。[①] 本研究从幼儿园是否研制了书面课程方案、课程方案是否可行并对实践具有指导作用、课程方案是否得到落实等方面考察幼儿园课程方案质量。数据分析显示，课程方案项的得分均值为 3.46 分，标准差为 0.75 分，说明幼儿园课程方案编制质量水平总体不高，且幼儿园之间存在较大差异。对园长的访谈结果显示，幼儿园非常希望得到上级行政管理部门对本园课程方案编制的指导与建议，但得到指导的途径和机会非常有限。

《中华人民共和国学前教育法（草案二次审议稿）》规定："县级人民政府对本行政区域内学前教育发展负主体责任，……对幼儿园进行监督管理"。[②] 建议区级教育行政部门结合区域内幼儿园课程质量的实际情况，加大对幼儿园课程的管理与支持力度，构建区域幼儿园课程质量共同提升机制，积极推进区域内幼儿园课程质量的整体、均衡提升。幼儿园课程质量提升是一个系统工程，区级教育行政部门要出台相关的政策文件，健全课程管理体制，对基层幼儿园课程建设进行统一的监督管理，将基层幼儿园课程规划、改革、实施、评价等纳入制度化的轨道。只有在正确的宏观课程管理与指导下，幼儿园课程质量才有可能整体提升，才能有效避免基层幼儿园课程实践过程中的随意与无序，避免出现与国家、地方课程宗旨相悖等现象。例如，广州市天河区积极推进幼儿园课程改革，2018 年开始将幼儿园课程建设纳入区内幼儿园保教质量考核范围，2020 年制定《天河区幼儿园园本课程方案编制指引》，支持区内幼儿园首先实现课程方案"从无到有"的跨

---

① 高敬：《上海市幼儿园课程实施方案编制的现状与分析》，《上海教育科研》2012 年第 1 期，第 66~69 页。

② 《中华人民共和国学前教育法（草案二次审议稿）》，http://www.npc.gov.cn/flcaw/userlndex.html? lid=ff8081819014ec3f019058e421c440a6，最后检索时间：2024 年 7 月 20 日。

越。通过自评与他评，引导幼儿园不仅仅止步于编制课程方案，还能不断地对方案进行动态修正与完善，进而提高幼儿园课程质量。[①]

（四）要努力提升幼儿园领导班子和教师的课程能力

研究发现，幼儿园班子课程领导能力和教师课程能力对课程质量具有显著影响。对数据的进一步分析发现，幼儿园班子课程领导能力的得分均值为3.82分，教师课程能力的得分均值为3.62分。也就是说，从园长自评的视角，幼儿园班子课程领导力和教师课程能力均仅处于中等水平。这提示要努力提升幼儿园领导班子课程领导力和教师课程能力。

第一，努力提升幼儿园领导班子的课程领导力。对数据的进一步分析发现，从办园性质的角度，普惠性民办园（3.71分）和其他类型公办性质幼儿园（3.79）领导班子课程领导力得分均值不仅显著低于教育部门办园（4.12），且显著低于总得分均值（3.82分），建议要针对性提升普惠性民办园和其他类型公办性质幼儿园领导班子的课程领导力。相关研究显示，园长自主学习、参加专题培训、教师课程能力、课程自主权力、专家支持引领能显著预测园长课程领导力。[②] 建议相关部门和幼儿园自身要采取多种措施促进幼儿园领导班子的自主学习与持续发展、强化幼儿园外各种支持因素的协同作用等。

第二，努力提升幼儿园教师的课程能力。对数据的进一步分析发现，普惠性民办园（3.56分）和其他类型公办性质幼儿园（3.58分）教师课程能力得分均值不仅显著低于教育部门办园（3.79分），且显著低于总得分均值（3.62分），建议要针对性提升普惠性民办园和其他类型公办性质幼儿园教师的课程能力。相关研究指出，教师课程能力除了受诸多外部因素的制约

[①] 田美萍：《幼儿园课程方案质量现状调查报告——以广州市天河区为例》，载广州市教育研究院主编《广州教育发展报告（2022~2023）》，社会科学文献出版社，2023，第95~109页。

[②] 刘霞、戴双翔：《幼儿园园长课程领导力：现状、影响因素与提升策略》，《教师发展研究》2023年第3期，第56~66页。

外，在教育内部主要受制于教师文化、课程权力和领导支持。① 建议相关部门和幼儿园通过各类培训、实践研修、岗位练兵等措施提升教师的课程理论素养、规范教师的课程行为、改进教师的课程实践，支持鼓励教师不断提升课程能力。

参考文献

刘霞：《幼儿园教育质量评价的理论与实践》，人民教育出版社，2017。

上海市教育委员会教学研究室主编《幼儿园课程图景：课程实施方案编制指南》，华东师范大学出版社，2013。

魏群：《平等中的首席：基于园际交互评价的幼儿园课程质量提升路径探新》，华东师范大学出版社，2021。

虞永平：《聚焦质量：幼儿园课程改革的思考》，教育科学出版社，2023。

朱家雄：《幼儿园课程》（第三版），华东师范大学出版社，2022。

---

① 王淑芬：《中小学教师课程能力的培育策略》，《江苏教育研究》2018 年第 10 期，第 30~34 页。

B.10
广州市幼儿教师语言运用
能力评价研究报告[*]

郭卉菁[**]

摘　要：　幼儿教师语言运用能力评价是提升学前教育师资队伍专业水平的重要举措之一。本文基于幼儿教师语言运用能力的结构体系，选取语言运用能力中的理解能力、转换能力等6个维度，根据幼儿园一日活动四种类型的教育情境进行了问卷设计。对广州市2429名幼儿教师的问卷调查发现，幼儿教师语言运用能力整体处于中等水平；幼儿教师语言运用能力6个维度总得分受教龄、是否在编、幼儿园所处区域等变量的影响不显著，受年龄、岗位、学历等变量的影响显著。建议广州市以课题为牵引，提升幼儿教师语言运用领域的研究能力；以教研指导和案例研讨为抓手，提升区域幼儿教师语言运用能力；以课程资源为着力点，构建分级分层分群体的培训体系；以资源优化为保障，打造促进幼儿教师语言运用能力提升的良好生态。

关键词：　幼儿教师　语言运用能力　广州市

一　问题的提出

2020年10月，中共中央、国务院印发《深化新时代教育评价改革总体方

　*　本文系广州市教育科学规划2022年度一般课题"基于教育情境的幼儿教师语言运用能力理论与实践研究"（项目批准号：202214201）的研究成果之一。
**　郭卉菁，广州市教育研究院教育规划与政策研究所助理研究员，主要研究方向为幼儿教师专业发展、幼儿园课程等。

案》，提出要完善幼儿园评价，制定幼儿园保教质量评估指南，要求各省（自治区、直辖市）完善幼儿园质量评估标准，并指出"幼儿园教师评价突出保教实践，把以游戏为基本活动促进儿童主动学习和全面发展的能力作为关键指标，纳入学前教育专业人才培养标准、幼儿教师职后培训重要内容"。幼儿园教育活动中，师幼互动的主要载体是语言，幼儿教师的语言运用，一方面对幼儿的语言发展具有示范作用，直接影响幼儿园教育活动的有效实施乃至幼儿的健康发展；另一方面也关系到自身的专业成长。因此，对幼儿教师语言运用能力进行深入研究和有效评价，是当下值得关注的重要课题。

现阶段，幼儿教师年轻化和流动率高，造成师资队伍整体的专业能力不足，尤其是在语言运用能力方面，职前培养和职后培训都未能受到高度重视且存在脱节现象。上述这些均造成幼儿教师从业后语言运用状况不理想。毕月花、马玉霞、汪念念认为幼儿教师在活动中提出的开放性问题少，程式化的"平行问题"频率高、质量低，递进的"台阶式问题"少，对幼儿思维起不到启迪作用，限制了幼儿思维活动的空间，导致幼儿亦步亦趋地跟在教师的后面重复。[①]

以上所述的幼儿教师语言运用方面的问题，在本次广州市调研过程中也不同程度地呈现。针对幼儿教师在教育活动情境中语言运用的现状和存在的问题，本研究重点展开调查，旨在采取政策措施，补齐短板，从评价体系构建入手，有效地设计市、区、园三级培训课程体系，从而全面提升广州市幼儿教师语言运用能力，为学前教育高质量发展提供师资队伍保障。

二　研究设计

（一）研究对象

2024 年 2 月，以广州市天河区和花都区的幼儿教师为样本，天河区代

---

① 毕月花、马玉霞、汪念念：《幼儿教师在语言教学活动中有效提问的研究》，《兰州教育学院学报》2011 年第 1 期，第 147~149 页。

表中心城区，花都区代表非中心城区，样本具有较好的代表性，采用问卷星发放电子问卷，共收到2492份问卷。根据问卷答题时间，将填写时长小于等于213秒的问卷，视为无效问卷，予以删除，最终获得2429份有效问卷。样本分布具体情况如下：女性教师2482人，男性教师10人；24岁及以下教师394人、占比16.22%，25~29岁教师815人、占比33.55%，30~34岁教师446人、占比18.36%，35~39岁教师332人、占比13.67%，40~44岁278人、占比11.45%，45~49岁121人、占比4.98%，50岁及以上43人、占比1.77%；主班教师1084人、占比44.63%，副班教师1047人、占比43.10%，专科教师68人、占比2.80%，保教组长/主任（不带班）105人、占比4.32%，级长（不带班）6人、占比0.25%，其他119人、占比4.90%；担任幼儿园教师的时长方面，不到1年的教师110人、占比4.53%，1年以上，不到5年的教师860人、占比35.41%，5年以上，不到10年的教师741人、占比30.51%，10年及以上的教师718人、占比29.56%；研究生毕业教师7人、占比0.29%，本科毕业教师679人、占比27.95%，专科毕业教师1435人、占比59.08%，高中阶段毕业教师220人、占比9.06%，高中以下阶段毕业教师88人、占比3.62%；学前教育背景的教师2113人、占比86.99%，非学前教育背景的教师316人、占比13.01%；编制内教师135人、占比5.56%，编制外教师2294人、占比94.44%；没有教师资格证的教师223人、占比9.18%，持幼儿园教师资格证的教师1991人、占比81.97%，持其他类型教师资格证的教师215人、占比8.85%；广州市天河区教师1182人、占比48.66%，花都区教师1237人、占比50.93%，其他区10人、占比0.41%；参加问卷调查的教师所在幼儿园的规模，5个幼儿班及以下的幼儿园169所、占比6.96%，6~12个幼儿班的幼儿园1383所、占比56.94%，13个幼儿班及以上的幼儿园877所、占比36.10%；评估等级为省一级园303所、占比12.47%，市一级园467所、占比19.23%，区一级园1039所、占比42.77%，未评估园620所、占比25.52%；教育部门办园1009所、占比41.54%，其他类型公办性质幼儿园616所、占比25.36%，普惠性民办园594所、占比24.45%，非普惠性民办园210所、占比8.65%。

（二）研究工具

本研究主要依据幼儿教师语言运用能力结构体系设计问卷。幼儿教师语言运用能力是"幼儿教师根据幼儿身心发展阶段特点，通过恰当的语言内容、语言形式和设计的语境与幼儿进行交流和沟通，并达成传递知识、技能、情感、态度和价值观等教育活动目标，促进幼儿身心健康发展所具备的较为稳定的个性心理特征"①。根据研究需要和实际情况，本研究选取幼儿教师语言运用能力结构体系中教师的"语言理解能力、转换能力、共情能力、诱导能力、调控能力和语言元认知"这6个维度设计评价问卷。其中，幼儿教师的语言理解能力，即幼儿教师要能够听懂和理解每个幼儿的个性化语言，理解幼儿真正想说什么、想做什么、想得到老师什么样的反馈；语言转换能力，即幼儿教师能够将自己的成人语言转换为幼儿能听懂和理解的教育活动语言，它是幼儿语言发展的支架；语言诱导能力，即幼儿教师善于利用一切可能的情境和时机去启发、提问、追问、鼓励，引导幼儿大胆表达，激发幼儿探究和表现的欲望，诱发幼儿自主学习和主动思维的能力；语言共情能力，即幼儿教师要具备较强的情绪情感表达、感染能力，具有同理心，能够换位思考去理解幼儿的情绪情感，识别幼儿情绪的变化，关注幼儿情绪波动；语言调控能力，即幼儿教师能够识别和把握幼儿在活动过程中的认知、情绪以及行为表现，把握时机，通过智慧性和艺术性的言语，针对突发情况对活动进程进行有效调节和调整，并能不失时机地起到随机教育的目的，让教育活动目标向着预设的方向发展；语言元认知是幼儿教师对自己在教育活动中言语的自我觉察能力，是对自己在组织语言、语气语调、话轮切换、言语反馈等方面有着比较深入的自我认知、觉察和反思，能够及时根据实际情况调整自己的言语策略的能力。问卷主要采集幼儿教师在较为真实的语言情境下的语言理解能力、转换能

---

① 郭卉菁：《幼儿教师语言运用能力结构体系的理论构建》，《天津市教科院学报》2023年第4期，第49~58页。

力、共情能力、诱导能力、调控能力和语言元认知的反应，根据幼儿教师在设定情境中的语言反应选择，赋分计量，以判断教师语言运用 6 个维度的总体水平以及各维度的水平。

问卷根据幼儿教师语言运用能力 6 个维度、每个维度依据幼儿园一日活动四种类型的情境各设置一个题目。这里的"四种类型"，源于 2015 年 12 月《广东省教育厅关于印发〈广东省幼儿园一日活动指引（试行）〉的通知》（粤教基〔2015〕20 号）中指出的"《指引》根据幼儿活动的属性，把幼儿园一日活动划分为四种类型：生活活动、体育活动、自主游戏活动和学习活动"[①]。问卷共设计 38 题，其中教师个人信息 8 题、教师所在幼儿园信息 4 题、自编主体问卷题目共 24 题、开放性问题 2 题。

问卷编制团队对情境问卷题目进行了深入的讨论和 6 轮修改，同时根据 2 次测试数据进行了修订、调整和完善。本研究整体问卷的 Cronbach's α 系数为 0.705，研究数据内部一致性信度可以接受；问卷的 KMO 值为 0.546 > 0.5，Bartlett 球形检验 p 值为 0.000，说明适合做因子分析。所有研究项对应的共同度值均高于 0.4，意味着研究项和因子之间有着较强的关联性，因子可以有效地提取出信息。

（三）数据分析

本研究采用 SPSS 20.0 软件对问卷数据进行统计分析，具体运用了描述统计分析、单因素方差分析等方法。

三 研究结果与分析

本研究对广州市幼儿教师的语言运用能力 6 个维度得分和总得分进行差异性分析和描述性分析，并分别从幼儿教师的年龄、岗位、教龄、学历、专

---

① 《广东省教育厅关于印发〈广东省幼儿园一日活动指引（试行）〉的通知》（粤教基〔2015〕20 号），https://edu.gd.gov.cn/gkmlpt/content/2/2094/post_2094129.html#1622，最后检索时间：2024 年 3 月 9 日。

业背景、是否在编、教师资格证持有情况及幼儿教师所属幼儿园的区域、规模、评估等级、办园类型等方面分析比较教师语言运用能力6个维度得分及其总得分，运用描述统计分析和单因素方差分析方法，探讨影响幼儿教师语言运用能力的因素。

（一）广州市幼儿教师语言运用能力总体处于中等水平

幼儿教师语言运用能力总得分来自6个维度得分，每个维度满分为12分，总分满分为72分；将其换算成百分制，则广州市幼儿教师语言运用能力得分为78.28分。由此判断广州市幼儿教师语言运用能力整体处于中等水平。从各维度来看，语言调控能力、语言元认知、语言诱导能力的得分都在80分以上；语言共情能力、语言转换能力的得分在70~80分；语言理解能力排在末位，得分仅为63.92分（见表1）。

表1 广州市幼儿教师语言运用能力总得分和各维度得分情况

单位：分

语言运用能力各维度	均值	标准差	百分制分数	排序
语言理解能力	7.67	1.35	63.92	6
语言转换能力	9.28	1.62	77.33	5
语言诱导能力	9.64	1.67	80.33	3
语言调控能力	10.36	1.38	86.33	1
语言共情能力	9.36	1.54	78.00	4
语言元认知	10.05	1.37	83.75	2
总得分	56.36	4.80	78.28	—

幼儿教师语言运用能力总得分受"教龄、是否在编、幼儿园所处区域"等变量的影响不显著（$p > 0.05$）；受"年龄、岗位、学历、专业背景、教师资格证持有情况、幼儿园规模、幼儿园评估等级、办园类型"等变量的影响显著（$p < 0.05$）。从教师语言运用能力的6个维度分析结果可得：语言理解能力和语言转换能力是相对固化的能力，很难受变量因

素影响，而语言诱导能力、语言调控能力、语言共情能力和语言元认知受 11 个变量①中一些相关变量影响显著。值得关注的是，"幼儿园所处区域"对教师语言运用能力总得分和 6 个维度得分均无显著影响（$p>0.05$），说明在广州，幼儿园所处区域并不影响教师语言运用能力；"办园类型"对教师语言运用能力总得分和 6 个维度得分的影响显著（$p<0.05$）。11 个变量中，有 8 个变量对于教师语言运用能力总得分有显著影响。具体为：

1. 教师群体差异对总得分的影响

（1）"幼儿教师年龄"对总得分影响极其显著（$F=6.395$，$p=0.000$），总得分情况是：30～34 岁>25～29 岁>35～39 岁>40～44 岁>24 岁及以下>45～49 岁。

（2）"幼儿教师岗位"对总得分影响显著（$F=2.850$，$p=0.023$），总得分情况是：保教组长/主任>专科教师>主班教师>副班教师>级长（不带班）。

（3）"幼儿教师学历"对总得分影响极其显著（$F=12.132$，$p=0.000$），学历越高，教师语言运用能力越强。

（4）"幼儿教师专业背景"对总得分影响显著（$F=5.654$，$p=0.017$），具有学前教育背景的幼儿教师的语言调控能力和元认知水平明显低于非学前教育背景的幼儿教师。

（5）"教师资格证持有情况"对总得分影响极其显著（$F=27.705$，$p=0.000$），总得分情况是：持幼儿园教师资格证>持其他类型教师资格证>没有教师资格证。

2. 幼儿园类别差异对总得分的影响

（1）"幼儿园规模"对总得分影响极其显著（$F=8.872$，$p=0.000$），总得分情况为：13 个幼儿班及以上>6～12 个幼儿班>5 个幼儿班及以下。

（2）"幼儿园评估等级"对总得分影响极其显著（$F=7.986$，$p=0.000$），总得分情况为：省一级园>市一级园>区一级园>未评级园。

---

① 本研究中的 11 个变量分别为：教师的年龄、岗位、教龄、学历、专业背景、是否在编、教师资格证持有情况、幼儿园所处区域、幼儿园规模、幼儿园评估等级、办园类型。

（3）"办园类型"对总得分影响极其显著（$F = 46.382$，$p = 0.000$），总得分情况为：教育部门办园>其他类型公办性质幼儿园>非普惠性民办园>普惠性民办园。

（二）幼儿教师语言运用能力6个维度得分情况分析

1. 幼儿教师语言理解能力较弱，语言表达不够规范以及不能从幼儿的思维水平理解幼儿语言所表达的内容

幼儿教师语言理解能力得分平均值为 7.67 分[①]，4~7 分累计百分比为 44.20%。幼儿教师语言理解能力中的语言表达规范性和启发性不强，无法在语境中通过语言提升幼儿的思维水平和表达能力，其原因是教师对幼儿语言发展水平的认知不够，对语言表达的规范性认识不足。譬如：当幼儿说"花儿们百花齐放"，大多数教师的关注点是表扬幼儿使用成语"百花齐放"，并未发现幼儿在这样的语言表达中出现主语重复的问题。类似的情况是，当幼儿说"圆圆的是皮球"时，很多教师也没有发现幼儿在这句表述中明显的错误。从问卷中这两题教师的反应，说明大多数幼儿教师在语言规范表达意识和能力方面存在欠缺。又如，在问卷的一个涉及排队的体育游戏竞赛题目中，幼儿说"队伍长"，想表达的是"因为自己所在组的人数比其他组的人数多，所以自己所在组的比赛输了"，但是教师没能理解幼儿要表达的意思，也不了解幼儿习惯使用形象化词汇进行表达，更没发现游戏中幼儿的语言已经初步具有数的思维萌芽，所以没能把握好这个教育契机，引导幼儿在感知的基础上学会用贴切的语言进行表达。可见，幼儿教师语言运用的规范性和启发性不强，导致在教育过程中无法潜移默化地发展幼儿的逻辑思维能力和语言表达能力。

2. 幼儿教师语言转换能力不强，不能将抽象概念转换为幼儿熟悉的具体形象化事物或描述为生活化事件

幼儿教师语言转换能力得分平均值为 9.28 分，4~7 分累积百分比为

[①] 每个维度共 4 题，每题满分为 3 分，每个维度满分为 12 分；其他 5 个维度赋分与此相同。

14.70%。部分幼儿教师对抽象概念或事件进行转化时,会使用另外一种抽象的概念或事件来替代,因而出现转换不够具体和转换的因果逻辑关系不明晰等情况。譬如:部分教师在解释"规则"这个概念时将概念局限在某个特定游戏活动中进行阐释;也有教师将"规则"概念转换成"约定"(另外一种抽象概念)。部分教师提到病毒和细菌感染时,没有转换为幼儿容易理解的"生病"等生活化的语言。

3. 幼儿教师语言诱导能力不足,启发幼儿时没有考虑幼儿思维的递进性、开放性和发散性

幼儿教师语言诱导能力得分平均值为 9.64 分,4~7 分累积百分比为 11.20%。部分幼儿教师会直接给出问题的答案,还有部分教师未考虑诱导提问的递进性,不会诱发和引导幼儿用语言表达其思维过程,没有考虑如何通过语言激发幼儿思维的开放性和发散性。例如"幼儿用积木搭建城堡出现倒塌"的题目中,11.20%的教师直接给出答案,而没有诱导;37.90%的教师诱导没有递进性。在欣赏绘画作品的题目中,近1/3 的教师没有让幼儿去充分想象。在幼儿故意洒水的题目中,25.60%的教师直接给出结论,18.30%的教师没有诱导幼儿思考"洒水—地面湿滑—摔倒"之间的因果关系,而是直接给出了"因为洒水导致摔倒"的因果关系。

4. 幼儿教师语言调控能力相对较强,能够通过转移幼儿注意力、引导幼儿换位思考和正面说服等方式调控教育活动

幼儿教师语言调控能力得分平均值为 10.36 分,4~7 分累积百分比为 3.40%。除了少数教师采取指令性强制调控方式或外部调控方式之外,大多数教师能够运用智慧和艺术性语言通过提升幼儿自我认知进行调控。譬如:在"值日生"题目中,30.10%的教师是运用正面说服来调控;66.70%的教师选择了通过具体事例引导幼儿自我情绪调控。在"我要找妈妈"的题目中,91.30%的教师选择转移幼儿注意力的方式进行调控。在幼儿争抢其他小朋友建构材料的题目中,62.70%的教师引导幼儿换位思考进行自我调控等。这些题目的测试数据显示:幼儿教师语言调控能力在 6 个维度中表现最好。

5.幼儿教师语言共情能力较弱，通常不能运用"角色代入体验幼儿情绪"的方式去缓解或转移幼儿的负面情绪

幼儿教师语言共情能力得分平均值为 9.36 分，4~7 分累积百分比为 11.70%。近六成的幼儿教师能够运用诱导幼儿角色互换、自己角色代入等方式调整活动。近四成教师通过正面鼓励、强行制止、原谅等行为调节幼儿的情绪问题。譬如：对于幼儿撕烂图书的行为，43.50%的教师是通过原谅的方式缓解幼儿的害怕情绪，只有 39.50%的教师会运用角色代入的共情方式解决幼儿的情绪问题。对于比赛中"失败"哭泣的幼儿，49.90%的教师只是正向鼓励幼儿；对于幼儿抢玩具引起其他小朋友哭泣的事件，51.70%的教师不会引导幼儿角色互换，不会引导幼儿从别人的角度去体验和看问题。

6.幼儿教师语言元认知水平相对较高，绝大多数能够识别自己语言不当问题引发的后果并能主动加以调整

幼儿教师语言元认知得分平均值为 10.05 分，4~7 分累积百分比为 4.50%。绝大多数教师能够识别自己语言不当引发幼儿情绪的问题，并且大多数教师能够主动向幼儿承认自身的语言问题。譬如：在面对幼儿不肯跳绳的教育案例中，50.40%的教师选择了这个指导语："刚才我有点着急，能告诉我你为什么不跳绳吗？"在科学活动"水的变化"事例中，对于讲错"液化"概念，71.70%的教师能够主动告诉幼儿："老师也会出错。"

（三）幼儿教师语言运用能力6个维度得分的差异性分析

本研究将幼儿教师语言运用能力 6 个维度得分作为因变量，将"教师的年龄、岗位、教龄、学历、专业背景、是否在编、教师资格证持有情况、幼儿园所处区域、幼儿园规模、幼儿园评估等级、办园类型"11 个因素作为自变量，对幼儿教师不同群体在语言运用能力 6 个维度得分方面进行差异性分析。

1.幼儿园规模、类型以及编制内外教师的语言理解能力存在显著差异

（1）园所规模与教师语言理解能力呈现正相关

园所规模对教师语言理解能力得分影响显著（$F = 3.094$，$p = 0.046$），

13个幼儿班及以上>6~12个幼儿班>5个幼儿班及以下，得分分别为：7.75分、7.62分、7.55分。其主要原因可能为：一是幼儿园规模越大，资源越丰富，规模大的幼儿园通常拥有更多资源和设施，能够为教师提供支持；二是规模大的幼儿园意味着教师需要面对更为复杂和多样的教育环境，要应对更多的挑战和需求，促使他们经常要去理解不同学生的话语体系；三是规模大的幼儿园，团队合作和交流机会多，教师可能有更多机会与同事、家长进行交流与合作，在此过程中，教师的语言理解能力得到了训练。

（2）公办幼儿园教师语言理解能力相对更强

办园类型对教师语言理解能力得分影响显著（F=3.739，p=0.011），教育部门办园>非普惠性民办园>其他类型公办性质幼儿园>非普惠性民办园，得分分别为：7.74分、7.69分、7.61分、7.42分。出现这种结果的原因可能是：一是公办幼儿园教师流动性较小，教师能够长期接受系统和专业的培训；二是公办幼儿园拥有相对更丰富的教育资源和专业支持；三是公办幼儿园具有相对更好的工作环境和激励机制等。

（3）在编幼儿教师语言理解能力相对较强

幼儿教师在编、非在编对其语言理解能力得分影响显著（F=4.201，p=0.041），在编教师的平均值为7.90分，明显高于非在编教师的平均值（7.65分）。其原因是教师在编与否，影响教师的职业稳定性、工作投入和发展机会，进而影响教师不断学习新知识的积极性，造成在编教师知识面广度和对知识理解的深度比非在编教师要强。同时在编教师从事幼教职业的时间会较长并有连续性，会获得相对非在编教师更多的专业发展机会，如参加培训、研讨会等，有助于拓宽知识面，增强语言理解能力。

2. 公办幼儿园教师语言转换能力水平高于民办幼儿园教师

公办幼儿园教师语言转换能力相对更强。办园类型对教师语言转换能力得分影响显著（F=4.549，p=0.003），其他类型公办性质幼儿园>教育部门办园>非普惠性民办园>普惠性民办园，得分分别为：9.39分、9.35分、9.14分、9.10分。造成差异的原因可能是：公办幼儿园的整体办园质量高于普惠性民办园和非普惠性民办园，公办幼儿园教师的专业能力（包括教师的语言运用能力）也相对较强。

3. 幼儿教师语言诱导能力随经验增长而增强

幼儿教师语言诱导能力受其专业背景、是否在编、幼儿园所处区域影响不显著（$p>0.05$），受教师的年龄、岗位、教龄、学历、教师资格证持有情况，以及幼儿园规模、评估等级、办园类型影响显著（$p<0.05$）。整体上看，随着年龄及教龄的增加，教育教学经验不断增长，幼儿教师语言诱导能力是能够逐步习得和增强的。

4. 幼儿教师语言调控能力随初始学历层次升高而递增

幼儿教师初始学历的不同，对幼儿教师语言调控能力（$F=8.228$，$p=0.000$）得分影响极其显著，研究生毕业>本科毕业>专科毕业>高中阶段毕业>高中以下阶段毕业，得分分别为 11.00 分、10.54 分、10.34 分、10.04 分、9.97 分。产生这种情况的原因可能是：初始学历层次越高，教师接受正规教育的年限越长，86.99%的幼儿教师接受的是学前教育专业的师范教育。由此可以判断，教师的初始学历越高，教师在幼儿教育领域的理论、教育技能等方面的发展水平和实践技能也越高。语言调控能力需要的是教师在活动中能及时发现和捕捉到幼儿出现的非正常行为或情绪，通过灵活的语言、运用话轮展开师幼互动，将幼儿的行为或情绪调整到正常的教育活动轨道中来，这些方法和技能需要教师具有较高的师范专业背景的初始学历。

5. 幼儿教师语言共情能力与岗位相关

不同岗位对教师语言共情能力得分影响极其显著（$F=7.880$，$p=0.000$），保教组长/主任>主班教师>专科教师>副班教师>级长（不带班）>其他岗位教师，得分分别为 9.90 分、9.45 分、9.41 分、9.29 分、9.17 分、8.27 分。保教组长通常负责协调和管理幼儿园保教工作，需要具备较强的沟通和领导能力，因而共情能力较强。

6. 专业背景、年龄段对幼儿教师语言元认知水平影响极其显著

专业背景不同对幼儿教师语言元认知（$F=5.232$，$p=0.022$）得分影响极其显著，单一学前教育专业背景的幼儿教师语言元认知得分平均值（10.03 分）明显低于跨学科教育专业背景教师的平均值（10.22 分）。出现

这种现象的原因可能是学前教育专业背景教师在其他岗位历练机会不多。年龄对幼儿教师语言元认知得分影响极其显著（$F = 6.965$，$p = 0.000$）：$25 \sim 29$ 岁年龄段教师的语言元认知得分最高，随后逐步下降，在 50 岁之后迅速下滑。从理论上来看，新手教师语言元认知的自动化程度较低；随着教师能力提升、经验增加，教师的语言元认知水平逐步提升，并达到较高的自动化水平。但本研究发现，幼儿教师在年龄达到 35 岁以后，语言元认知水平缓慢下降，在 50 岁以后，语言元认知水平急剧下降。其原因可能是教师随着年龄的增长，会逐渐形成较为成熟且稳固的自我认知系统，产生闭环效应，弱化了教师的自我批评、自我反思能力。

四 讨论与建议

幼儿园教育活动主要是通过师幼互动来完成，而师幼互动最主要的载体是教师与幼儿之间的对话，可以说，幼儿教师语言运用能力水平直接决定了幼儿园教育质量和幼儿发展水平。如何解决现实问题，对幼儿教师语言运用能力进行有效评价和提升呢？结合此次调查结果，本报告分别从教育科研、教研工作、教师培训和生态资源等方面提出以下建议。

（一）以课题为牵引，提升幼儿教师语言运用领域的研究能力

1. 融合科研和教研力量，以科研课题为牵引，提升教师语言运用的实践研究能力

市、区教育科学规划课题和市教科研机构发布的课题指南中要设立幼儿教师语言运用能力实践研究相关课题，加强语言运用方面的理论学习，鼓励幼儿教师开展幼儿园各类教育活动的语言运用实践研究，支持幼儿园开展语言运用领域研究课题立项，扩大参与实践研究活动的教师覆盖面。

2. 以层级教研力量为主体，开发递进式、成系列的教师语言运用领域的课程资源

市、区级教师发展中心借助高校、教研员和幼儿园骨干教师力量，开发

一系列关于幼儿教师语言运用能力提升培训的课程资源。课程资源开发要在幼儿教师语言运用能力的理论框架下，以教育活动案例为开发的重点，形成有利于幼儿教师模仿、交流、使用和拓展创新的课程资源，并开放性地吸纳幼儿教师在教育活动过程中产生的优秀的富有创新精神的案例。采取边研究、边开发、边培训方式，分阶段、分批次、有计划地对全市幼儿教师开展市、区、园三个层级的培训，力争在 5 年内完成全市幼儿教师的培训全覆盖。

（二）以教研指导和案例研讨为抓手，提升区域幼儿教师语言运用能力

1. 培养一支具备语言运用领域指导能力的师资队伍

市级学前教研活动要加强对幼儿教师语言运用能力理论与实践相结合的指导，以教研骨干的语言运用能力理论和实践指导能力提升为抓手，为区教科研机构培养一支能够具体指导幼儿教师语言运用的教研队伍。支持区级教科研机构教研员积极申报语言运用研究领域的市、区级科研课题，在课题研究过程中，将科研与教研整合起来，提升一线骨干教师在语言运用领域的理论水平和实践指导能力。

2. 鼓励区域组织教育活动案例研究、探索、研讨与分享

区级教师发展中心要将幼儿教师语言运用能力提升列为工作重点，学前教研活动聚集在幼儿园一日活动四种类型中，通过教育观摩、活动观察和指导等，把握教育活动过程中鲜活的语言运用案例，开展深入的研讨和分享。通过组织幼儿教师语言运用能力优秀案例评选等，激发幼儿教师不断反思和改进自身教育活动过程中的语言运用情况，及时改进在语言规范表达、语言共情策略方面的不足。

3. 提倡开展语言运用方面的园本课程构建和相关活动研讨

在幼儿园中，提倡开发构建语言运用方面的园本课程，将师幼互动中的对话作为课程构建的重难点，本着助力幼儿提升语言表达能力、思维能力、社会交往技能等原则，精心安排和设计教育活动中的指导语。发挥园本教研

作用，通过集体研讨等方式不断观察和深入剖析幼儿教师在生动、具体的教育活动情境中的语言运用素材，设计相关情境并着重研讨其中的师幼对话，在课程实施过程中潜移默化地推动本园教师语言运用能力的不断提升。

（三）以课程资源为着力点，构建分级分层分群体的培训体系

1. 重点培养教研员和专家型教师的"语言运用课程资源开发能力"

市级教科研机构负责组织广州地区高校学前教育专家、教科研人员和专家型幼儿教师，以区为单位建立幼儿教师语言运用能力提升的课程资源开发团队，各区以语言运用能力6个维度和语境设计能力为基础，各有侧重，开发出一系列课程培训资源。对于团队成员，重点培养其语言运用能力的理论水平，以课题研究为载体，以幼儿园一日活动四种类型的教育案例为重点，提升其开发语言运用培训课程资源的能力。

2. 着重培养幼儿园骨干教师"语言运用课程资源转化能力"

市、区级教科研机构在课程资源开发过程中，广泛吸纳幼儿园骨干教师，采取"边做课题研究、边培训培养"的方式，着力培养教师在幼儿园四种类型活动中的语言设计和运用水平，引导他们学会将优秀的素材整理转化为语言运用培训课程所需资源并落实到具体的教育实践中。

3. 针对不同群体教师语言运用能力的短板进行培训

本研究发现：主班教师、副班教师等岗位的教师语言共情能力表现相对较弱；幼儿教师语言元认知水平在25~29岁年龄段达到峰值，50岁以后急速下降；跨学科教育专业背景教师语言元认知水平优于单一学前教育专业背景教师等。根据研究结论和实际情况，建议在关于教师语言运用能力的培训中，对幼儿教师群体进行评价和适当分类，避免交叉和重复培训；依据不同群体幼儿教师的语言运用能力短板，开展侧重于不同维度的培训。

4. 针对不同维度采取有侧重的培训

本研究显示，幼儿教师语言理解能力、语言共情能力不足，建议在这两个维度上有侧重地开发课程资源。在语言理解能力提升培训课程设置中，应注重对幼儿进行语言表达时的规范性和启发性；在语言转换能力提升培训课

程设置中，应集中于将抽象语言转化为具体形象的语言、重视对科学概念和原理的正确普及；在语言诱导能力提升培训课程设置中，应关注教师诱导问题的具体化、递进性和发散性；在语言调控能力提升培训课程设置中，重点应落在教师如何有效引导幼儿实现自我调控；在语言共情能力提升培训课程设置中，要强化幼儿教师角色代入、换位思考和用心体验；在语言元认知提升培训课程设置中，要引导幼儿教师识别语言运用不当的情况，及时调整自身语言不当的问题等。

（四）以资源优化为保障，打造促进幼儿教师语言运用能力提升的良好生态

1. 提高教师收入水平，吸引更多高素质的高校毕业生进入学前教育领域安心从教

本研究结论显示：幼儿教师的学历与其语言运用能力呈正相关；持有幼儿园教师资格证的教师语言运用能力高于持有其他类型教师资格证的教师，没有教师资格证的幼儿教师语言运用能力最低。刘霞研究员对广州市159所幼儿园的调查结果显示，2015学年度，有414名教师离职后转行或离开广州市，年总流失率为11.20%。特别是某所未评估的、中等规模的普惠性民办园专任教师年流失率高达93.80%[①]。她认为造成幼儿园专任教师流失的主要原因是工资及福利待遇偏低、专业成长途径不畅、职业认同感遭受冲击。大量编制外的幼儿园教师收入仅能勉强维持自己的日常开销。《广州统计年鉴（2023）》显示：2023年，广州地区规模以上企业在岗职工年平均工资为116737元，城镇非私营单位在岗职工年平均工资为152324元。2021年，广州全市居民年平均消费水平已达51097元。根据以上研究，本报告提出以下建议：一是严控无教师资格证人员担任幼儿园专任教师。对于目前无证在岗的专任教师，发挥市、区教师发展中心作用，对其进行培训，给予2

---

① 刘霞：《幼儿园教师队伍流失现状的调查与分析——以广东省广州市为例》，《学前教育》2017年第12期，第11~13页。

年的过渡期，到 2026 年 8 月，要求 100% 的幼儿园专任教师持证上岗。保证幼儿教师队伍的专业性和稳定性。二是广州市出台幼儿园教师年平均工资的最低标准政策。为了解决经费来源问题，对各类幼儿园运作经费进行成本核算，核定各类幼儿园财政经费投入或学位补贴标准、幼儿园在读幼儿的学费标准，由政府和幼儿家长共同分担。只有解决幼儿教师工资待遇问题，才能够吸引更多高学历、不同专业背景的高校毕业生进入学前教育领域安心从教。

2. 整合区域学前教育资源，重新规划调整区域幼儿园布点布局

本研究结论显示：幼儿园办园规模越大，教师的语言运用能力水平就越高；公办幼儿园教师语言运用能力普遍高于民办幼儿园教师；幼儿园评估等级越高，教师的语言运用能力水平就越高。这个结论背后的原因极有可能是公办幼儿园、等级高的幼儿园所招聘的专任教师综合素质较高。因此，本研究提出以下建议：一是加大各幼儿园片区之间的专业研讨力度。各幼儿园片区之间应建立更为紧密的联系。以优质幼儿园为龙头，组织片区内的多所幼儿园之间开展教育活动观摩研讨，探索不同教育情境下的语言运用效果，提倡片区幼儿园的教师之间进行语言运用方面的研讨交流；组建优秀教师团队，开展包括语言运用领域在内的幼儿园教育活动案例征集和课程资源开发。二是"以评促建"，提升幼儿园办园水平。广州市应以资源优化为保障，打造促进幼儿教师语言运用能力提升的良好生态。在本研究的 2429 个样本中，仍然有 25.50% 的幼儿教师所在幼儿园为"未评估"。建议市、区两级教育行政部门加大幼儿园督导评估的力度，明确时间进度表，争取在 3 年时间内，采取政府投入、学费标准提升、社会资金筹措等多种政策举措，加大幼儿园投入，促使广州市幼儿园在办园硬件条件、师资队伍建设、教育质量内涵发展等方面获得全面提升。

参考文献

何自然、冉永平编著《语用学概论》，湖南教育出版社，1988。

陈小英：《幼儿教师教学语言的现状、问题与对策研究——基于无锡市北塘区三所幼儿园的调查案例分析》，苏州大学硕士学位论文，2012。

程培元：《教师口语能力构成要素与呈现形式》，《山东师范大学学报》（人文社会科学版）2011 年第 1 期。

杨云：《汉语自然会话中认识立场标记的类别、分布及影响因素》，《语言教学与研究》2022 年第 6 期。

韩洁：《幼儿教师语言训练课程建设调研报告》，《教师》2020 年第 14 期。

李建涛：《幼儿教师儿向语言研究》，《语言战略研究》2023 年第 3 期。

杨田、韩春红、周兢：《专家型幼儿园教师课堂言语反馈的特征分析》，《学前教育研究》2020 年第 10 期。

B.11

广州市番禺区村集体办幼儿园
教育质量现状评价调查报告[*]

陈雪梅　胡国良　韩秀云[**]

摘　要： 本文采用《幼儿园保育教育质量评价指导手册》调查了广州市番禺区 36 所村集体办幼儿园教育质量现状。调查结果显示，村集体办幼儿园总体教育质量处于中等水平，幼儿园之间差异较大；中等规模幼儿园总体教育质量和过程性质量得分最高，小规模幼儿园总体教育质量和过程性质量得分最低；幼儿园结构性质量各维度质量差异较小，过程性质量部分维度质量差异较大，且在环境创设与利用、自主游戏活动的支持与指导等方面较为薄弱。基于此，本文建议科学规划，助推村集体办幼儿园优质内涵发展；精准帮扶，缩小不同规模村集体办幼儿园教育质量差距；筑牢根基，提升村集体办幼儿园师资建设水平。

关键词： 村集体办幼儿园　教育质量　广州市番禺区

一　问题的提出

2021 年 6 月 1 日，《广州市幼儿园条例》（以下简称《条例》）施行，

---

* 本文系广州市教育科学规划 2022 年度重点课题"村集体办幼儿园教育质量提升的策略研究——以广州市番禺区为例"（项目编号：202214019）研究成果之一。

** 陈雪梅，广州市番禺区北片教育指导中心幼教专干，幼儿园高级教师，主要研究方向为幼儿园管理、幼儿园教育质量与评价；胡国良，广州市番禺区洛浦街中心幼儿园园长，幼儿园高级教师，主要研究方向为幼儿园管理、教师专业发展；韩秀云，广州市番禺区教育局教师进修学校（教师发展中心）幼教教研员，幼儿园高级教师，主要研究方向为幼儿园管理、幼儿园教育质量与评价、教师专业发展。

为广州进一步推进学前教育发展提供了坚实的法律保障。这是广州市推动学前教育普及普惠安全优质发展，实现办好人民满意教育的积极响应。广州市番禺区认真落实《条例》关于幼儿园建设、设立和管理等的有关要求，积极应对幼儿园普惠性学位供给提出的增量要求和周边居民生活水平提高后产生的高质量幼儿教育需要，建立和完善县域学前教育公共服务机制和质量保障体系。包括鼓励和支持各镇（街）、村集体通过利用其自有资产（包括国有或集体所有）或租赁资产和财政性教育经费举办（或与教育行政部门合作举办）村集体公办幼儿园①等方式扩充公办幼儿园学位，多途径增加普惠性学前教育资源；以区属教育部门办园、镇（街）中心幼儿园"以公带公"等方式强化村集体办幼儿园的一体化管理和帮扶指导，促进公办幼儿园间的均衡发展；定期对村集体办幼儿园开展保育教育质量监测和分级量化考核，进一步规范其办园行为。

2022 年 12 月，番禺区共有村集体办幼儿园 115 所（占全区幼儿园总数的 31.77%，占全区公办幼儿园总数的 60.85%），在园幼儿数占全区公办园幼儿数的 48.76%，② 常住人口规模在 4000 人以上的行政村 100%举办 1 所村集体公办幼儿园，公益普惠底色得到彰显。在学前教育高质量发展的背景下，村集体办幼儿园教育质量须紧跟《条例》的要求，确保学前教育优质资源的供给和高质量运行，否则将成为全区公办幼儿园优质发展的制约因素。目前，关于幼儿园教育质量的研究以城市幼儿园为主，对乡村地区幼儿园教育质量的研究相对较少，对于地处城市与农村之间过渡地带、兼具城市和农村性质的幼儿园研究并不多见。基于此，本研究将对番禺区县域内村集体办幼儿园教育质量的现状开展调查研究，通过对调查数据、资料的挖掘和多角度分析，了解村集体办幼儿园教育质量的现状，并结合学前教育地方保障机制、园所管理与发展因素等提出优化建议。

---

① 广州市番禺区人民政府：《关于印发〈番禺区公办幼儿园深化改革扩充资源实施方案〉的通知》，http://www.panyu.gov.cn/zwgk/zcwj/fzqzfwj/content/post_ 6951571.html，最后检索时间：2024 年 4 月 30 日。
② 数据来源于 2022 年全国教育统计管理信息系统。

二　研究设计

（一）研究工具

本研究采用《幼儿园保育教育质量评价指导手册》中关于幼儿园教育质量的定义，将结构性质量要素分为事业管理与发展、规模与师幼比、教师队伍建设、安全保健卫生与膳食管理；将过程性质量要素分为环境创设与利用、生活活动的组织与实施、体育活动的组织与实施、自主游戏活动的支持与指导、学习活动的组织与实施[①]。《幼儿园保育教育质量评价指导手册》的构成和说明如表 1 所示。

表 1　《幼儿园保育教育质量评价指导手册》的构成和说明

单位：分

质量要素	一级维度	二级维度及指标说明	赋分	克隆巴赫系数
结构性	事业管理与发展	从事业管理与发展、园所发展与特色、家长与社区工作三个方面评价幼儿园的行政管理效益，共 10 个指标	50	0.895
	规模与师幼比	从园所规模、班级人数与师幼比两个方面采集数据，共 4 个指标	20	0.729
	教师队伍建设	从教师队伍结构、教师福利待遇、教师队伍建设三个方面采集数据，共 10 个指标	50	0.768
	安全保健卫生与膳食管理	从安全及膳食管理、保健卫生与幼儿身体发展两个方面采集数据，共 4 个指标	20	0.725
过程性	环境创设与利用	从公共环境、班级物质环境和班级心理环境三个方面采集数据，共 32 个指标	150	0.929
	生活活动的组织与实施	从作息制度、入园、进餐、饮水、盥洗、睡眠、离园和过渡环节八个方面采集数据，共 28 个指标	140	0.934
	体育活动的组织与实施	从体育集体活动、自选活动、操节三个方面采集数据，共 10 个指标	50	0.854

---

① 韩秀云、蒋轶菁主编《幼儿园保育教育质量评价指导手册》，广东教育出版社，2022，第 2~4 页。

续表

质量要素	一级维度	二级维度及指标说明	赋分	克隆巴赫系数
过程性	自主游戏活动的支持与指导	从自主活动环境、自主活动材料、观察指导与评价三个方面采集数据,共11个指标	55	0.918
	学习活动的组织与实施	从活动准备、活动实施、活动评价三个方面采集数据,共13个指标	65	0.930
总量表	—	—	600	0.975

数据采集时,结构性质量要素和过程性质量要素的评价由9名番禺区专业教育质量评估员分工完成（其中1人须为保健医生,负责"安全保健卫生与膳食管理"的数据采集）。当9名评估员完成各自任务后,先对照相应指标进行独立打分,再进行集体讨论确定园所教育质量的总体得分。此次测评中,同组评估员在项目层面的评分一致性超过92%,达到较好的一致性水平。

（二）研究对象

本研究将广州市番禺区县域内办园性质、经费投入方式较为相近的村集体办幼儿园作为研究对象,采用分层随机抽样的方式从中抽取40所幼儿园作为研究样本,向其发放用于收集幼儿园等级、办学规模等内容的基础信息调查问卷,由各幼儿园园长负责填写;再利用《幼儿园保育教育质量评价指导手册》①采集园所教育质量数据并进行处理和分析。剔除信息填写不完整的无效问卷,回收有效问卷36套,并据此展开研究。其中,示范幼儿园共4所（占比为11.11%）,规范幼儿园共31所（占比为86.11%）,未评级幼儿园共1所（占比为2.78%）②;从办园规模上看,小规模幼儿园（6个

---

① 韩秀云、蒋轶菁主编《幼儿园保育教育质量评价指导手册》,广东教育出版社,2022。
② 根据广州市教育局、广州市发展和改革委员会、广州市财政局关于印发的《广州市公办幼儿园管理改革试点方案》的通知（〔2018〕70号）,暂定将原省一级和市一级幼儿园作为示范幼儿园;规范幼儿园指按照相关标准认定的区一级和规范化幼儿园。

班及以下）共 12 所（占比为 33.33%），中等规模幼儿园（7～12 个班）共 20 所（占比为 55.56%），大规模幼儿园（12 个班以上）共 4 所（占比为 11.11%）。[①]

（三）数据分析与处理

采用 SPSS 22.0 软件对收集到的园所基本情况、结构性质量要素得分、过程性质量要素得分、教育质量总分等进行描述性统计分析、单因素方差分析。

三 研究结果与分析

（一）村集体办幼儿园总体教育质量处于中等水平

从总体上看，园所总体教育质量的标准分为 0.59，结构性质量要素得分（标准分为 0.70）高于过程性质量要素得分（标准分为 0.56），由此可以推断村集体办幼儿园教育质量处于中等水平（见表 2）。从九个子变量的得分情况看，各研究变量的标准分由高到低排序为：安全保健卫生与膳食管理（标准分为 0.74）>教师队伍建设（标准分为 0.72）>事业管理与发展（标准分为 0.68）>规模与师幼比（标准分为 0.63）>生活活动的组织与实施（标准分为 0.59）>体育活动的组织与实施（标准分为 0.57）>自主游戏活动的支持与指导（标准分为 0.56）>学习活动的组织与实施（标准分为 0.55）>环境创设与利用（标准分为 0.54）。说明村集体办幼儿园能按照政策法规规范办园行为，落实各项安全制度，重视幼儿的生长发育，能按照相关规定配足配齐园长、专任教师和教职员工，保证人员配备，遵守财务制度，但在环境创设与利用、学习活动的组织与实

[①] 广东省教育厅：《广东省幼儿园办园指南》，https：//edu.gd.gov.cn/ztzlnew/xqjy/zl/content/post_ 4185158.html，最后检索时间：2024 年 5 月 23 日。

施、自主游戏活动的支持与指导、体育活动和生活活动的组织与实施等方面存在不足（见表3）。

表2 番禺区村集体办幼儿园总体教育质量得分情况

单位：分

项目	赋分	原始分得分均值	标准差	标准分①得分均值	标准分排序
幼儿园结构性质量要素	140	97.41	9.38	0.70	1
幼儿园过程性质量要素	460	259.21	27.87	0.56	2
幼儿园总体教育质量	600	356.62	29.97	0.59	—

表3 番禺区村集体办幼儿园教育质量一级维度得分情况

单位：分

一级维度	赋分	原始分得分均值	标准差	标准分得分均值	标准分排序
事业管理与发展	50	33.99	3.64	0.68	3
规模与师幼比	20	12.68	1.99	0.63	4
教师队伍建设	50	35.95	5.76	0.72	2
安全保健卫生与膳食管理	20	14.79	1.42	0.74	1
环境创设与利用	150	81.42	9.93	0.54	9
生活活动的组织与实施	140	83.12	7.11	0.59	5
体育活动的组织与实施	50	28.51	4.07	0.57	6
自主游戏活动的支持与指导	55	30.67	4.73	0.56	7
学习活动的组织与实施	65	35.48	5.14	0.55	8

（二）不同规模的村集体办幼儿园质量要素存在显著差异，总体教育质量差异较大

采用描述性统计和方差分析对不同规模村集体办幼儿园教育质量的质量

---

① 因《幼儿园保育教育质量评价指导手册》中九个子量表的赋值不同，需通过折算为标准分进行比较，即原始分得分均值与赋分之比。

要素和 9 个一级维度进行分析, 比较不同规模村集体办幼儿园教育质量间的差距。结果显示, 从总体教育质量上看, 中等规模幼儿园的教育质量显著高于小规模幼儿园 ($F = 5.177$, $p < 0.05$); 从质量要素来看, 中等规模幼儿园的过程性质量要素显著高于小规模幼儿园 ($F = 5.438$, $p < 0.05$); 在结构性质量要素上, 不同规模的村集体办幼儿园无显著差异 (见表 4)。从一级维度上看, 中等规模幼儿园的 "环境创设与利用" ($F = 7.038$, $p < 0.05$)、"自主游戏活动的支持与指导" ($F = 5.220$, $p < 0.05$) 得分显著高于小规模幼儿园, 表明中等规模的村集体办幼儿园教育质量较高 (见表 5)。

表 4　番禺区不同规模村集体办幼儿园教育质量的差异性分析

单位: 分

构成要素	幼儿园办园规模	均值	标准差	F	差异性检验
结构性质量	①小规模幼儿园	94.44	14.14	0.960	—
	②中等规模幼儿园	96.93	7.34		
	③大规模幼儿园	103.83	2.02		
过程性质量	①小规模幼儿园	233.54	13.69	5.438	②>①
	②中等规模幼儿园	274.51	27.69		
	③大规模幼儿园	256.03	7.41		
总体教育质量	①小规模幼儿园	327.98	15.29	5.177	②>①
	②中等规模幼儿园	371.44	30.04		
	③大规模幼儿园	359.87	7.34		

表 5　番禺区不同规模村集体办幼儿园教育质量一级维度的差异性分析

单位: 分

一级维度	幼儿园办园规模	均值	标准差	F	差异性检验
事业管理与发展	①小规模幼儿园	31.78	6.09	1.769	—
	②中等规模幼儿园	34.44	1.59		
	③大规模幼儿园	36.33	0.58		
规模与师幼比	①小规模幼儿园	11.54	2.72	1.417	—
	②中等规模幼儿园	13.38	1.66		
	③大规模幼儿园	12.50	0.50		

续表

一级维度	幼儿园办园规模	均值	标准差	F	差异性检验
教师队伍建设	①小规模幼儿园	37.08	6.95		
	②中等规模幼儿园	34.42	5.95	0.721	—
	③大规模幼儿园	38.67	1.53		
安全保健卫生与膳食管理	①小规模幼儿园	14.06	1.86		
	②中等规模幼儿园	14.69	1.00	3.091	—
	③大规模幼儿园	16.33	0.58		
环境创设与利用	①小规模幼儿园	72.02	6.21		
	②中等规模幼儿园	87.48	8.70	7.038	②>①
	③大规模幼儿园	78.93	3.69		
生活活动的组织与实施	①小规模幼儿园	77.26	4.28		
	②中等规模幼儿园	85.92	7.77	3.085	—
	③大规模幼儿园	84.47	1.75		
体育活动的组织与实施	①小规模幼儿园	25.04	2.59		
	②中等规模幼儿园	30.34	4.24	3.651	
	③大规模幼儿园	28.77	1.33		
自主游戏活动的支持与指导	①小规模幼儿园	27.10	2.65		
	②中等规模幼儿园	33.48	4.49	5.220	②>①
	③大规模幼儿园	28.20	2.79		
学习活动的组织与实施	①小规模幼儿园	32.12	4.89		
	②中等规模幼儿园	37.28	5.17	1.771	—
	③大规模幼儿园	35.67	3.79		
总体教育质量	①小规模幼儿园	327.98	15.29		
	②中等规模幼儿园	371.44	30.04	5.177	②>①
	③大规模幼儿园	359.87	7.34		

（三）村集体办幼儿园结构性质量要素、过程性质量要素各维度得分情况

1.村集体办幼儿园结构性质量要素各维度质量有待提升

本研究从幼儿园的事业管理与发展、园所发展与特色、家长与社区工作三个方面评价幼儿园的"事业管理与发展"。其中，"园所发展与特色"的

得分相对最低（标准分为 0.57），低于村集体办幼儿园结构性质量要素的标准分（0.70），说明村集体办幼儿园仍存在教科研成果欠缺、科学明确的办园理念缺乏、园本课程建设缺失等问题。

表6　番禺区村集体办幼儿园结构性质量要素二级维度得分情况

单位：分

结构性质量要素 一级维度	结构性质量要素 二级维度	赋分	原始分 得分均值	标准差	标准分 得分均值	标准分 排序
事业管理与发展	事业管理与发展	30	21.08	3.09	0.70	2
	园所发展与特色	10	5.72	1.53	0.57	3
	家长与社区工作	10	7.19	1.04	0.72	1
规模与师幼比	园所规模	5	3.25	1.12	0.65	1
	班级人数与师幼比	15	9.43	2.23	0.63	2
教师队伍建设	教师队伍结构	15	11.36	2.14	0.76	1
	教师福利待遇	15	10.87	2.27	0.72	2
	教师队伍建设	20	13.72	2.82	0.68	3
安全保健卫生与膳食管理	安全及膳食管理	10	7.51	1.18	0.75	1
	保健卫生与幼儿身体发展	10	7.28	1.13	0.73	2

从园所规模、班级人数与师幼比两个方面评价幼儿园的"规模与师幼比"。其中，两项统计的标准分均高于村集体办幼儿园总体教育质量的标准分（0.59），低于村集体办幼儿园结构性质量要素的标准分（0.70），说明大部分村集体办幼儿园占地面积、建筑面积、户外面积、人员配置、师幼比等方面已达到本级要求，但部分园所占地面积、户外面积未达标，未能满足幼儿学习和生活所需。

从教师队伍结构、教师福利待遇、教师队伍建设三个方面评价"教师队伍建设"。其中，"教师队伍结构""教师福利待遇"两项统计的标准分高于村集体办幼儿园结构性质量要素的标准分（0.70），但"教师队伍建设"的标准分（0.68）低于村集体办幼儿园结构性质量要素的标准分，说明村集体办幼儿园园长、专任教师已按照要求配足配齐，并持相应的任职资格上岗，教师的基础福利待遇已得到有效保障，但存在教师队伍流动性较大、教师队伍建设成效欠佳、保育管理低效等问题。

从安全及膳食管理、保健卫生与幼儿身体发展两个方面评价"安全保健卫生与膳食管理"。其中，两项统计的标准分均高于村集体办幼儿园结构性质量要素的标准分（0.70），说明村集体办幼儿园较为重视安全、保健、卫生与膳食管理，卫生保健和疾病防控机制较为健全，为幼儿身心健康全面发展打下了基础（见表6）。

2. 村集体办幼儿园过程性质量要素各维度质量处于中等水平

本研究从公共环境、班级物质环境、班级心理环境三个方面评价园所的"环境创设与利用"。其中，"公共环境""班级物质环境"两项统计的标准分低于村集体办幼儿园过程性质量要素的标准分（0.56），说明村集体办幼儿园在公共环境、班级物质环境的布局和安排、区域活动区域规划、班级空间布置、采光照明、活动区域布置和材料投放、材料收纳与存放方面仍存在问题，且园所之间存在较大差异。

表7 番禺区村集体办幼儿园过程性质量要素二级维度得分情况

单位：分

过程性质量要素 一级维度	过程性质量要素 二级维度	赋分	原始分 得分均值	标准差	标准分 得分均值	标准分 排序
环境创设与利用	公共环境	45	24.36	6.75	0.54	2
	班级物质环境	75	39.45	12.16	0.53	3
	班级心理环境	30	17.61	4.29	0.59	1
生活活动的组织与实施	作息制度	20	11.76	2.92	0.59	3
	入园	15	10.43	2.14	0.70	1
	进餐	35	20.92	4.91	0.60	2
	饮水	10	5.71	1.68	0.57	6
	盥洗	25	14.60	3.86	0.58	5
	睡眠	20	11.09	2.38	0.55	7
	离园	10	5.86	1.28	0.59	3
	过渡环节	5	2.75	1.21	0.55	7
体育活动的组织与实施	体育集体活动	10	6.19	1.73	0.62	1
	自选活动	25	13.62	4.07	0.54	3
	操节	15	8.70	2.17	0.58	2

过程性质量要素 一级维度	过程性质量要素 二级维度	赋分	原始分 得分均值	标准差	标准分 得分均值	标准分 排序
自主游戏活动的支 持与指导	自主活动环境	10	6.10	1.46	0.61	1
	自主活动材料	20	11.43	2.93	0.57	2
	观察指导与评价	25	13.14	4.14	0.53	3
学习活动的组织与 实施	活动准备	15	8.54	2.37	0.57	1
	活动实施	30	16.32	4.88	0.54	2
	活动评价	20	10.62	3.86	0.53	3

从幼儿一日生活作息制度、入园、进餐、饮水等八个方面评价园所在"生活活动的组织与实施"方面的情况。其中,"睡眠""过渡环节"两项统计的标准分低于村集体办幼儿园过程性质量要素的标准分(0.56)。通过现场观察和对幼儿教师的非结构性访谈发现,大部分幼儿园在科学规划幼儿在园一日生活各环节时仍存在安排不合理、活动形式单一、组织不恰当、秩序不流畅、消极等待等问题。

从体育集体活动、自选活动、操节三个方面评价园所的"体育活动的组织与实施"。其中,"自选活动"一项统计的标准分低于村集体办幼儿园过程性质量要素的标准分(0.56),说明村集体办幼儿园对幼儿体育活动的组织实施质量较差,具体体现为缺少组织自选活动的环节,保教人员之间分工不明,缺少观察指导和评价分析等。

从自主活动环境、自主活动材料、观察指导与评价三个方面评价园所"自主游戏活动的支持与指导"。其中"观察指导与评价"一项统计的标准分低于村集体办幼儿园过程性质量要素的标准分(0.56),说明在幼儿自主游戏活动中的支持指导、观察与评价效果欠佳。

从活动准备、活动实施、活动评价三个方面评价园所的"学习活动的组织与实施"。其中,"活动实施""活动评价"两项统计的标准分低于村集体办幼儿园过程性质量要素的标准分(0.56),说明幼儿教师在组织幼儿开展学习活动时,虽然有相应的活动准备,但存在实施效果不佳、评价标准模糊、评价方法缺乏等问题，评价效果难以反馈到实际教学活动中，从而制约了学习活动的教育质量（见表7）。

四　讨论与建议

教育质量优良的幼儿园，不仅需要有整洁美观的园舍环境、规范的内部管理、高素质的教师队伍，还需要在教育教学上积极探索教育规律、总结推广经验，在传播科学教育理念、开展教育科学研究、培训师资和指导家庭、社区早期教育等方面发挥示范带头作用，肩负帮扶、推动一般幼儿园发展的重任[①]。为进一步推动村集体办幼儿园教育质量的提升和发展，本研究提出以下优化建议。

（一）科学规划，助推村集体办幼儿园优质内涵发展

本研究发现，村集体办幼儿园总体教育质量处于中等水平（标准分为0.59），结构性质量较高（标准分为0.70），过程性质量有待提升（标准分为0.56），存在办园理念缺乏、园本课程缺失、教科研成果欠缺等问题，制约了园所的规划发展与教育质量提升。

1. 明确办园理念和发展方向

办园理念作为幼儿园对理想教育的追求，具体体现为幼儿园要有清晰明确的办园指导思想、目标和理想信念，有较为健全的内部管理制度，有符合园所实际的中长期发展规划和教师培养计划，能按照各项规章制度落实人员分工和保教工作、完善家长与社区工作机制等。反之，如幼儿园办园理念制定随意、功利、模糊、流于形式，则无法规范和引导教职员工的行为和教育教学工作。而且，办园理念作为幼儿园面向社会广大家长展现的旗帜性标识，是园所内涵发展的精神内核，对园所物质文化、行为文化、制度文化、

---

① 国务院办公厅：《关于幼儿教育改革与发展的指导意见》，https://www.gov.cn/gongbao/content/2003/content_ 62048. htm，最后检索时间：2024 年 5 月 23 日。

精神文化的形成起着关键的指引性作用。价值取向正确、切合实际、高认同感的办园理念，更有利于园所发挥高效的管理效能和激发教职员工的归属感，影响着教师职业成就感、家庭支持、社会认可度、幼儿园课程和实施、教职员工留职意愿等，能使幼儿园总体办园行为和教育质量健康有序发展。因此，村集体办幼儿园要尽快理清办园理念的内容和重要性，梳理办园理念生成的核心要素，立足实际，强化对园所整体管理质量的提升和引领。

2. 建构园本课程凝练办园特色

幼儿园园本课程本质上是办园理念的承载体，是幼儿园基本价值取向的行动方案。要想发展高质量的学前教育，园本课程建设不容忽视。本研究中的部分村集体办幼儿园缺乏明确的办园理念，使校园文化氛围薄弱、教育教学目标和内容设定脱离幼儿生活经验、课程教学效果不佳。村集体办幼儿园园长和教师应继续深入学习《幼儿园教育指导纲要》《3~6岁儿童学习与发展指南》等文件，基于本园实际情况和幼儿身心全面和谐发展的需求，挖掘和利用园所地处城市与农村之间过渡地带所特有的文化资源，逐步积累课程成果形成园本课程，并努力提升自身对于课程领导力、幼儿园科学保教的理解，从大局着眼、抓住关键，不断提升课程领导力和管理能力，更好地将园内外的人力、物力、财力等综合组织起来，为幼儿园的管理、幼儿发展和教师成长创设良好的教育生态环境，为幼儿园的特色发展注入动力。

3. 全面提升区域家园共育水平

家园共育作为幼儿园教育工作必不可少的一部分，扮演着家庭和幼儿园合作育儿的中介角色，也是开展早期幼儿教育的重要手段。但是，导致城乡之间学前教育差异的原因复杂，家园共育认识不到位、隔代家庭育儿思想守旧、专业家庭教育欠缺、教育观念滞后等问题，与影响幼儿园教育质量的因素掺杂在一起，形成了一个多维、复杂的概念集合体，交互影响着幼儿的身心发展。因此，村集体办幼儿园在加强园所教育质量的同时，也要关注幼儿所在家庭环境对幼儿身心发展的巨大影响。幼儿园要充分利用全国学前教育宣传月、全国家庭教育宣传周、幼儿园家园共育工作平台等，向家长宣扬科学的教育观念和育儿经验，在促进幼儿认知、语言、思维、学习品质发展的同时，进一步改善幼儿家长群体乃至所在地区家庭的教育观念和教养方式，着力提升幼儿园"校—家—社"协同育人的效果，对推进全社会形成教育共识、构建良好育人生态、提高育人质量、办好人民满意的教育具有积极的作用。

（二）精准帮扶，缩小不同规模村集体办幼儿园教育质量差距

本研究发现，不同规模的幼儿园在过程性质量和总体教育质量上存在显著差异，因此应精准帮扶，缩小不同规模村集体办幼儿园教育质量的差距。

1. 制定小规模幼儿园的专项补助标准

本研究发现，小规模幼儿园过程性质量、总体教育质量、结构性质量得分相对最低。对该类型幼儿园园长、一线教师等进行非结构性访谈得知，该类幼儿园因办园规模较小，学前教育经费财政投入、年保育教育费总量较同类幼儿园少，日常运营经费扣减用于支付教职员工薪酬和福利待遇、园舍维护修缮、后勤服务等刚需项目后，缺少足够经费用于提升教职员工的薪酬和福利待遇、教学业务管理、教师培训、幼儿教玩具材料添置、环境创设等，导致办园条件停滞不前，高质量办学更是无从谈起。该研究结果与已有研究结论一致①。由此可见，学前教育经费财政投入对于公办性质的村集体办幼儿园，尤其是办园规模较小的幼儿园来说显得尤为重要。因此，教育行政部门应进一步健全和完善学前教育经费投入机制，制定小规模村集体办幼儿园的专项补助标准，确保其在基础设施、办园条件、教师福利待遇等方面的持续投入，保障小规模村集体办幼儿园的正常运营和教育质量的提升。

2. 严格控制幼儿园的办园规模和班额数

本研究发现，中等规模的村集体办幼儿园有较高的教育质量。对该类型幼儿园园长、一线教师等进行非结构性访谈得知，该类幼儿园的占地面积、

---

① 刘河、包兵兵：《乡村振兴背景下小规模幼儿园高质量发展的现实困境与治理路径》，《贵阳学院学报》（社会科学版）2023年第5期，第79~84页。

建筑面积、生均户外面积、绿化面积、活动面积等达到相应标准，办园规模和班额数较为适宜①，能避免出现因班级数、班额数过多而产生的活动环境拥挤、活动时间不足、消极等待、师资浪费等情况，幼儿园的日常运营成本得以控制。学前教育经费财政投入、幼儿园保育教育费收入等用于支付教职员工薪酬和福利待遇、园所日常运营费用后，能继续用于改善园舍环境、增添玩具设施、提升教职员工的福利待遇水平，保持对教学业务管理、教师培训的投入等，使园所教育质量逐年得到提升。因此，教育行政部门应根据幼儿园场地面积等情况重新核定办园规模，调整以往因生育高峰等所致的幼儿园扩建、扩班、扩容等情况。

3. 健全和完善区域教育质量保障体系

本研究发现，部分村集体办幼儿园在事业发展与管理、教师队伍建设、环境创设与利用、教研科研等方面存在不足，园所之间教育质量参差不齐。教育行政部门可通过构建区域教育质量监测体系、利用区域优质幼儿园组建教育集团等方式促进区域幼儿园教育质量的同步提升。如通过构建"1+1"幼儿园教育质量监测体系（即"每1学年"对幼儿园开展"1次"教育质量评估监测）加强对幼儿园内部管理和教育过程中的质量评估与监测，突出过程评估、强化自我评估、聚焦班级观察，评建结合，关注幼儿园自身提升保教水平的努力程度和改进过程，对于不符合相关规定的园所予以限期整改，以此督促幼儿园自觉贯彻落实相关要求，保障幼儿园的规范办园和持续发展或采用"1+1"园所结对引领模式（即由集团总园定期选派"1名业务管理干部+1名骨干教师"负责各成员园的教育管理和一线教学指导工作）和"1+1"师徒结对培养工程（即由集团选派"1名骨干教师或教研组长"担任指导员，对各成员园选定的"1名骨干教师培养对象"开展一对一帮扶，从教学设计、教学组织与实施、教育科研、家园沟通4个环节开展"教—学—研"一体化培训）等，推动优质教育资源的流动和资源共享，激

---

① 广东省教育厅：《关于印发〈广东省幼儿园办园指南〉的通知》，https://edu.gd.gov.cn/ztzlnew/xqjy/zl/content/post_ 4185158. html，最后检索时间：2024 年 4 月 30 日。

发幼儿园和幼儿教师发展的内驱力，推动村集体办幼儿园教育质量的均衡发展。

（三）筑牢根基，提升村集体办幼儿园师资建设水平

本研究发现，村集体办幼儿园存在自主游戏的观察指导与评价效果欠佳、学习活动的评价标准模糊、评价方法缺乏、学习效果和教学效果评价缺失、体育活动的组织实施质量较差等问题。因此，应做好师资队伍建设，从根源上提升幼儿园的教育质量。当前村集体办幼儿园已按照要求配足配齐园长和专任教师，并持相应任职资格上岗，师幼比方面已基本达到相应标准，教师的基础福利待遇已得到有效保障，但园所在教研科研、教师专业发展、教育活动和一日生活的组织与实施、自主游戏的支持与指导等方面效果欠佳。因此，村集体办幼儿园要进一步把好人员"入口关"，逐步提高师资队伍的专业素质和学历水平，加强师资队伍的在职培训和继续教育，确保师资队伍具备良好的教育理念和教学能力。

1. 严把人员招聘录用"入口关"

严把保教人员的招聘和录用"入口关"，从源头上保障教师队伍质量。村集体办幼儿园在招聘幼儿教师时，要根据自身的办学定位和教育目标制定明确的招聘标准，确保"100%持大专或以上学历、100%持幼儿教师资格证上岗"的"双百"标准，选拔具有相关教育背景和专业素养、有教学经验和教育热情的专业人员加入教师队伍，这样才能逐步提高教师队伍的整体素质。

2. 健全区、片、幼儿园三级师资培训管理机制

村集体办幼儿园要进一步提升教师的专业素养，健全教师培训管理体系是关键。一是从区级层面着眼。教育行政部门须落实幼儿教师每年完成广州市中小学、幼儿园教师继续教育合格率100%，并利用区教师发展中心、区广播电视大学、社区教育学校、区就业训练中心等举办各类学历进修及资格考证培训，促进幼儿教师学历水平、技能水平的同步提升。可依托区内优质幼儿园开展"四名"培养工程（名园长、名教师、家庭教育名教师、名班主任）、区级骨干教师培养工程、区级青年（新）教师培养工程等，定期组

织村集体办幼儿园的管理干部、骨干教师进行交流轮岗和跟岗学习，发挥名园、名园长、名教师的领跑示范和指导作用。二是从片区层面着手。教育行政部门可充分发挥区域内优质幼儿园的龙头示范引领作用，定期开展教研、培训、督导等帮扶指导培训活动，对村集体办幼儿园园长、中层干部、一线教师、后勤人员等全体教职工开展岗位实践培训活动。三是从幼儿园层面着力。幼儿园应根据教育行政部门制定的年度工作意见建立教师培训计划，围绕五大领域教育活动的组织与实施、幼儿园环境的创设与利用、自主游戏的支持与指导、教学活动评价等日常工作中遇到的问题开展研究，帮助幼儿教师解决工作中遇到的实际问题和困难，不断更新教育理念和方法，为更好地提升园所教育质量打下坚实基础。

3. 完善师资队伍培训内容体系

要建设高素质专业化的教师队伍，必须建立支撑强师发展的教师培训体系。村集体办幼儿园虽然已建立园内的教研部门，能定期开展教研及观摩交流活动，但存在教研活动形式单一、针对性不强、教研意识薄弱等问题。因此，村集体办幼儿园应对日常开展的教研内容和方式进行调整，教研思想从"教师如何教"转向"幼儿怎样学"，注重教育教学过程中师幼互动质量及幼儿发展的转变。而且，幼儿园要对当前幼儿教师的职后培训内容和体系进行优化，除鼓励幼儿教师利用业余时间进行学历进修、在职培训、职称评审外，还需要注意更新自身的教育观念和专业知识，将学习到的知识、技能等运用到实践当中。幼儿园应建立分层、分类、专题等培养方式，对不同教龄教师、不同水平幼儿教师开展师德师风、职业素养、专业知识和技能、团队建设、心理健康、课程建设、行为观察、个案分析、游戏活动研究、教育科学研究法学习、论文撰写、园本课程开发与实施等培训，以园本研修、园际联动教研、个人自学等方式开展学习，改变当前教师教研主动性不强、参与度不高、能力不足的现状，逐步实现"精准滴灌"式的个性化学习模式，满足不同层次教师的学习需要，全面提升教师的专业能力和综合素养。

参考文献

管培俊：《以科学发展观指导教师队伍建设的认识论和方法论问题》，《教育研究》2009 年第 1 期。

丁骞、胡碧颖、宋占美等：《我国农村地区婴幼儿家庭环境质量现状与影响因素研究》，《陕西学前师范学院学报》2021 年第 1 期。

谢娜、涂永波：《需求导向下边疆地区学前教育质量提升路径探索》，《教育评论》2023 年第 7 期。

马毅飞：《农村学前教育高质量发展的现实基础与行动策略》，《湖南师范大学教育科学学报》2023 年第 5 期。

B.12
广州市示范性普通高中课程
实施规划研究[*]

谢敏敏　肖秀平　袁志芬[**]

摘　要： 本文基于建构主义学习理论视角，运用文本分析法，以 Nvivo12 为研究工具，以广州市 28 所示范性普通高中课程实施规划为研究样本，探索广州市示范性普通高中课程规划的特点与问题。研究发现：广州市示范性普通高中课程实施规划形成了以学生为中心的课程理念、构建了"互动、项目、反思"三位一体的学习模式、聚焦跨学科整合、运用灵活的教学策略、注重智能技术的嵌入五大特点，但存在学科核心素养难以落地转化、校本教研模式难以与时俱进、课程评价难以打破路径依赖三大实践问题。

关键词： 普通高中　课程实施规划　建构主义学习理论　文本分析法

一　问题的提出

21 世纪初以来，我国基础教育课程实施国家、地方、学校三级课程

---

[*] 本文系广州市教育科学规划 2019 年度重点课题"中小学课程建设质量提升的区域路径研究"（项目编号：201912040）的研究成果之一。

[**] 谢敏敏，华南师范大学公共管理学院博士研究生，主要研究方向为教育管理；肖秀平，广州市教育研究院教育规划与政策研究所副所长，副研究员，主要研究方向为基础教育政策、教育评价；袁志芬，广州市教育研究院德育与特殊教育研究所副所长，副研究员，主要研究方向为德育、课程与教学论。

管理体系。2019 年 6 月，国务院办公厅发布《关于新时代推进普通高中育人方式改革的指导意见》（国办发〔2019〕29 号），明确提出"完善学校课程管理，加强学校特色课程建设"，这意味着普通高中课程的多样化发展与特色发展拥有了更大的发展空间。2020 年 5 月，教育部印发《普通高中课程方案（2017 年版 2020 年修订）》，要求"学校应依据国家课程设置要求，结合办学目标、学生特点和实际条件，制订满足学生发展需要的课程实施规划。"学校课程实施规划成为响应国家课程政策变革和实现学校自身价值的关键驱动力。2021 年 12 月，教育部印发了《普通高中学校办学质量评价指南》（教基〔2021〕9 号），将课程教学作为评价学校办学质量的五大核心要素之一，强调"制订课程实施规划，强化课程建设与管理"是落实课程方案的基本要求。在新课程标准背景下，普通高中课程实施规划涉及课程的静态设计和动态实施过程，对于普通高中多样化有特色发展格局的形成、提高学校办学质量、推进普通高中育人方式改革、落实课程方案都具有不可替代的重要作用。对于普通高中课程实施规划的研究，从研究内容来看，多集中于对学校课程规划的重要性与挑战、校本课程规划的关键因素、课程改革的区域经验等方面的探讨，鲜有针对学校课程规划和实施具体实践的研究。从研究视角来看，多数研究基于传统的课程理论，探讨课程设计、实施和评估的理论框架，部分研究引入教育改革理论，但总体上对新兴理论的应用较少，这限制了对课程规划和实施多维度、多学科的理解。2023 年，广州市有普通高中 134 所，其中示范性普通高中 69 所。[①] 本研究选取了 28 所示范性普通高中课程实施规划方案作为研究样本，基于建构主义学习理论，采用文本分析法，对新课程标准下广州市示范性普通高中课程规划方案进行分析，在此基础上总结不足并提出政策建议。

---

① 广州市 69 所示范性普通高中包括通过终期督导验收的国家级示范性普通高中 39 所、市级示范性普通高中 30 所。

二　研究设计

（一）数据来源

本研究以广州市示范性普通高中课程实施规划文本为研究对象。课程实施规划文本的选取遵循了权威性、针对性和公开性原则。权威性要求选取的课程实施规划是学校内部的正式方案；针对性要求选择成熟度较高的课程实施规划；公开性要求课程实施规划可公开查阅。广州市示范性普通高中课程实施规划的收集主要依托于方案征集、实地考察、深度访谈等多样化方法的使用，力求实现方案数据的三角验证。为了最大限度地兼顾目标方案的典型性和普适性，本研究最终选取了广州市 28 所示范性普通高中的课程实施规划方案作为研究样本。样本学校对新课程标准下课程实施规划的探索较为深入，课程规划特点也更为突出。为增强研究材料的可靠性和有效性，在方案征集环节，研究团队列出了详细的文本征集要求。以学校名称首字母和收集次序为依据，将这 28 份课程实施规划方案分别命名为 ZC1、XX2、BSDGZSY3、GZSYWY4、GZDS5、DS6、JSQ7、DQ8、ALPK9、CH10、NSDY11、GDZY12、HDXQ13、PY14、ZG15、XH16、GZ17、NW18、DY19、SL20、TY21、ZJZ22、DL23、HQ24、GZDXFS25、THWGY26、ZX27、ZX28。

（二）研究方法与工具

1. 研究方法：文本分析法

本研究针对选定的 28 份课程实施规划方案，运用文本分析法对方案文本进行量化处理及要素识别，系统地展现文本内容，减少个体分析时的主观偏差，获得有价值的结论。

2. 研究工具：Nvivo12 质性软件、手工编码

本研究主要采用 Nvivo12 软件对 28 份示范性普通高中课程实施规划文

本进行质性分析，包括课程实施规划文本词频分析、聚类分析、内容编码等，在此基础上进行手工编码。

（三）研究过程与信效度

1.词频分析

本研究运用 NVivo12 软件对 28 份示范性普通高中课程实施规划文本进行词频分析，结果显示，示范性普通高中制定课程实施规划关注的重点主要涵盖国家教育政策法规的落实、课程目标、课程设置、课程实施、课程评价、条件保障、管理与监督等方面。

2.聚类分析

本研究利用 NVivo12 软件对《普通高中课程方案（2017 年版 2020 年修订）》及 28 份学校课程实施规划文本进行聚类分析，得到 123 条对比结果。其中，国家普通高中课程方案与 28 所学校课程实施规划的 Pearson 相关系数最高为 0.85，最低为 0.65。不同学校课程实施规划之间的 Pearson 相关系数值均不低于 0.7，最高为 0.9。高相关系数值表明广州市示范性普通高中课程实施规划与国家普通高中课程方案，以及广州市不同的示范性普通高中课程实施规划之间文本内容的一致性程度较高。

3.文本内容编码

首先，建立具体的分析单元。本研究对 28 份方案文本建立具体分析单元，每段文本为一个分析条目，每个句子为最小的分析单元。其次，构建文本编码架构。本研究依托建构主义学习理论，确立了父节点、子节点和参考点。通过分层次、系统性地剖析，方案文本内容被逐一编码、分类，最终确定了以以学生为中心、互动式学习、项目式学习、反思式学习、跨学科整合、灵活的教学策略、智能技术的嵌入等 7 个父节点、17 个子节点为主体的普通高中课程实施规划文本编码架构，共产生了 823 个参考节点。从父节点总体情况看，示范性普通高中课程实施规划基本符合该编码框架，文本结构的相似度较高。根据参考点可以看出，智能技术的嵌入是示范性普通高中课程实施规划关注的重点内容（见表 1）。最后，形成类目表。采用手工编码与自动化工具相结合的方式，研究团队对 28 份方案的文本内容进行了独立编码分析，基于分析结果的综合汇总，采取了将条目数少于 2 或低于所属类别总条目数 1% 的条目剔除的准则，形成了详尽的类目表（见表 2）。

表 1　父节点编码情况

父节点	文本来源数	子节点	参考点
以学生为中心	28	3	247
互动式学习	28	2	230
项目式学习	28	2	295
反思式学习	25	2	132
跨学科整合	27	2	213
灵活的教学策略	28	3	276
智能技术的嵌入	27	3	367

表 2　广州市普通高中课程实施规划特点及经典条目举例

类目	条目	典型条目举例
以学生为中心	满足学生不同学习需要 突出因材施教 注重学生全面而个性发展	满足学生不同的学习需要，促进学生综合素质发展（NW18、TY21、ZC1、CH10、GZSYWY4、GZQ28、XX2）。重视因材施教，引导学生有个性地全面发展（XX2、ZG15、GZ17）。注重学生全面而有个性地发展（DS6、GDZY12、HDXQ13、DY19、SL20、DL23、ZJZ22、GZ17）。
互动式学习	建立学习小组 创建互动式特色课程	通过导学稿、导学课、学习小组等形式，让学生养成自主、合作、探究等学习品质（XX2）。以小组学习为单位，让学生在自主、合作、探究学习中互动，让学生充分体验学习的过程（CH10）。创建形式多样的特色节日课程，这种自主互动式的课程凸显了课程人性化，把课堂还给学生（BSDGZSY3）。
项目式学习	创建项目式特色课程 开展综合实践项目	形成可持续发展的"项目式学习"校本课程资源体系（ZG15）。开设绿英特色课程，通过智慧制作、创客空间、古村落保护与开发、生态考察等丰富多样的项目，提升学生综合能力（JSQ7）。开展各类综合实践项目，如名企校外研学实践、暑假职业体验实践等（GZSYWY4）。
反思式学习	改进学生自我反思能力 帮助学生形成反思学习习惯	在课堂教学中各学科根据课堂需要，精心设计课堂反思与评价，力求改进学生的自我反思能力，改进学习方式，提高学习效率（ZC1）。组织学生对已经完成的项目进行总结和反思，帮助学生形成反思性学习的习惯（BSDGZSY3）。可采用自我反思等多种评价方式，提高评价效率（PY14）。

类目	条目	典型条目举例
跨学科整合	加强跨学科课程建设 注重学科知识整合	加大力度开发"海珠湿地绿心行"跨学科融合系列课程,打造"绿英计划"特色课程新品牌(JSQ7)。融合不同学科领域、特色主题的课程内容(PY14)。STEM课程、人工智能课程将自然学科的相关课内知识整合为某个主题,有利于推进跨学科融合(NW18)。打破各学科之间的壁垒,注重学科知识整合(GZQZ8、CH10)。
灵活的教学策略	情境创设 问题驱动 任务探究	"两思"课堂借助情境创设、问题驱动、任务探究、交流反思、应用迁移等操作环节,引导学生形成自己的独立判断,形成较强的思维能力(ZC1)。全力打造智慧教育背景下的"i思维课堂",建立基于情境、问题导向的互动式、启发式、探究式、体验式等课堂教学(GZDS5、ALPK9)。深入推进以学生为主体的任务驱动、情境体验、真实探究的教学研究(CH10)。
智能技术的嵌入	构建数字课程资源平台 加强智慧教育基础设施建设 创新智能化教育模式	构建智慧课堂教育教学管理与评价体系,搭建数字化教学研究资源平台(ZJZ22)。充分发挥广州智慧教育公共服务平台作用,推进数字课程资源体系化建设,形成支持学科教学全过程、资源类型完备的数字课程资源平台(ZC1)。加大智慧教育建设的投入和基础设施建设力度,从课堂教学硬件设施到录播演播室,从智慧阅读、智慧图书馆到虚拟现实VR实验室,从学生智慧综合评价系统到智能班牌,从新高考走班教学管理到对智慧校园管理等各方面加大投入(GZSYWY4)。以智慧校园推动数字化校园新基建(GZDXFS25)。基于翻转课堂理念的分层自主学习;基于网络的虚拟结合型强互动课堂,每一位学生都有一台平板,利用信息技术辅助直观教学;基于学生练习全流程海量数据的自适应学习(DL23)。

三 广州市示范性普通高中课程实施规划的主要特点

(一)明确了以学生为中心的课程理念

《普通高中课程方案(2017年版2020年修订)》指出,普通高中教育的任务是促进学生全面而有个性地发展,为学生适应生活、高等教育和职业发展做准备，为学生的终身发展奠定基础。广州市示范性普通高中课程实施规划方案以学生为中心的父节点涵盖了满足学生不同的学习需要、突出因材施教、注重学生全面而有个性发展3个子节点，形成了247个参考点。首先，注重学生全面而有个性地发展的文本最多，共8份文本提及该目标。如DS6、GDZY12、HDXQ13、DY19、SL20、DL23、ZJZ22、GZ17。其次，满足学生不同的学习需要，共7份文本提及该目标。如满足学生的不同发展需求，促进学生综合素质发展（NW18）。以校本课程为枝，更好地满足学生多样化的发展需求，兼顾不同学生的兴趣、爱好、特长（TY21）。遵循教育教学规律和学生身心发展规律，着力发展学生核心素养，增强学生综合素质，满足学生不同学习的需要，为学生成长成才奠定坚实基础（ZC1）。充分考虑每个学生的发展需求，保障学生选课权利（CH10）。坚持德育为先、以学生为中心，以学生的学习需求和兴趣为导向的基本原则（GZSYWY4）。营造开放的、让受教育者主动参与学习设计的教育环境，让学生从自己的发展需求出发，构建适合自己发展的套餐课程（GZQZ8）。"象贤文化"课程既满足学生升学需要，也满足不同学生个性化发展需求（XX2）。最后，突出因材施教。共3份文本提及该目标。如坚持德育为先、五育并举的原则，突出因材施教、有序促进学生全面发展（XX2）。重视因材施教，引导学生有个性地全面发展（GZ17）。学校课程实施的原则：坚持立德树人、德育为先，坚持个性育人与因材施教（ZG15）。

（二）构建了"互动、项目、反思"三位一体的学习模式

《普通高中课程方案（2017年版2020年修订）》中要求普通高中课程规划方案要培养学生的自主发展能力和沟通合作能力，促进学生敢于批判质疑、勤于动手与善于反思，增强学生的创新精神和实践能力。广州市示范性普通高中课程实施规划方案强调各种互动式和合作式学习活动，鼓励生生互动、师生互动及学生与学习材料的互动，并强调在项目学习中找到问题解决的方法，将学习活动置于真实世界的情境中，同时鼓励学生对自己的学习过程和成果进行反思，从而增强学生对知识的理解能力、问题的解决能力和自

我创新的能力。互动式学习、项目式学习、反思式学习这三个父节点共涵盖了建立学习小组、创建互动式特色课程、创建项目式特色课程、开展综合实践项目、改进学生自我反思能力、帮助学生形成反思学习习惯共 6 个子节点，共形成 657 个参考点。其中项目式学习的文本最多，反思式学习的文本最少，仅在 ZC1、BSDGZSY3、PY14 三个文本中被提及。一是互动式学习，包括建立学习小组和创建互动式特色课程。如通过导学稿、导学课、学习小组等形式，让学生养成自主、合作、探究等学习品质（XX2）。以小组学习为单位，让学生在自主、合作、探究学习中互动，让学生充分体验学习的过程（CH10）。创建形式多样的特色节日课程，这种自主互动式的课程凸显了课程人性化，把课堂还给学生（BSDGZSY3）。二是项目式学习，包括创建项目式特色课程和开展综合实践项目。如开设绿英特色课程，通过智慧制作、创客空间、古村落保护与开发、生态考察等丰富多样的项目，提升学生综合能力（JSQ7）。形成可持续发展的"项目式学习"校本课程资源体系（ZG15）。真我探究课程主要是基于项目的学习，让学生通过亲自调研、查阅文献、收集资料、分析研究、撰写论文等，将学到的理论知识与现实生活中的实际问题紧密结合（BSDGZSY3）。开展各类综合实践项目，如名企校外研学实践、暑假职业体验实践等（GZSYWY4）。三是反思式学习，包括改进学生自我反思能力和帮助学生形成反思学习习惯。如在课堂教学中各学科根据课堂需要，精心设计课堂反思与评价，力求改进学生的自我反思能力，改进学习方式，提高学习效率（ZC1）。组织学生对已经完成的项目进行总结和反思，帮助学生形成反思性学习的习惯（BSDGZSY3）。可采用自我反思等多种评价方式，提高评价效率（PY14）。

（三）聚焦跨学科整合

《普通高中课程方案（2017 年版 2020 年修订）》提出普通高中课程内容确定的原则之一是"关联性"：关注学科间的联系与整合。增强课程内容与社会生活、高等教育和职业发展间的内在联系。广州市示范性普通高中课程规划方案倡导跨学科整合，打破学科间的界限，通过将不同学科的知识和技能相结合，提供更加全面和深入的学习体验。跨学科整合的父节点涵盖了加强跨学科课程建设和注重学科知识整合 2 个子节点，形成 213 个参考点。一是加强跨学科课程建设。如学科融合、项目探究、动手实践创造、问题解决能力的项目式学习（PBL）等课程新样态，正是跨学科融合教学的积极探索和行动实践（BSDGZSY3）。加大力度开发"海珠湿地绿心行"跨学科融合系列课程，打造"绿英计划"特色课程新品牌（JSQ7）。融合不同学科领域、特色主题的课程内容（PY14）。STEM 课程、人工智能课程将自然学科的相关课内知识整合为某个主题，综合运用科学、技术、工程、美术、数学等多个学科手段解决问题、完成作品，有利于推进跨学科融合（NW18）。二是注重学科知识整合。打破各学科之间的壁垒，注重学科知识整合，包括跨学科的整合，本学科内跨年级和学习阶段的整合及同一学科、同一学习阶段知识的整合（GZQZ8、CH10）。打破学科壁垒，充实课程内涵（ZJZ22）。把每个模块的内容设计成体现某个学科或者某几个学科相关内容的"大单元教学方案"或者"跨学科学习主题"（XH16）。

（四）运用灵活的教学策略

《普通高中课程方案（2017 年版 2020 年修订）》提出要大力推进教学改革，强调要关注学生学习过程，创设与生活关联的、任务导向的真实情境，促进学生自主、合作、探究地学习。广州市示范性普通高中的课程实施规划方案强调灵活运用多种教学方法和技术，以适应不同学习风格和需求。灵活的教学策略的父节点涵盖了情境创设、问题驱动、任务探究 3 个子节点，形成 276 个参考点。如学校教学改革从"三元二导"到"问题导向课堂"再到"问题导向智慧课堂"三个阶段（ZJZ22）。聚焦以问题为导向的智慧课堂教学模式（NSDY11）。事实上，灵活的教学策略中的情境创设、问题驱动、任务探究等三个子节点一般会同时出现在课程实施规划方案之中。如"两思"课堂借助情境创设、问题驱动、任务探究、交流反思、应用迁移等操作环节，引导学生形成自己的独立判断，形成较强的思维能力（ZC1）。全力打造智慧教育背景下的"i 思维课堂"，建立基于情境、问题导向的互动式、启发式、探究式、体验式等课堂教学（GZDS5、ALPK9）。深入推进以学生为主体的任务驱动、情境体验、真实探究的教学研究（CH10）。要求每节校级公开课必须基于真实情境而设，以问题解决为导向，与生活关联，注重知识的迁移和运用，强调学生在作业过程中的个人体验，突出学科特色，以发展学科核心素养为目的（ZG15）。问题驱动，围绕教学主题创设一系列问题，创设的问题必须有思考活动的深度、思维训练的力度和思想情感的高度，问题之间要有内在的逻辑和层级关系。注重情境，问题要与现实生活、科技前沿、社会热点等具体情境相联系，训练学生在新情境下解决实际问题的能力（NW18）。

（五）注重智能技术的嵌入

《普通高中课程方案（2017 年版 2020 年修订）》提出要大力推进教学改革，注重推进信息技术在教学中的合理应用，提高课程实施水平，同时要做好条件保障，强调加强信息技术和通用技术的教学设施建设。广州市示范性普通高中的课程规划方案强调利用现代信息技术和多媒体资源丰富教学内容，提升学习的趣味性和互动性。智能技术的嵌入的父节点涵盖了构建数字课程资源平台、加强智慧教育基础设施建设、创新智能化教育模式 3 个子节点，形成了 367 个参考点。一是构建数字课程资源平台。充分发挥广州智慧教育公共服务平台作用，推进数字课程资源体系化建设，形成支持学科教学全过程、资源类型完备的数字课程资源平台（ZC1）。建成新型智慧教育云平台，借助 C30 智慧教育平台，建立基于大数据的智慧管理体系，应用人工智能阅卷系统（ALPK9）。逐步探索出不同学科、不同课型的智慧课堂教学模式，构建智慧课堂教育教学管理与评价体系，搭建数字化教学研究资源平台（ZJZ22）。加强数字化学习平台建设（GZDXFS25）。二是加强智慧教育基础设施建设。如加大智慧教育建设的投入和基础设施建设力度，从课堂教学硬件设施到录播演播室，从智慧阅读、智慧图书馆到虚拟现实 VR 实验室，从学生智慧综合评价系统到智能班牌，从新高考走班教学管理到对智慧校园管理等各方面加大投入（GZSYWY4）。以智慧校园推动数字化校园新基建。学校在网络基础设施、教育云计算、移动学习系统、智慧教室、OA办公智能化系统等五个方面进行建设，建成以无处不在的在线教与学、融合创新的网络科研、透明高效的校务管理、丰富多彩的校园活动为特征的智慧校园（GZDXFS25）。三是创新智能化教育模式。探索运用人工智能和大数据技术进行课堂教学分析与学情分析，推进精准教学、精准辅导，运用AR、VR等技术优化教学情境，促进人与资源的无缝衔接，形成线上线下融合的教育教学新生态（GZSZ6）。基于翻转课堂理念的分层自主学习；基于网络的虚拟结合型强互动课堂，每一位学生都有一台平板，利用信息技术辅助直观教学；基于学生练习全流程海量数据的自适应学习，有练习、自测、周测等，单题"举一反三"，整份作业"相似题"，章节"专属练习"（DL23）。

四　广州市示范性普通高中课程实施规划的实践问题

（一）学科核心素养难以落地转化

核心素养的本质是培育学生学以致用的能力，也就是运用所学知识解决现实生活中出现的真实问题的能力。[①] 学科核心素养集中体现了学科课程的育人价值。在新一轮的课程改革中，特别强调通过学习学科课程来培养学生的学科核心素养。《普通高中课程方案（2017年版2020年修订）》提出要科学编制课程标准与教材，课程标准研制要遵循本课程方案的总体要求，明确学科的育人价值，确定学科核心素养和目标，以指导和规范教材教学。然而，本调查研究发现当前广州市普通高中课程实施规划方案存在学科核心素养难以落地转化问题。如有学校反馈，新课程标准自颁布以来得到了学校教师的普遍认可，但高中教学碎片化、浅层化、强调知识技能和操作训练等问

① 余文森：《论学科核心素养的课程论意义》，《教育研究》2018年第3期，第129~135页。

题仍然比较突出,学生"知其然而不知其所以然",学科核心素养培养难以得到有效落实(HQ24)。对此,有的学校认为,要深化课堂教学改革,打造素养课堂,全面培养学生学科核心素养,开展基于核心素养的"学科课程+创新实践",增强学科课程层次性,不断优化学科育人功能。构建以全面育人为导向的基础教育教学评价新生态,全面提高教育教学质量(HDXQ13)。可见,学科核心素养难以落地转化的原因可能是学校的课堂教学改革表层化,若要切实推动学科核心素养的落地转化,仍需持续深化课程教学改革。学科核心素养落地的关键实现路径是进行课程教学方案的改革。[1]

(二)校本教研模式难以与时俱进

当前校本教研的传统模式是集体备课、听评课与培训相结合的模式。[2]作为教师专业发展的有效途径,校本教研在促进教师专业发展和提高教育教学质量方面具有重要作用。在新一轮的课程改革中,强调普通高中要切实关注以校为本的教研制度,切实保障教师能够及时发展与新课改相互匹配的专业能力。《普通高中课程方案(2017年版2020年修订)》提出要大力推进教学改革,强调健全以校为本的教学研究制度,建立平等互助的教学研究共同体,倡导自我反思与同伴合作,营造民主、开放、共享的教学研究文化,鼓励和支持教师进行教学方式改革的探索,形成教学风格和特色。然而,经调查,发现当前广州市普通高中课程实施规划方案存在校本教研模式难以与时俱进的问题。普通高中教师面临新课程、新教材、新高考等多重挑战,教育教学理念和知识体系亟待更新与发展。新形势下的教研活动要想提质、提效、提能,就要求教师深入理解学科核心素养,准确把握学科课程标准理念、结构、内容与学科学业质量标准,更好地把新课程标准落实在课堂、落实在教师和学生的行为上。为此,学校需要进一步完善教研体系(HQ24)。

---

[1] 卢明、蒋雅云:《单元学历案:让学科核心素养落地的实践路径》,《中小学管理》2021年第7期,第23~26页。

[2] 刘东方、景敏、赵欣言:《校本教研模式重构:问题与循证》,《东北师大学报》(哲学社会科学版)2023年第6期,第116~122页。

教研的主题、方式仍单一、未上升到课程的建设层面（BSDGZSY3）。实际上，校本教研模式难以与时俱进的原因可能是校本教研制度缺乏科学性。未来学校应强化校本教研制度建设，营造积极的学校氛围，驱动教师自主发展，以保障教师有效参与教研，提升教学实践能力。

（三）课程评价难以打破路径依赖

课程评价是一个持续展开的、复杂的动态过程，关乎着课程规划方案的质量监控与反馈。在新一轮的课程改革中，强调普通高中课程实施规划应从单纯的结果评价转向过程与结果并重的评价，以全面反映课程实施的效果，并且在课程评价的价值取向上应从仅关注课程的外在价值转向重视课程的内在价值，强调课程本身对学习者的深远影响。《普通高中课程方案（2017年版2020年修订）》强调深入理解普通高中课程改革要求，准确把握课程标准和教材，围绕核心素养开展教学与评价。关注学生学习过程，注重对学生学习过程的评价。然而，经调查，发现当前广州市普通高中课程实施规划方案存在课程评价难以打破路径依赖的问题。在确立课程评价体制机制时仍延续传统的路径，缺乏对新路径的探索。如在课程实践和评价方面，跨学科课程的研发与设计由学科来牵头比较困难，实施者又不能很好地将课程落地，往往流于形式、不尽科学。落实不太到位，规范化不够，体现为课程指导与评价为同一个部门，不利于科学地设计和实施，而且缺少对课程设计的评审（BSDGZSY3）。在定位上，缺乏指导规范和引领，精品课程不多，过程和评价不到位（GDZY12）。课程评价难以打破路径依赖的原因可能是课程评价体系的构建碎片化，未来学校应强化一体化建设。

五　政策建议

（一）提高校长课程领导力

校长课程领导力是深入实施课程改革、建设高质量学校课程体系的关键，使学科核心素养落地是校长课程领导力的重要标志。① 相关政府部门应注重提高校长的课程领导力。一是提出明确的前瞻性规划，为校长提供预设学习的机会。提出前瞻性规划，让校长深入理解国家课程标准，结合学校实际情况，预设学习机会，构建一个既符合国家要求又体现学校特色的课程愿景。这一愿景应突出学校的办学特色，反映出校长和课程领导团队对教育趋势的前瞻性和创新性思考。二是整合资源，为校长拓展学习机会。整合内外部资源，拓展课程场域，为校长提供丰富多样的学习机会，提升其优化课程实施策略与方法的能力。三是强化教师发展。提升教师的课程实施能力、信息技术与课程整合能力以及校本教研能力是提升校长课程领导力的关键。通过专业培训、支持教师参与课程改革、鼓励教师创新教学等方式，激发教师的专业成长和创新精神，为校长课程领导力的提高保驾护航。四是强化课程评价与反馈机制，引导校长为学校建立过程性与增值性并重的课程评价体系，既关注学生的学业成绩，也重视学生核心素养的发展。通过实施形成性评价和终结性评价，全面了解学生的学习进展和学习效果。此外，促进课程持续改进，根据课程评价的结果，推动校长及时调整和优化课程规划和实施策略，促进教育教学质量的持续提高。

（二）加强校本教研制度的建设

增强以校为本的教研制度建设，旨在更加紧密地将教研工作与学校的实际需求结合起来，而不是削弱专业教研部门的作用或忽视行政部门对教研的重视。这一转变对教研管理与指导提出了全新的要求，反映了教研工作重心的转移，即更加注重教研活动的实际效果和对学校教学实践的支持。2002年，教育部《关于积极推进中小学评价与考试制度改革的通知》（教基〔2002〕26号）要求学校建立以校为本、自下而上的教学研究制度，首次以国家文件形式对校本教研做了规定。有效的校本教研制度不应仅仅以文本的

---

① 任学宝：《使核心素养落地是校长课程领导力的重要标志》，《人民教育》2016年第12期，第40~42页。

形式存在，更应深入教研活动的每一个环节，成为教师、学生和管理者共同认可和遵循的实践准则。相关政府部门应加强校本教研制度的建设。首先，教研活动制度的设计必须基于教师的实际需求。这意味着制度的制定者需要深入了解教师在教学和研究过程中遇到的挑战和需求。只有当制度能够解决教师实际问题并满足其需求时，教师才会积极参与，从而激发他们的研修和反思热情。其次，实时跟进教研活动的进展，了解其中出现的问题，收集和采纳教师对制度的建议，使制度能在动态变化中不断完善和适应新的需求。最后，增强奖励机制以激发教师参与教研活动的热情。适当的物质和精神激励能够增强教师的自豪感，促进他们持续进行教研。然而，也需要警惕仅为了奖励而参与教研的现象，确保教研活动的质量和深度。总之，有效的校本教研制度不仅需要制定和执行，更需要根据教师的实际需求进行设计，通过学校领导的积极参与和对实施细节的关注，以及设置合理的奖励机制，确保教研活动能够真正促进教师、学生和学校的发展。

（三）拓展一体化的课程评价体系

根据中共中央、国务院 2020 年 10 月发布的《深化新时代教育评价改革总体方案》，未来的教育评价体系将更加注重体现时代特征、中国特色和世界水平。在这一背景下，拓展普通高中课程实施规划一体化的评价体系显得尤为重要。相关政府部门应拓展一体化的课程评价体系。首先，确立科学的课程评价根基，明确"学、研、用、评"作为一个整体的重要性。普通高中课程评价一体化的实施需要将"学、研、用、评"视为一个整体。这不仅是普通高中课程健康运转的根基，也是提高教育质量的关键。为了落实"深学、勤研、实用"，评价体系需要基于学科核心素养和学生个性化发展需求，通过校内外多元化学习活动，逐步形成"理论学习在课堂""研究实践在实验室或社会实践中""应用技能在项目或竞赛中"的课程模式，共同促进学生的知识掌握、实践能力和创新精神的全面发展。其次，重视"指导"与"测评"是课程评价的两大方向，通过建立"家庭、社会、学校共同参与"的评价机制，不仅能提高教学质量，也能促进学生全面发展。最后，建立层次化的课程评价方式。与义务教育阶段相比，普通高中的课程评价体系应更加关注目标的多样化、内容的深化和实施方式的创新。具体而言，应聚焦于学科核心素养的培养，采用"课内外融合、理论与实践相结合、过程与结果相结合"的评价方式，构建更为完善的普通高中阶段一体化课程评价体系。

参考文献

崔允漷、周文叶、岑俐、杨向东：《校本课程规划：短板何在——基于Z市初中校本课程规划方案的分析》，《教育研究》2016年第10期。

王文婧：《义务教育阶段学校课程规划方案评价研究》，东北师范大学硕士学位论文，2019。

周文叶、刘丽丽、崔允漷：《学校课程规划个案诊断研究——基于Rasch模型的分析》，《当代教育科学》2017年第5期。

王牧华、邱钰超：《学习机会视域下校长课程领导力的提升路径》，《中国教育学刊》2022年第10期。

B.13
广州市天河区综合实践活动
教师课程领导力研究报告

葛红霞　胡　睿　刘　映*

摘　要： 综合实践活动教师课程领导力由课程理解力、课程设计力、课程实施力、课程资源力和课程合作力构成。本研究采用混合式研究方法，对广州市天河区中小学综合实践活动教师课程领导力进行调查。结果显示，教师课程领导力总体处于中等水平；不同类型的学校、不同职称和学科的教师课程领导力存在显著差异。教师课程领导力呈现的问题包括对课程理解不够深入且无法准确认识课程价值、课程设计缺乏创新性、课程实施灵活性和丰富性欠佳、课程资源获取能力弱、难以构建高效协作团队等。综合实践活动课程的特殊性、学校现状和教师角色意识是影响教师课程领导力发挥与提升的重要因素。本文建议从政府、区域教研、学校三个层面提升教师课程领导力。

关键词： 综合实践活动　中小学教师　课程领导力　天河区

一　问题的提出

综合实践活动课程是中小学教育改革的重要领域之一。2001 年，综合实践活动课程被纳入国家必修课程；2017 年，教育部出台了《中小学综合

---

* 葛红霞，广州市天河区教育发展研究院副主任，中学英语高级教师，主要研究方向为高中英语教学、中小学教研、评价和培训；胡睿，广州市天河区教育发展研究院综合实践活动教研员，主要研究方向为中小学综合实践活动课程；刘映，教育学博士，广东财贸职业学院基础教育学院教师，主要研究方向为教师教育、生命教育、儿童教育。

实践活动课程指导纲要》（以下简称《纲要》），课程发展走向了系统性；2022 年，《义务教育课程方案（2022 年版）》提出"中小学综合实践活动课程应侧重跨学科研究性学习、社会实践"。该课程的"不确定性""场景性""跨学科性"① 赋予了教师更多的课程自主权和展示课程领导力的机会。因此，综合实践活动的课程实施质量与教师的课程领导力密切相关。

课程领导力（Curriculum Leadership）有区域、学校、教师三个层次。随着新课程改革的推进和三级课程管理体制的不断深化，教师的课程领导力受到越来越多的重视。教师的课程领导力一般是指教师对课程的认识、理解以及对领导课程的自觉意识②，对课程资源的整合能力，对课程的决策能力、团队合作能力③以及教师在人际影响中的引领能力。④

当前，学界关于综合实践活动教师课程领导力的研究，从课程内容角度来看，教师课程领导力体现在对课程价值、课程计划、课程开发、课程资源、课程评价等方面的领导。⑤ 从价值角度来看，价值引领是教师课程领导力的核心，对课程价值的认识和认同有助于激活教师的课程领导意识，提高教师的课程领导自我感、意义感、效能感。⑥ 从人际影响角度来看，教师课程领导力是教师与其他课程利益相关者在共同承担课程事务的过程中所形成的综合影响力。⑦ 在实证研究方面，为获取本区域的综合实践活动教师课程领导力水平数据，研究者需要厘清综合实践活动课程领导力的要素并进行问

---

① 李臣之、纪海吉：《综合实践活动课程内容的规定性及校本建构策略》，《课程·教材·教法》2019 年第 4 期，第 104~109 页。

② 王钦、郑友训：《新课程背景下的教师课程领导力探析》，《教学与管理》2013 年第 21 期，第 3~5 页。

③ 张琼、傅岩：《教师课程领导力的发展表征探析》，《江苏师范大学学报》（教育科学版）2013 年第 S1 期，第 25~28 页。

④ 赵月、朱宁波、刘杨：《小学教师课程领导力提升的困境及对策》，《教学与管理》2015 年第 26 期，第 1~3 页。

⑤ 杨四耕、戴云：《学校综合实践活动的课程领导》，《当代教育论坛》2005 年第 8 期，第 32~34 页。

⑥ 崔美虹：《强化课程领导促进优质实施——区域推进综合实践活动课程的实践与思考》，《江苏教育研究》2011 年第 33 期，第 10~13 页。

⑦ 韩苗苗：《小学综合实践活动教师课程领导力形成的叙事研究》，华中师范大学硕士学位论文，2022，第 42~43 页。

卷编制，可以从价值引导力、实践示范力、文化建设力三个方面进行问卷编制①；也可以将课程领导力分为课程理解力、课程开发力、课程实施力、课程评价力、团队合作力与愿景领导力六个要素，作为问卷设计的框架。②

本研究认为"综合实践活动教师课程领导力"是教师在该课程实践中表现出来的课程专业能力和人际影响引领能力，具体而言，可以划分为课程理解力、课程设计力、课程实施力、课程资源力、课程合作力五个要素：课程理解力是指教师对课程的认知、认识、认同和信念的水平；课程设计力是指教师对课程进行设计、开发和优化的能力；课程实施力是指教师在课程实施过程中的组织协调、过程指导和课程评价、课后反思的能力；课程资源力是指教师对资源的获取和使用的能力；课程合作力是指教师的团队协作能力和人际影响的能力。本研究将以该定义及其五个要素为基础进行实证研究。

自2001年起，广州市天河区便设立了综合实践活动专职教研员，带领区域中小学校积极探索多元化的课程实施模式，积累了一定的实践经验。2022年，"劳动"和"信息技术"从综合实践活动课程中剥离出来，该课程任教教师的课程经验需要重构、创新、突破，这对教师的课程领导力带来了新的挑战。因此，对天河区综合实践活动教师课程领导力现状、面临的困难及其影响因素进行调查研究显得尤其重要和迫切。研究成果将为区域政策的制定、课程教研的推进、学校教师教学能力的提升提供多层次、多角度的数据支持。

二 研究设计

（一）研究方法

本研究采取混合研究方法（Mixed Methods），结合定量和定性两种研究

---

① 别艾君：《重庆市主城区小学综合实践活动课教师的课程领导力现状调查研究》，重庆师范大学硕士学位论文，2018，第16~18页。

② 王雪：《综合实践活动课程教师课程领导力现状调查研究——以乌鲁木齐市学校为例》，新疆师范大学硕士学位论文，2022，第27~29页。

方法，旨在提供更丰富、更深入的研究结果。混合式研究方法的两种研究路径不是孤立存在的，而是相互补充，共同揭示本研究问题的复杂性。定量研究是通过问卷调查和统计分析，把握天河区综合实践活动教师课程领导力的总体特征，定性研究是通过深入访谈和文本分析，揭示教师个体或者群体的主观感受和经验，理解和进一步解释教师课程领导力的内在逻辑。在数据分析整合阶段，研究者将定量和定性的研究结论进行相互印证、补充和完善。

（二）研究对象

本研究的研究对象为广州市天河区中小学综合实践活动课程的任课教师。2023年12月至2024年1月，通过随机抽样的方式以问卷星面向任课教师发放电子问卷，共收集到238份问卷，其中有效问卷为221份，有效率达到92.85%。2024年2月，采用面对面访谈与在线访谈相结合的方法，通过目的性抽样的方式精选了10位教师作为访谈对象，并依次命名为JS01-JS10。调查对象涵盖了不同性质的学校、各个学段以及不同类型的任课教师，确保研究结果的代表性和广泛性。

（三）研究工具

1. 自编《2023年天河区中小学综合实践活动教师课程领导力水平自测问卷》

基于前期的文献研究，本研究以教师课程领导力的课程理解力、课程设计力、课程实施力、课程资源力、课程合作力五个要素为结构编制问卷，并邀请了29位教师对初始问卷进行了回答。通过对数据的显著性检验，修订或删除了区分度低的题目，形成了问卷。问卷使用Liketr 5点记分法，各题目的题项按"完全不符合"到"完全符合"分为五个等级（依次是"1"到"5"分）。

问卷内容分为三大部分。

第一部分是教师的基本信息，包括学校性质、所教年级、职称、学历、从事本课程的年限和是否担任班主任，由于该课程教师大部分是兼任，所以还调查了教师的主科任教情况。

第二部分是教师课程领导力水平的调查,共 37 道题,其中课程理解力 9 道题、课程设计力 7 道题、课程实施力 8 道题、课程资源力 6 道题、课程合作力 7 道题。

第三部分是影响因素的调查。从学校课程制度、教师研修制度、教师个人情况等不同角度细分问题,同时调查影响因素背后教师所遇到的主要困难。

对问卷进行的内在信度分析显示,信度系数为 0.982,五个要素的内在信度分别为:0.918、0.969、0.955、0.957、0.952,说明问卷有较高的信度。

2. 自编《综合实践活动教师课程领导力水平访谈提纲》

为了深入理解综合实践活动教师课程领导力水平的现状和成因等内在逻辑,填补定量调查数据的不足,研究者通过关键事件法设计了访谈提纲,即邀约受访者回忆其所指导的综合实践活动课程中最有成就感或印象最深刻的一次主题活动,描述对教师课程领导力五个要素的理解。

(四)数据分析

为了全面分析问卷数据,本研究采用了 SPSS 软件进行描述性统计、独立样本 T 检验、单因素方差分析以及多元回归分析等。同时,采用文本分析法进行质性材料分析,先对 10 位访谈对象的录音进行了文字转录与编码,以便集中展现他们对同一问题的看法,再将访谈内容与问卷数据结果进行对照分析,得出更为综合的结论。

三 研究结果与分析

(一)天河区综合实践活动教师课程领导力现状总体表现

天河区综合实践活动教师课程领导力的总得分为 3.62 分(满分为 5 分,3 分代表中间值),标准差为 0.67。对数据进一步分析发现,总得分高于 4

分的教师有 59 人，占比为 26.70%；总得分低于 3 分的教师有 31 人，占比为 14.03%。由此可见，天河区综合实践活动教师课程领导力总体处于中等水平。

课程理解力、课程设计力、课程实施力、课程资源力和课程合作力的得分均值分别为 3.62 分、3.62 分、3.74 分、3.47 分和 3.58 分。对比看出，课程实施力最强，其次是课程设计力和课程理解力，而课程合作力和课程资源力相对较弱（见表 1）。

表 1　广州市天河区综合实践活动教师课程领导力总体水平

单位：分

要素	均值	标准差	排序
课程实施力	3.74	0.68	1
课程设计力	3.62	0.76	2
课程理解力	3.62	0.71	3
课程合作力	3.58	0.74	4
课程资源力	3.47	0.84	5
领导力总得分	3.62	0.67	—

（二）天河区综合实践活动教师课程领导力的差异比较

通过单因素方差分析发现教师的课程领导力在职务、学历、课程教授年限、是否担任班主任方面不存在显著差异，但在学校性质、学科、职称三个方面存在显著差异。

1.民办学校教师课程领导力得分均值显著高于公办学校教师

不同学校性质的教师课程领导力存在显著差异（$F = 4.126$，$p = 0.043$）。具体而言，公办学校教师的课程领导力得分均值（3.60 分）低于民办学校教师（4.08 分）。分析其原因，一方面，民办学校承担此课程的教师大多是有一定教学经验的行政人员；另一方面，民办学校通常具有较为灵活的资源配置和更高的资金投入，这使得教师能够获得更多的课程资源和专业发展机会。

2. 高级职称教师课程领导力得分均值显著高于初级与中级，初级显著高于中级

不同职称教师的课程领导力存在显著差异（F = 6.371，p = 0.000）。具体而言，初级教师得分均值高于中级教师，而高级教师的得分均值高于初级教师与中级教师。高级教师在教学领域拥有丰富的经验和深厚的专业知识。他们还具备较强的学术研究能力和人际影响力，从事该课程的时间较为充裕，从而其课程领导力更为突出；中级教师通常处于职业发展的中期，可能面临职业发展的瓶颈和压力。尽管兼任了综合实践活动课程，但他们会把更多的精力放在自己的主学科，导致在综合实践课程的创新和领导力方面的投入不足；初级教师通常更有激情，充满活力，他们会主动争取培训机会，对新课程和新教学方法有较高的接受度和尝试意愿，能够投入更多的时间和精力来研究和实施新的教学策略，从而在课程领导力方面表现出色。

3. 文史类学科背景教师课程领导力得分均值低于理工类、艺术类和学校行政类

不同学科教师的课程领导力存在显著差异（F = 3.766，p = 0.003），具体对比可知，理工类教师（数学、物理、化学、生物）>文史类教师（语文、英语、历史、政治、地理）；艺术类教师（美术、音乐、体育）>文史类教师（语文、英语、历史、政治、地理）；学校行政类>文史类教师（语文、英语、历史、政治、地理）（见表2）。

表2　天河区综合实践活动教师课程领导力的差异情况

类别	内容	均值(分)	标准差(分)	显著性 p 值	差异性检验
学校	①公办	3.60	0.66	0.043	②>①
	②民办	4.08	0.54		
职称	①初级	3.52	0.63	0.000	③>①②；①>②
	②中级	3.47	0.74		
	③高级	3.83	0.41		

续表

类别	内容	均值（分）	标准差（分）	显著性 p 值	差异性检验
学科	①文史类	3.47	0.68	0.003	②>①；③>①；⑤>①
	②理工类	3.76	0.67		
	③艺术类	3.97	0.51		
	④技术类	3.67	0.43		
	⑤学校行政类	4.09	0.10		

注：技术类指通用技术、信息技术、计算机。学校行政类通常包括书记、校长、副校长、教学主任、德育主任、人事主任、后勤主任和财务人员等。$p<0.05$，具有统计学意义。

（三）天河区综合实践活动教师课程领导力存在的问题

1. 教师对课程理解不够深入，不能准确认识课程的价值

表3数据表明教师在课程理解力上的得分均值为3.62分，虽然高于中间值3分，但仍有提升空间。特别是在对课程的认识方面，均值为3.29分，显示出教师对课程的特殊性、特色等认知不足，对课程《纲要》的理解分值偏低，这可能导致教师在实际教学中不能准确把握课程的要求和目标，从而影响教学效果。教师关于课程认同的题项得分较高，而在主动选择课程方面得分偏低，表现为教师虽然主观上认同课程，但是由于种种现实因素并不愿意主动选择该课程任教。

表3 天河区综合实践活动教师课程理解力得分情况

单位：分

题项	均值	标准差	排序
（1）您能深入理解和把握综合实践活动课程的独特性、特色及其知识体系	3.29	0.99	9
（2）您能对综合实践活动课程的指导原则和教育理论有深入的了解和熟悉	3.41	0.91	7
（3）您能准确阐释《纲要》的内容与要求	3.47	0.87	6
（4）您认同综合实践活动对学生价值认同、创新意识、实践能力以及社会责任感等方面的积极作用	3.93	0.85	1

续表

题项	均值	标准差	排序
(5)您认同综合实践活动课程具有广阔的发展空间和前景	3.89	0.85	2
(6)您认同综合实践活动课程的实施有助于优化课程结构,并有助于形成学校的特色课程体系	3.88	0.89	3
(7)您会主动选择并投身于综合实践活动课程的教学工作	3.41	1.03	8
(8)您认同并充满责任感,始终致力于为学生提供优质的课程体验	3.63	0.87	4
(9)您对课程未来充满愿景,愿意推动其不断优化与进步	3.67	0.91	5
教师课程理解力	3.62	0.71	—

2. 教师课程设计缺乏创新性,个性化设计不足

根据表4中的数据,教师课程设计力得分均值为3.62分,显示出其课程设计基本能满足学生的需求。然而,教师制定具有学校特色的主题活动目标的能力不足,课程设计缺乏足够的创新和个性化,与学校其他活动的有效整合较为困难,相关题项均值相对较低。

表4　天河区综合实践活动教师课程设计力得分情况

单位:分

题项	均值	标准差	排序
(1)您能根据学校和学生的具体情况,从《纲要》中筛选出适合的活动主题	3.67	0.84	1
(2)您能基于生活实际,结合擅长之处,创造性地开发活动主题并预设活动内容	3.66	0.85	2
(3)您能根据《纲要》中的课程目标,制定有针对性的主题活动目标	3.61	0.83	6
(4)您能综合考虑学校目标和学生需求,制定全面、清晰、具有特色的主题活动目标	3.58	0.86	7
(5)您能根据学生实际需求筛选主题活动内容,实现知识的整合和情境化应用	3.63	0.82	3

续表

题项	均值	标准差	排序
(6)您能依据课程总目标确定目标,选择内容,设计活动环节	3.62	0.81	4
(7)您能将综合实践活动课程与学校特色活动、班级或团队活动、专题教育活动等有效整合,实现课程设计的优化与创新	3.61	0.82	5
教师课程设计力	3.62	0.76	—

3. 教师课程实施欠缺灵活性和丰富性

表5数据显示,教师课程实施力得分均值为3.74分,说明教师在课程实施方面表现尚可。但教师在活动中灵活处理突发情况的题项得分均值为3.71分,教师在组织学生走出校门开展实践活动方面得分为3.49分,说明教师在课程实施中的灵活性和丰富性相对不足。此外,教师在开展反思性研究方面还需加强。

表5 天河区综合实践活动教师课程实施力得分情况

单位:分

题项	均值	标准差	排序
(1)您认识到学生在课程中的主体地位,积极推动主题活动的开展,而教师则扮演学生学习过程中的引导者和辅助者角色	3.88	0.78	1
(2)您具备调整活动计划的能力,灵活处理过程中的突发情况	3.71	0.79	7
(3)您经常组织学生外出活动,妥善管理学生,确保学生的安全与活动的有效进行	3.49	0.97	9
(4)您擅长运用倾听、提问、引导等方式与学生沟通交流,激发他们的学习兴趣和积极性	3.84	0.75	2
(5)您掌握并运用策略性指导方法,引导学生开展自主、合作、探究式学习,培养他们的综合实践能力	3.79	0.75	4
(6)您能准确评估学生的学习效果和表现,并给予及时、合理的反馈,帮助他们更好地成长	3.81	0.71	3
(7)您能对自己的指导内容、指导过程、活动效果等进行深入评估和反思,以不断优化自身的指导	3.76	0.76	5

续表

题项	均值	标准差	排序
(8)您能意识到活动过程中不足的地方,并不断探索和改进	3.75	0.76	6
(9)您能从活动过程中的实际问题出发,开展相关的案例研究和课题研究,形成具有实际价值的研究成果	3.59	0.87	8
教师课程实施力	3.74	0.68	—

4.教师课程资源获取的能力相对较弱

调查表明,教师课程资源力得分均值为3.47分,显示出教师在获取课程资源方面存在一定的困难。教师在获取行业及专家资源方面存在明显不足,均值仅分别为3.41分和3.42分,表明教师缺乏与相关行业和企业的联系,难以获取专家资源的支持和帮助(见表6)。

表6 天河区综合实践活动教师课程资源力得分情况

单位:分

题项	均值	标准差	排序
(1)您能有效地从家长处获取课程所需的资源,从而为课程的建设提供有力的帮助和支持	3.52	0.93	2
(2)您能从周边社区发掘并获取课程资源,以支持课程的构建与实施	3.46	0.98	4
(3)您能与相关行业和企业建立良好的合作关系,从中获取课程资源,促进课程的建设与发展	3.41	0.98	6
(4)您能从上级领导部门获取所需的课程资源,为课程的建设提供必要的支持和帮助	3.49	0.91	3
(5)您擅长利用专家资源,为课程建设提供专业的指导和支持	3.42	0.90	5
(6)您能将获取的资源有效地转化为课程内容,并巧妙地引入活动中,提升课程的丰富性和实践性	3.53	0.82	1
教师课程资源力	3.47	0.84	—

5.教师课程合作中较难构建高效协作团队

根据表7中的数据，教师课程合作力得分均值仅为3.58分，显示出教师在创建课程团队和发挥个人影响力方面存在一定的困难。在构建高效、协作的教师团队，影响和激励多学科教师协同研究以及与团队共同备课、评课、共同反思方面的题项得分偏低。

表7　天河区综合实践活动教师课程合作力得分情况

单位：分

题项	均值	标准差	排序
(1)您能与学校其他学科教师紧密合作,定期开展教研与讨论	3.65	0.83	3
(2)您能与团队其他学科教师共同备课、评课、共同反思,构建具有学校特色的课程体系	3.64	0.81	4
(3)您能在课程的实施过程中联合其他学科教师,共同确保顺利开展	3.67	0.80	2
(4)您在与其他教师课程合作中展现出良好的沟通技巧和团队协作能力	3.76	0.75	1
(5)您能够影响和激励多学科教师协同研究、共创具有校本特色的综合实践课程体系	3.54	0.84	5
(6)您能带动团队中的其他教师,共同努力建设一个高效、协作的教师团队,塑造独特的团队文化,发展团队特色	3.47	0.89	6
教师课程合作力	3.58	0.74	—

（四）天河区综合实践活动教师课程领导力水平的影响因素

1.影响因素现状分析

如表8所示，当教师们对在课程领导力发挥过程中的影响因素进行选择时，有80.09%的教师认为"没有足够的时间和精力"是阻碍其课程领导力发挥的首要因素，紧接着"缺乏合适的资源"成为第二大阻碍因素。"教研信息闭塞，资料缺乏"和"缺乏一定的经费、制度保障"紧随其后。此外，有 26.70%的受访者认为教师对本课程的"教研能力弱"。

表 8　教师课程领导力水平影响因素情况

单位：%

序号	内容	比例
1	没有足够的时间和精力	80.09
2	缺乏合适的资源	49.32
3	教研信息闭塞,资料缺乏	38.46
4	缺乏一定的经费、制度保障	28.96
5	教研能力弱	26.70
6	学校没有建立相应的管理、评价机制	16.74
7	发表学术论文难	15.84
8	缺乏合作的人际关系	12.67
9	领导不重视	11.76
10	其他	8.60

2.影响因素成因分析

通过将教师课程领导力影响因素与教师访谈的资料进行剖析比对，可以发现影响教师课程领导力发挥的因素有课程的特殊性、学校现状与教师角色意识三个方面。

（1）课程的特殊性

其一，课程综合性与实践性强，需要更多的专家引领。综合实践活动课程具有跨学科性和实践性，要求教师具备较高的课程整合能力和教学创新能力，这对教师的课程领导力提出了较高的要求。受访教师认为"很怕听专家的纯理论灌输，感觉越听越不懂如何教。"（JS03 教师）"太希望在一节课的时间里把更多的知识、更丰富的活动、更有趣的互动带给孩子们，所以在设计开发课程的时候时常需要做减法。"（JS08 教师）

其二，课程的探究性和跨学科性，需要更多的教研支持。课程对教研信息的沟通与交流要求较高，而教研信息的闭塞、资料缺乏以及相关教学资源相对较少，导致教师在备课时面临较大困难。如"遇到的困难主要是课程的研发和团队的组建。网上的课程资源五花八门、水平参差不齐。"（JS07 教师）

（2）学校现状

其一，缺乏制度保障和人力资源保障。缺乏制度保障和对课程的整体规划，导致教师在课程设计和实施中缺乏方向和支持。如，"在学校，行政未必重视本课程，但是如果区域内有一支队伍，老师们就可以互相学习借鉴，找到组织一同进步。"（JS03 教师）缺乏相应的制度保障，如缺乏课程常规开设机制、课程评价机制，教师在课程实施中感到无所适从。同时，大学没有综合实践活动专业，大多数教授本课程的教师身兼数职，专职教师的匮乏也影响了课程的有效实施。

其二，缺乏课程经费和有效评价机制。若没有足够的经费支持，教师可能难以开展需要额外投入的课程活动。有教师说："也想要在这门课程上继续走下去，但带学生外出实践需要有相应的费用支持，一考虑到此，刚刚被点燃的火苗又熄灭了。"（JS05 教师）同时，有效的课程评价也亟须建立和完善。不同的学校关注的评价内容不同，导致评价的质量不高。

（3）教师角色意识

其一，教师的"被动型"角色。综合实践活动课程的任教教师一般属于兼任，并不是主动选择，往往因为学校的安排而不得不教。"因为课表安排成为一名语文兼综合实践活动的教师。有一些负担。"（JS06 教师）"综合实践活动没有专职教师，老师们更多的精力在主课教学上，难有太多精力特意去开展综合实践活动。"（JS04 教师）由此可见"被动型"角色直接影响教师对自身精力和时间的分配，从而影响课程设计和实施的质量。

其二，教师的"等靠要"思想。有老师表示"现在面临最大的困难就是对课程的理解不够，对于课程的目标'培养学生的综合素质'摸不着头脑。"（JS10 教师）如果教师缺乏研究意识和能力，习惯于使用教材、教参来照本宣科，就难以开发出具有创新性和实践性的课程。教师拥有课程的自主权，就需要拥有自主研究意识，如果习惯了备课过程中的"等靠要"，就会困难重重，如"而回想起备课之路，却是困难重重。由于综合实践学科没有教材，我们的选择范围非常宽泛，虽然有很多自主权，但由于时间紧、任务重，这使得我们毫无头绪、无从下手。"（JS02 教师）

四　讨论与建议

（一）政府层面：制度设计、资源拓宽、基地建设

新质生产力的发展正在驱动新时代教育的变革。新质生产力要求培养高素质的新型劳动者，这就需要通过教育变革培养创新型人才。[①] 人的成长是天赋才能与外在环境的结合，封闭的空间培养不出拔尖创新型人才。综合实践活动与培养创新型人才息息相关，尤其需要校外资源与校内课程的协同育人。

本研究发现教师在本课程领域的行业、企业和专家等资源严重不足。天河区拥有科普、文化、产业、高校、科研院所等丰富的资源，囿于教师的资源触达能力和资源整合成本，外部资源无法有效地与校内课程进行连接。因此，教育行政部门可以发挥主导作用，从制度设计、资源拓展和基地建设等方面提供支持。

在制度设计方面，需要建立课程社会资源清单制度，教育行政部门应推动建立市区联合、校馆联动的课程社会资源清单制度，确保课程内容能够根据地域和年级的差异进行灵活调整，以适应各地的实际需求；还要设计长效合作机制，促进不同教育阶段与不同领域的资源共享与合作，为教育变革提供持续的动力。

在资源拓展方面，教育行政部门需要推动区域教育合作与交流，构建高校、科研院所与中小学校之间的对话与沟通平台，实现基础教育与高等教育的有机衔接。鼓励高校和科研院所将社会服务和科普工作与基础教育相结

---

① 刘远杰、熊庆澄：《新质生产力驱动新时代教育变革：逻辑、方向与因应》，《中国远程教育》2024 年第 5 期，第 15~24 页。

合，为中小学校提供专业知识和资源支持。

在基地建设方面，教育行政部门应支持建立综合实践活动课程的实践基地，为学生提供参与社会实践和科学研究的机会。鼓励企业、科研院所与区域内中小学建立校外实践基地，让学生能够在真实的社会环境中学习和成长。在教育经费上提供必要的财力支持，确保实践基地的建设和运营，满足学生参与实践活动的资金需求。

（二）区域教研层面：构建课程资源库、建立评价机制、开展针对性教研

研究发现，不同片区、不同学校教师在教学方法、课时安排、实施力度和评价标准上存在显著差异。实践证明，综合实践活动课程意识强的学校，教师拥有更多的资源、更加稳定的教研团队、充足的教研时间以及较强的自主发展意识，在课程领导力方面表现更佳。反之，教师得到的教学资源和教学支持可能较为有限。为弥补这一差距并促进课程的均衡发展，教研院在区域教研层面应该积极探索提升区域教师课程领导力的方式方法。

首先，构建课程资源库。以各校学科带头人及优秀教师为核心，构建强大的研修团队，推动研修资源库的建设，包括优质课程设计、成功教学案例、数字教学资源以及专家教育资源的整合，为教师提供丰富、多样的学习资源。

其次，建立评价机制。围绕课程的实践质量，建立科学的评价考核与激励机制，通过定期教学评估和教研成果奖励，激发教师参与教研的积极性和创造力。鼓励在区域内建立跨学科团队，鼓励教师们跨越学科界限，以研究性学习为纽带，共同开发和实施综合实践活动课程。

最后，开展针对性教研。考虑区域内不同性质学校、不同学科和不同职称教师群体的发展需求，围绕提升教师的实践能力和课程领导力组织有针对性的教研活动。区域教研应通过开展"问需式、订单式、开放式"研训活动，确保按需培训，切实提高研训时效。

（三）学校层面：认识课程价值、提升课程定位、保障课程实施

研究表明，学校在综合实践活动课程的教师安排、课时安排、师资培训及资源保障上存在不足，需要重新认识课程价值，提升课程定位，为教师提升课程领导力提供保障。

在育人价值上，本课程可以通过跨学科的研究性学习和社会实践活动培养学生的创新思维、问题解决能力和团队合作精神。在塑造学校文化价值方面，本课程与学校文化的深度融合，师生的共同参与可以丰富学校的精神内涵，提升学校文化的影响力。此外，课程的校外实践内容也是学校品牌建设的重要因素，可以为塑造积极的学校品牌形象提供有力支撑。

因此，学校应该提升综合实践活动课程在学校课程体系中的定位。它不仅应被视为教学计划和学校发展的重要组成部分，而且通过精心设计的教师安排和课时分配，可以确保课程的深入实施和有效教学，为学生提供丰富多样、具有实践性和创新性的学习体验。

基于此，学校应该为综合实践活动课程提供实施保障，进行全面而深入的课程规划，强化校本教研支撑，提升教学质量，并建立起以效果为导向的评价激励机制，激发教师的创新活力。同时将课程纳入校园文化或校本课程建设，鼓励设置跨学科课程与作业设计，定期组织教学管理者和教师进行研讨，加强校本培训，鼓励教师在综合实践活动课程中进行创新和实践，确保课程目标的实现。

参考文献

关春霞：《区域推进高质量教师队伍发展的有效路径——以综合实践活动教师队伍建设为例》，《河南教育》（教师教育）2024 年第 1 期。

李花、卢曦：《教师课程领导力的研究进展、热点与展望——基于 CiteSpace 知识图谱的可视化分析》，《长沙理工大学学报》（社会科学版）2024 年第 2 期。

吕晓娟、王强、马飞：《我国综合实践活动课程研究：回顾与展望》，《中国教育科学》（中英文）2022 年第 2 期。

王淑芬：《教师课程领导力研究框架探析》，《社会科学战线》2020 年第 11 期。

薛晗、李臣之：《综合实践活动教师信念的价值及培育》，《教学与管理》2019 年第 24 期。

调查研究篇

B.14
广州市非学科类校外培训现状调查报告

刘志刚*

摘　要： 规范非学科类校外培训行为，引导其成为学校教育的有益补充是持续深化"双减"的重要议题。本文基于对广州市校外培训治理主要利益相关者（学生、家长、培训机构）的调查抽样数据，对"双减"实施以来广州市非学科类校外培训参与情况、校外培训机构运营状况和校外培训监管状况进行描述和分析。研究发现：广州市非学科类校外培训参与率高于学科类培训，但学科类校外培训需求仍不容忽视；校外培训机构合规经营程度有所提高，但机构服务质量有待提高；校外培训机构治理日趋规范，但校外培训机构治理合力亟待加强。本文从持续优化监管政策制度体系、多方协同形成监管合力、加快引领推动机构高质量发展等方面提出对策建议。

关键词： "双减"　校外培训　非学科类校外培训

---

* 刘志刚，管理学博士，广州市教育研究院教育规划与政策研究所助理研究员，主要研究方向为教育政策、高中教育。

一　问题的提出

深化非学科类校外培训治理是推进落实"双减"工作的核心议题。2021 年 7 月，中共中央办公厅、国务院办公厅印发《关于进一步减轻义务教育阶段学生作业负担和校外培训负担的意见》，部署实施"双减"工作，要求各地对非学科类培训机构，要区分体育、文化艺术、科技等类别，明确相应主管部门，分类制定标准、严格审批。2022 年底，教育部等十三个部门联合印发《关于规范面向中小学的非学科类校外培训的意见》，要求各地在党委和政府统一领导下，将规范非学科类培训作为重大民生工程进行部署，全面规范非学科类培训，使其成为学校教育的有益补充，促进学生全面发展和健康成长。2024 年 2 月，《校外培训管理条例（征求意见稿）》提出引导非学科类校外培训机构参与学校课后服务等举措，满足学生多样化需求。而当前非学科类培训种类繁多，涉及多个主体，全国非学科类培训有 190 余个大门类、1200 多个小科目[①]，不稳定因素较多，情况复杂，同时群众反应比较强烈的非学科类校外培训行为不规范、培训质量良莠不齐等突出问题仍然不同程度地存在，非学科类培训监管亟待加强。

"双减"自实施以来，国内关于"校外培训"的研究逐渐增多，中国知网数据显示，2022 年"校外培训"相关研究近 2000 篇，形成一个研究高峰（见图 1）。而关于非学科类校外培训的研究相对较少，且以理论探讨为主，实证分析研究不足，如杨崇祺等从非学科类培训机构的属性和运行逻辑、监管的必要性和途径方面进行文献分析，并在此基础上对现有监管存在的问题和推进路径提出建议。[②]付卫东等在分析非学科

① 董圣足、李虔：《新形势下民办义务教育转型路径探讨》，《教育发展研究》2023 年第 Z2 期，第 8~15 页。
② 杨崇祺、吴鹏、冯晔敏：《非学科类培训机构监管的问题及推进》，《云南师范大学学报》（哲学社会科学版）2023 年第 4 期，第 148~156 页。

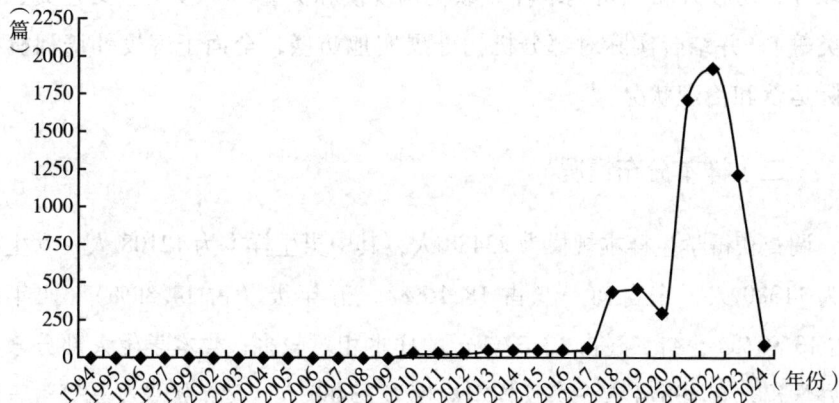

图1 "校外培训"相关研究文献统计

类校外培训机构治理理论逻辑的基础上，提出加快校外培训监管立法、用好信息化手段等相应的实践进路。① 本研究从实证维度对广州地区非学科类校外培训现状进行调查分析，总结校外培训治理有效经验，分析当前存在的问题和挑战，探讨并提出改进建议，旨在为其他类似地区推进非学科类校外培训监管提供有益借鉴。

二 研究设计

（一）调查内容及方法

本研究针对"双减"实施以来广州市非学科类校外培训发展现状、成效及问题开展多主体、多角度的深入调查。2023年7月，针对家长、学生和校外培训机构从业人员编制三套问卷，调查内容主要包括校外培训机构运营状况、学生校外培训参与状况、主要利益相关者对校外培训治理的看法和建议等。本研究对广州市11个区义务教育阶段的学生和家长进

---

① 付卫东、郭三伟：《"双减"背景下非学科类校外培训机构治理的理论逻辑与实践进路》，《中国教育学刊》2022年第9期，第76~82页。

行取样；对校外培训机构取样兼顾机构规模和类型（科技类、文艺类、体育类等），并结合实际对部分机构开展实地访谈，全面了解校外培训机构实际运营和治理状况。

（二）样本分布情况

调查获得学生样本规模为 23488 人，其中男生样本为 12108 人，女生样本为 11380 人；来自初一（占 18.16%）、五年级（占 14.39%）、四年级（占 13.91%）、初二（占 13.37%）的样本相对较多；样本学生大部分来自公办学校，有 19874 人。家长样本规模为 23488 人，父亲接受过高等教育的比例为 49.43%，母亲接受过高等教育的比例为 48.91%；来自城区的比例超过一半（52.08%），中等收入水平样本最多，占 81.40%。机构样本规模为 309 个，其中文化艺术类培训机构超过一半，其次为科技类和体育类校外培训机构。

三 调查结果

（一）非学科类校外培训参与情况

1.非学科类校外培训参与率高于学科类培训

调查显示，34.54%的学生参加过非学科类校外培训，高于学科类校外培训参与率（18.58%），相对于参与学科类培训，学生更倾向于参加非学科类培训，同时超过一半的学生表示没有参加任何校外培训，总体校外培训参与率有所下降。非学科类校外培训参与率由一年级的 65.31%降为初三年级的 21.41%，且随年级升高呈现逐步下降趋势（见图 2），小学毕业年级（6 年级）及初中阶段学生非学科类参与率下降趋势更为明显。

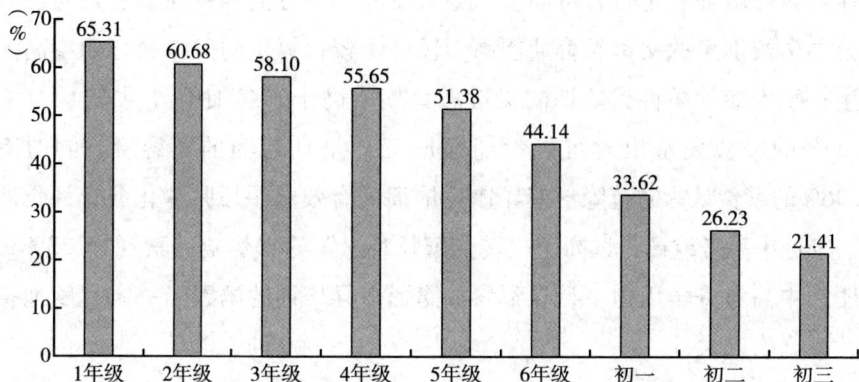

图2 不同年级学生非学科类校外培训参与情况

2.非学科类校外培训参与存在不稳定因素，学科类校外培训需求仍不容忽视

调查显示，义务教育阶段学生参与非学科类校外培训的动因主要来自本人兴趣爱好（37.35%）和素养提升需求（19.81%），高于按照家长要求参与培训的占比（13.60%）；值得注意的是，以上非学科类校外培训影响因素均随年级升高而逐步下降，其中对技能培训（外部动因，如体育考试技能培训等）的需求在小学阶段各年级均低于对素养提升培训（内部动因）的需求，而初中阶段各年级对技能培训的需求均高于对素养提升培训的需求。

父母教育期望（本研究中指父代对子代未来受教育程度的期望）方面，希望孩子将来能够达到本科学历的父母人数最多，占比接近一半，为49.12%；其次是硕士和博士，占比分别为24.42%、15.19%；而学生自我教育期望依次为本科（44.61%）、博士（20.37%）和硕士（20.15%），表明父母和学生的教育期望都比较高，除去最高学历期望，父母对孩子的教育期望高于学生自我教育期望。同时学科类校外培训需求仍然存在，家长希望孩子参加学科类校外培训的比例（40.04%）高于非学科类校外培训（35.77%）。父母教育期望在学校性质、学生性别、是否

221

参加学科类培训、是否有可能参与隐形变异培训方面均存在显著差异。其中公办学校学生的父母教育期望高于民办学校；男生的父母教育期望高于女生；学生参加学科类培训的父母教育期望高于未参加的（见表1）。有40.53%的家长表示出对可能参加隐形变异培训行为的宽容度，同时有28.96%的家长认为防范隐形变异违规培训最有效的手段是深化教育评价改革，推进中高考改革，远高于"转变家长观念"这一影响因素（14.33%），表明在中高考升学压力下，导致参加隐形变异培训的诱因仍一定程度地存在，应当引起关注。

表1 不同学生群体的父母教育期望差异

变量	组别	均值	标准差	T(sig)
父母教育期望	公办学校	17.44	2.99	3.12**
	民办学校	17.25	3.27	
	男生	17.47	3.15	3.04**
	女生	17.35	2.91	
	参加学科类培训	17.59	3.02	5.04**
	未参加学科类培训	17.35	3.04	

注：** 代表显著性水平为0.01。

（二）非学科类校外培训机构运营状况

1.培训机构合规经营程度有所提升

调查显示，"双减"政策促使很多学科类培训机构积极转型，309所样本校外培训机构中有100所机构是由学科类转型而来，占比为32.36%。培训规模方面，受访广州市中小学校外培训机构主要为中小型规模（招生人数在500以内）。培训机构资质方面，91.26%的机构熟悉所属行业（广东省）培训机构设置标准（准入条件），88.35%的机构表示当前已达到新的准入条件；大多数培训机构具有规范运营资质（拥有办学许可证和营业执照双证的有191所，占比61.81%），同时由于非学科类标准出台时间等原因，仍有部分机构未能及时取得办学许可证或营业执照，合规经营资质问题治理亟待加强。规范运营方面，近100%的机构向社会公开了培训收费标准，近80%的培训机构（78.64%）被纳入全国校外教育培训监管与服务综合平台，49.51%的样本培训机构为学员提供自主编制的培训材料。在机构信息公示、接受社会监督方面，截至2023年7月，超过90%的样本机构有公示收费标准等核心信息，超过80%的机构有公示课程、培训内容等信息，规范详细公开师资信息的机构占比近70%。机构规范招生方面，主要通过家长口碑宣传（40.12%）和举办拓展活动（14.86%）等方式进行招生，但根据样本家长反映，仍有个别机构（2.74%）通过媒体宣传招生，非学科类校外培训机构运营管理还有待进一步规范。

2.非学科类校外培训机构服务质量有待加强

调查显示，广州市校外培训机构从业人员以本科学历为主（77.67%），其次为本科以下学历（21.36%），研究生及以上学历教师占比最少（0.97%）。64.70%的校外培训机构教学人员数量大于非教学人员数量，显示出大部分机构比较重视师资队伍建设，但与中小学近年来日益增长的高学历师资发展趋势相比，机构在高学历师资占比方面相对偏弱，且专业资格证持有比例100%达标的机构占比（47.90%）还有待提高。参与学校课后服务方面，不到30%的样本机构（27.51%）参与过中小学课后服务；服务收费方面，82.35%的机构参与学校课后服务收费标准低于校外同等服务内容收费标准；服务频次方面，"每周一次"占比最多（34.12%），非学科类培训作为学校教育有益补充定位方面有待加强。培训服务体验方面，超过一半的学生（62.36%）和近一半的家长（48.01%）对非学科类培训服务质量表示肯定，超过90%的学生（93.47%）表示会继续参与非学科类培训。校外培训服务质量要素方面，教学质量（15.36%）和师资力量（15.22%）是机构被认可的最重要的因素，高于办学资质（11.88%）和收费（11.03%）、安全管理（10.83%）等因素，表明加强课程教学和师资建设将成为校外培训机构下一步提升服务质量的关键所在。

（三）非学科类校外培训机构治理状况

1.非学科类校外培训机构治理日趋规范

调查显示，校外执法方面，校外培训监管执法人员在对机构进行检查执法时会100%主动出示执法证，进行规范执法，执法依据较为充分，执法频次日趋常态化（样本机构以每学期3~4次为主）。监管政策宣介方面，超过90%的样本机构表示熟知机构设置标准等最新的重要国家和省市相关政策，94.50%的机构知晓自身所属的相应监管部门；家长反映校外培训机构问题较多采用监管部门监督举报电话和平台（33.26%），其中部门监督举报电话（不包括市长热线）占比为11.41%。家长认可规范培训机构有利于减轻孩子学业负担和家庭经济负担的比例均超过70%，同时学生对校外监管治理成效的认可度高于家长，大部分学生和家长对于"双减"以来的校外培训治理状况呈现了积极的态度。在校外培训治理下一步工作方面，家长最希望政府在收费价格（14.37%）、办学资质（14.27%）、教学质量（13.11%）、师资力量（12.45%）方面发挥作用。样本培训机构认为非学科类培训机构审批面临提交材料多（28.79%）、审批流程较为烦琐（21.55%）和审批时限较长（14.48%）等方面的困难。校外培训机构发展面临的困难主要包括生源不足（26.58%）、竞争压力（26.58%）、发展政策不足（14.79%）和资金短缺（10.96%）等，显示在新冠疫情等因素影响下，资金不足并未成为机构发展的主要障碍。校外培训监管在某种程度上存在政策繁多和不同部门监管要求不一致的问题，最希望政府提供的服务分别是政策指导（34.72%）、资金支持（25.12%）和业务指导（23.20%）。

2.非学科类校外培训机构治理合力有待加强

调查显示，家长、机构自我监管责任意识不强，还需进一步提高。仅有12.07%的家长认可自身发挥校外培训机构监管主体作用；仅有45.31%的机构认可行业协会监管效果，有将近一半（44.98%）的样本机构尚未加入相应行业协会，行业自律管理作用没有得到很好的发挥。同时，33.06%的家长表示没有意愿主动参与校外培训监管相关活动。家长和机构及行业协会作用的缺失会影响校外培训综合治理的成效和质量。非学科类校外培训机构参与校内课后评价方面，采用第三方评价的占比仅为 9.12%，课后服务供给走向多元化主体方面还有待加强。

四　对策建议

（一）引领推动机构高质量发展

随着非学科类校外培训常态化监管机制的基本健全，在全面规范非学科类培训行为的基础上应着重公益属性和社会效益提升，提升非学科类校外培训质量，引导非学科类校外培训成为学校教育的有益补充。加强非学科类校外培训的质量保障需要多方协同努力，可着重做好以下几个方面的工作。

一是充分发挥行业组织和协会的力量。注重发挥行业组织和协会在非学科类培训机构日常监管政策编制和实施中的协助作用，深入推进协会对行业内培训质量、经营管理等自律管理服务工作；推动制定非学科类校外培训行业服务标准，将不合规经营的培训机构拒之门外，避免产生"劣币驱逐良币"现象，推动整个非学科类培训行业健康发展；构建监管部门与行业协会及相关培训机构定期沟通座谈机制，通过行业协会来加强培训机构对监管政策的认同意识，形成监管合力，共同提升非学科类培训行业整体的教学品质与管理水平。

二是加强机构师资队伍的培养与管理。针对家长学生最关心的培训师资和教学因素，督促指导机构建立科学有效的师资评估与考核机制，改善办学条件和师资状况，推动机构的转型与自身质量的提升。探索对机构教学质量的评估和认证机制，督促机构建立规范的师资队伍内部管理制度，探索对优质机构进行表彰和奖励等，激励引导其有效地满足家长与学生的教育需求；加强多方权益保障，切实推动校外培训行业的良好发展。

三是探索制定相应的行业标准和出台科学有效的质量保障措施。基于宏微观相结合的监管理念，制定系统全面的质量提升保障框架，推动非学科类培训机构强化服务质量，提升学生家长满意度。确保机构依法依规运营，通过科学适配的质量保障体系，如完善第三方质量评价体系、开展高端品质认证、定期进行信息公开等，激发行业培训机构质量创新活力，科学引导机构高质量发展。

（二）持续优化监管政策制度体系

结合调查实际情况来看，加强顶层设计、大力优化政策执行流程成为下一阶段工作亟待解决的问题，可从以下几方面入手优化制度设计。

一是进一步强化部门之间的沟通、协调机制。针对机构反馈的不同部门之间监管要求不同的问题，及时理顺教育局与其他相关部门之间的协作关系，明确相关部门的审核监管责任；强化部门协同，建立健全审批部门和主管部门定期联席会议制度，使之成为审管协同配合的重要决策议事途径，完善非学科类培训机构审批与监管的信息推送制度，打破审批协同中的信息壁垒，确保政令统一、执行顺畅，深入推进非学科类校外培训分类管理。

二是进一步明确机构的政策核心关切，加大宣传解读和工作指导力度，让机构及时了解和掌握重要的校外培训监管政策、制度，确保机构在日常运营中做到有的放矢、规范有序。

三是加速明确、优化机构审批机制。针对调查反映出来的非学科类培训机构合规经营资质标准认定及审批流程等问题，建议加快推进非学科类培训机构申请办学许可证、开展日常监督业务、年检的办事流程，在审批材料、办理手续和时限方面及时进行优化，视需制定缓冲性政策措施，积极减轻机构办证负担，有效促进机构规范运营，通过不断优化"放管服"助推机构规范高质量发展。

（三）多方协同形成监管合力

如何增强监督合力，实现各利益相关主体同向发力、真正形成有效合力是当前制约非学科类校外培训监管效能的关键所在。比如家长方面，中高考改革始终影响和塑造着当前和未来的教育形态，调研发现，有相当一部分家长的认识仍停留在"唯分数论"的状态，面对中高考压力盲目参加校外培训的现象时有发生，家长意识的转变成为重要的现实议题，加快构建多元协同的非学科类培训监管机制尤为必要。

一是加强非学科类培训教育的正面宣传。结合新时代教育评价改革要求，积极推动非学科类校外培训发挥服务学生德智体美劳全面发展方面的独特作用。借助各类媒体与全国校外培训资金监管平台等渠道开展宣传，让社会各界深刻认识到非学科类培训对于素质教育与学生全面发展的重要意义；坚持贯彻校外培训公益性的总体要求，坚持在规范机构逐利行为、防止机构进行"应试培训""升学培训"、贯彻党的教育方针政策等原则性问题上做到立场坚定、态度坚决。

二是有序推进非学科类校外培训成果展示。注重宣传示范效应，推进社会层面对于非学科类校外培训机构的认知。规范和引导机构在非学科类培训学生成果、教育成果展示方面的正面宣传，让家长和社会各界真切感受到非学科类校外培训在学生德智体美劳全面发展方面的有效促进作用，重塑社会对非学科类机构的片面认知。同时进一步强化学校主阵地作用，督促其充分发挥专业优势，多措并举为家长和学生提供优质的教育服务，更好地满足学生多元化需求。

三是完善非学科类教育家校社协同育人服务体系，推进文化、体育、科技等各类社会资源开放共享，加快落实配套制度，切实保障社会育人资源充分利用，积极引导非学科类校外培训机构发挥协同育人作用。同时，积极构建完善以政府监管为主、行业自律和社会协同参与的多元监管体系，多层次多角度地宣传科学教育理念，营造良好的育人氛围。

参考文献

薛海平、杨路波、蒲欣汝等：《"双减"背景下儿童校外生活状况报告：校外培训》，《中国校外教育》2023 年第 6 期。

刘钧燕：《"双减"能消除学科类校外培训需求吗？——基于有限理性视角的实证研究》，《华东师范大学学报》（教育科学版）2023 年第 9 期。

黄国英、范皑皑：《谁是"双减"政策影响的目标群体？——参加校外学科培训的影响因素及效应分析》，《教育与经济》2023 年第 5 期。

黄婉桐、薛海平、杨琳琳等：《"双减"背景下儿童校外生活状况报告：校外学习》，《中国校外教育》2024 年第 1 期。

李冬梅：《日本非学科类校外培训机构监管机制研究》，《上海教育科研》2023 年第 5 期。

广州市校外培训治理政策文本的
分析及优化建议

——基于政策工具的视角*

张雯闻　陈君榕　陈　然**

摘　要：　"双减"政策是当前我国教育事业改革中的热点议题，政策工具是实现政策目的、达成预期政策结果的手段，在落实"双减"政策的过程中发挥了重要作用，主要包含命令性工具、激励性工具、能力建设工具、系统变革工具、劝告工具等五种教育政策工具类型。本文通过分析 2018～2023 年广州市校外培训治理政策文本的政策工具运用情况，发现广州市校外培训治理中存在命令性工具使用过溢，政策工具使用不均衡；激励性工具使用逐渐增多，但仍有不足；政策工具偏向短期效益，不利于治理的长远目标等问题。为推动校外培训治理的高质量发展，建议完善广州市校外培训治理政策，优化政策工具的组成配置，综合运用激励性工具激发机构的内生动力，政策工具使用要兼顾短期效益和长远目标。

关键词：　校外培训治理　政策工具　文本分析

---

* 本文系广东省哲学社会科学规划 2024 年度一般项目"广东省校外培训监管政策执行主体的共识构建过程研究"（项目编号：GD24CJY24）的研究成果之一。
** 张雯闻，博士，华南农业大学公共管理学院副教授，主要研究方向为教育社会学与教育政策；陈君榕，华南农业大学公共管理学院研究生，主要研究方向为行政管理与教育管理；陈然，博士，华南农业大学公共管理学院副教授，主要研究方向为人力资本投资与高等教育学。

一 问题的提出

2018 年 2 月，教育部办公厅等四部门联合发布《关于切实减轻中小学生课外负担开展校外培训机构专项治理行动的通知》，明确国家对校外培训机构整改的决心；同年 8 月，国务院办公厅颁布《关于规范校外培训机构发展的意见》，首次对校外培训机构治理做出系统规定，为后续颁布"双减"政策与开启新一轮的校外培训治理奠定基础。广州市作为中国南方的政治、经济和文化中心，始终紧跟国家政策的步伐，积极响应并贯彻国家关于校外培训机构治理的各项要求。

2021 年 7 月，中共中央办公厅、国务院办公厅印发《关于进一步减轻义务教育阶段学生作业负担和校外培训负担的意见》（以下简称"双减"政策），是我国首个中央层面出台的有关校外培训治理的政策，标志着校外培训治理进入新的阶段。在"双减"政策中，明确 9 个全国试点城市，广州市作为其中之一应扎实做好试点探索，确保治理工作稳妥推进，在校外培训治理中起到全国性的示范引领作用。

在"双减"政策的执行过程中，政策文本的制定并不代表着政策目的达成与政策结果的实现，政策转换落地需要不断地与实践互动。政策工具是政府推行政策的方法或手段，选择合适的手段有利于打好校外培训治理"持久战"。

当前，学界已有对校外培训治理中政策工具使用的探讨，研究最初提出政策网络是教育政策工具选择的"核心环境"，政府应该根据成员之间不同的连贯性与相互关联性而选择不同的政策工具。[1] 也有学者对专项治理方案进行量化分析[2]，建立"工具类型—内容要素"二维分析框架[3]，构建政府

---

[1] 邓凡：《政策网络中教育政策工具的选择》，《现代教育管理》2012 年第 12 期，第 44~47 页。

[2] 焦玉婷：《政策工具视角下我国校外培训机构专项治理方案的文本量化研究》，《上海教育评估研究》2019 年第 3 期，第 43~47 页。

[3] 蒋凯、刘耀、张健：《我国校外培训机构国家治理政策工具分析》，《教育理论与实践》2022 年第 1 期，第 30~35 页。

主导、学校主体、家庭配合、部门协同、社会参与的"五位一体"治理格局。① 但已有的研究多数聚焦于国家级的校外培训治理政策文本，鲜有以地方层面的校外培训治理政策文本为研究对象，分析探讨试点城市的政策情况。鉴于此，本报告聚焦"双减"政策的首批试点城市广州市，通过分析该城市已公开的校外培训治理政策文本，深入剖析政策工具的选择与运用情况。基于这一视角，识别当前政策中的不足，为广州市未来校外培训治理政策的制定提出优化建议，旨在通过精准的政策工具调整，更高效地实现政策目标。

二　研究设计

（一）研究对象

本文以广州市校外培训治理的政策文本为研究对象，以"校外培训""培训机构""民办教育"为关键词，通过广州市教育局等部门官网检索 2018 年 1 月至 2023 年 10 月已公开的校外培训治理政策文本，筛选出标题包含关键词、内容多次提及关键词等相关政策文本，最终筛选出 14 个已公开的政策文本。

（二）研究方法

本文采用文本分析法，通过对政策文本内容由浅入深地比较、分析、综合、提炼，解读广州市校外培训治理政策工具的选择与运用情况，有助于理解政策制定者陈述打算遵循的政策目的与行动过程；与此同时，基于政策工具的视角对政策文本进行编码分析，有利于"深入文本"，剖析具体文本内容的深层含义。②

（三）研究分析框架下政策工具构建

做好校外培训治理工作是党和国家实现"双减"政策目的的重要途径。我

---

① 张茂聪、吕晓敏、杜文静：《校外培训治理的政策工具选择及其优化——基于 20 个省级"双减"政策文本的分析》，《清华大学教育研究》2023 年第 3 期，第 24~33 页。

② 涂端午：《教育政策文本分析及其应用》，《复旦教育论坛》2009 年第 5 期，第 22~27 页。

国学者在研究教育政策工具方面，大多数选择麦克唐纳和埃莫尔（L. M. McDonnell & R. F. Elmore）、施奈德和英格拉姆（Schneider and Ingram）对政策工具的划分。不同于施奈德和英格拉姆做出的"公共政策几乎总试图让人们去做他们可能不做，或者帮助人们去做他们本不会做的事"的政策工具行为假设，麦克唐纳和埃莫尔关注处理一个问题的现有的选择范围、选择方案潜在的理论前提、问题、目标、选择方案和与之相关的具体执行问题之间的适切性，[①] 将教育政策工具分为命令性工具（mandates）、激励性工具（inducements）、能力建设工具（capability-building）、系统变革工具（systematic changes）和劝告工具（suasion）。

根据本研究需要发现，麦克唐纳和埃莫尔的政策工具分类理论与校外培训治理的目标更为契合，故而以此来拟定分析框架。在研究过程中，基于政策工具进行维度分析，描述政策工具的整体构成与组合，以政策工具为研究视角揭示广州市现有的校外培训治理政策发展（见表1）。

表1 广州市校外培训治理政策工具分类理论分析

政策工具类型	组成要素	工具内涵	关键词	文本示例	文本来源
命令性工具	要求、标准、评估、监管	命令是政府依靠其统治权威规范个体和机构行动、让其服从规则	不得、严禁	校外培训机构不得泄露家长和学生个人信息，严禁通过电话、短信等方式对家长和学生进行营销轰炸	《关于做好减轻义务教育阶段学生校外培训负担工作的通知》
激励性工具	经费、奖励、惩罚	激励是给个人和机构资源奖励或惩戒使得某种行动的达成	减少检查、加大检查频次和力度	教育、市场监管等部门对校外培训机构实施差异化监管，对收退费规范、预收费风险低的可减少检查频次；对退费投诉集中、预收费风险高的进行重点监测，加大检查频次和力度，督促校外培训机构合法合规经营	《关于印发〈广州市校外培训机构预收费资金监管办法（试行）〉的通知》

① 陈学飞主编《教育政策研究基础》，人民教育出版社，2011，第320~323页。

续表

政策工具类型	组成要素	工具内涵	关键词	文本示例	文本来源
能力建设工具	引导和支持、制度建设、政策倾斜	能力构建是政府投入的资源以期望个体和机构产生长期效果	引导、指导、督促	各区教育局要做好收退费引导和风险防控工作，指导和督促停课机构组织好退费工作，优化退费流程，保证渠道畅通，可积极引导家长转为合规时段课程	《关于做好减轻义务教育阶段学生校外培训负担工作的通知》
系统变革工具	体制改革、权力重组	系统变革是整个机制和制度的转变，是一种权力责任的重新分配	有效期、按新规定	本办法自印发之日起施行，有效期三年。国家和省对校外培训机构预收费资金监管有新规定的，按新规定执行	《关于印发〈广州市校外培训机构预收费资金监管办法（试行）〉的通知》
劝告工具	鼓励、号召	劝告是释放信号，通过论说诉出价值，力图改变人们的偏好和行动	鼓励、主体责任	请各校外培训机构严肃对待，积极落实主体责任，依法依规办学 鼓励消费者依法投保意外伤害保险	《校外培训机构规范办学行为提示书》 《广州市体育类校外培训机构设置标准（试行）》（征求意见稿）

（四）研究工具

本研究使用 QSR Nvivo14 软件进行编码，并根据时间顺序将 14 个广州市校外培训治理的政策文本依次编号为 G1 到 G14（见表 2）。

按照"政策文本—段落—工具"三步编码的原则，根据政策文本发布顺序，对 14 个政策文本逐条逐句分析，将适用于相关政策的具体内容转化为定量分析的文本单位，对内容分析单元进行编码。根据核心关键词，对每个代码进行分类、排序与计数，并按照不同政策工具的响应次数分析政策工具运用情况。其中，代码中的类别表示情况如下：第一个数字单位表示政策文本发布的时间顺序，第二个数字单位表示分析的具体单位在该政策文本中的排列顺序,第三个字母单位则表示该文本单元运用到的政策工具类型。对命令性工具、激励性工具、能力建设工具、系统变革工具、劝告工具等五种教育政策工具类型按顺序进行字母编码,依次为"a""b""c""d""e"。本研究共提取325个分析单元,构成政策内容分析编码表。

表 2 广州市校外培训治理相关政策文本

文件编号	颁布时间	发文号	颁布主体	政策文件
G1	2018 年 4 月	粤教督函〔2018〕23 号	广州市教育局	《广州市教育局转发广东省教育厅等五部门关于印发〈切实减轻中小学生课外负担开展校外培训机构专项治理方案〉的通知》
G2	2018 年 5 月	穗教发〔2018〕38 号	广州市教育局	《关于印发〈广州市校外培训机构申请办理操作指引〉(试行)的通知》
G3	2018 年 9 月	粤教策〔2018〕6 号	广州市教育局	《广州市教育局转发广东省教育厅等四部门关于印发〈民办培训机构的设置标准〉的通知》
G4	2019 年 5 月	穗教政审〔2019〕26 号	广州市教育局	《关于建立广州市规范校外培训机构发展局际联席会议制度的通知》
G5	2019 年 8 月	—	广州市教育局	《广州市教育局转发广东省教育厅关于印发〈广东省校外培训机构培训服务合同(示范文本)〉的通知》
G6	2019 年 12 月	穗教政审〔2019〕88 号	广州市教育局	《关于印发〈广州市民办培训机构分类登记审批服务指南〉的通知》
G7	2021 年 5 月	—	广州市教育局	《关于发放〈校外培训机构规范办学行为提示书〉的通知》
G8	2021 年 8 月	—	广州市教育局	《关于做好减轻义务教育阶段学生校外培训负担工作的通知》
G9	2021 年 9 月	—	广州市教育局;广州市民政局;广州市市场监督管理局;广州市税务局	《关于做好我市面向义务教育阶段学生的学科类校外培训机构统一登记为非营利性机构有关工作的通知》
G10	2021 年 11 月	—	广州市教育局	《关于印发〈校外培训机构学科类和非学科类项目鉴定工作指引〉的通知》

文件编号	颁布时间	发文号	颁布主体	政策文件
G11	2021 年 11 月	穗教规字〔2021〕8 号	广州市教育局；广州市发展和改革委员会；广州市市场监督管理局；广州市地方金融监督管理局；中国人民银行广州分行；广东银保监局	《关于印发〈广州市校外培训机构预收费资金监管办法（试行）〉的通知》
G12	2022 年 6 月	—	广州市体育局	《广州市体育类校外培训机构设置标准（试行）》（征求意见稿）
G13	2023 年 9 月	—	广州市教育局	《关于印发〈广州市校外培训机构培训场所公示信息汇总〉的通知》
G14	2023 年 10 月	穗教转〔2023〕1 号	广州市教育局；广州市发展和改革委员会；广州市公安局；广州市文化广电旅游局；广州市市场监督管理局	《广州市教育局等五部门关于转发〈广东省在深化非学科类校外培训治理中加强艺考培训规范管理工作实施方案〉的通知》

资料来源：作者整理。

三 研究结果与分析

（一）校外培训治理政策工具的类型分析

通过对 325 个分析单元进行提炼分析，将分析单元分别归入不同的政策工具类型，得出广州市校外培训治理的政策工具分布情况。

从政策工具使用情况来看，广州市教育局基本使用了命令性工具、激励性工具、能力建设工具、系统变革工具、劝告工具等五类政策工具来推动校外培训治理工作。其中，命令性工具使用频率高达 243 次，占比 74.77%，是校外培训治理中使用频率最高的政策工具；激励性工具使用频率为 30 次，占 9.23%；能力建设工具使用频率为 29 次，占 8.92%；劝告工具使用相对较少，频次为 17 次，占 5.23%；最少被使用的是系统变革工具，使用频次仅为 6 次，占 1.85%。

（二）广州市校外培训治理的政策工具特点与问题分析

通过整理 14 个政策文件的政策工具使用情况，得到各政策文件使用政策工具的频数与占比情况（见表 3）。

表3　广州市校外培训治理政策工具情况比较

单位：次，%

政策 工具	命令性 工具	激励性 工具	能力建设 工具	系统变革 工具	劝告 工具	总和	占比
G1	32	14	12	0	7	65	20.00
G2	17	0	0	1	0	18	5.54
G3	25	0	0	1	0	26	8.00
G4	6	0	4	0	0	10	3.08
G5	1	1	1	0	1	4	1.23
G6	20	0	0	0	0	20	6.15
G7	18	1	0	0	2	21	6.46
G8	16	3	7	1	1	28	8.62
G9	6	1	1	1	0	9	2.77
G10	5	0	0	0	1	6	1.85
G11	14	3	0	1	2	20	6.15
G12	34	2	0	1	1	38	11.69
G13	15	0	0	0	0	15	4.61
G14	34	5	4	0	2	45	13.85
总和	243	30	29	6	17	325	100.00
比例	74.77	9.23	8.92	1.85	5.23	100.00	—

1. 广州市校外培训治理中命令性工具使用过溢，政策工具使用不均衡

命令性工具是政府为了达到政策目的最普遍使用的一个政策工具，是支配政策参与者行为的规则。其权威与强制的特性反映出政策制定者对政策执

行的能力要求不高，想要快速达成政策目的，实现短期效益。该政策工具占据主导地位体现了政策制定者对于直接控制和指导的偏好，这反映出广州市教育局主要借助法规制度建设、目标规划等高位政策压力和势能来推动校外培训治理工作。

开展校外培训机构专项治理行动一直是广州市教育局的主要任务。在专项治理行动中，命令性工具因有快速、明确和易于执行的特点成为主要使用手段，在处理学生"减负"的重大问题时往往被优先考虑。以 G2、G3 和 G6 为代表的政策文本主要依赖于命令性工具，反映出广州市教育局在指引校外培训机构规范审批方面有着强有力的执行力，希望校外培训机构快速行动以实现政策目标。

在阶段性的专项治理行动完成后，新阶段对校外培训治理提出新的要求，指引机构办证、颁布机构设置标准及管理办法，为规范培训机构经营行为奠定标准。在这个阶段，大量使用命令性工具体现了政府规范化校外培训治理的决心。

使用命令性工具的前提是假定政策目标对象会自觉遵守法律法规，不需要切实刺激，按照指示而行动；甚至在没有切实回报时，也会按照政策所期望的方式行动，但存在以下三个问题：一是对政策目标对象即校外培训机构的期待过高，不利于政策顺畅地实施。二是过于依赖使用命令性工具，出现政策工具使用不均衡的现象，可能会导致政策效果的单一性和不可持续性。过度使用命令性工具往往容易忽略多元化的政策需求和复杂的社会环境，进而出现政策执行偏差。从长远来看，不均衡的工具使用会导致政策执行手段单一，无法有效地为政策执行者提供应对不同情况和问题的具体方法。三是过度依赖命令性工具可能会引发政策执行官员与培训机构等利益相关者的抵触和反感，导致政策工具在执行机构和政策对象上的实施成本过高，降低了政策的接受度和执行效果。

2. 广州市校外培训治理中激励性工具使用逐渐增多，但仍有不足

激励性工具是依靠切实的正向或者负向的回报来诱导人们遵守或者鼓励人们完成某种行动。这类工具使用相对较少，主要是受激励性工具的特点

影响。

在校外培训治理初期，广州市教育局为引导机构规范发展，在激励性工具中主要采取惩戒的形式，通过公开违反规定需要承担的严重后果，让校外培训机构衡量利弊，自主选择遵守规定。激励性工具的奖赏与惩戒不同，作为正向的回报，如何平衡政府的让利空间与大多数人希望获取更高价值的回报，成为牵制制定奖赏机制的重要因素。此外，激励性工具的实施效果不是立竿见影的，需要一定时间才能显现，且奖赏措施的设计和实施也相对复杂。

随着校外培训治理的发展，广州市教育局在后来颁布的政策文件中逐渐减少惩戒机制，增加奖赏机制，以 G8、G11 和 G14 为代表的政策文本在使用命令性工具的基础上，结合使用激励性工具，旨在通过内外结合的方式，既确保政策的权威性和执行力，又激发目标群体的主动性和积极性。具体做法有减少对于收退费行为规范、预付费风险低的机构的检查频次，通过给予经营上的便利引导机构自主选择规范经营。

但从目前情况来看，激励性工具使用中奖赏机制的比例仍较低，正向激励的内容与吸引力有待提升，需要探索更多有效的奖励措施，激发校外培训机构的参与意愿，促进校外培训治理顺畅进行。

3. 广州市校外培训治理中政策工具偏向短期效益，不利于治理的长远目标

不同于激励性工具，能力建设工具在本质上更关注长期投入，旨在为政策对象提供决策的信息、培训、教育和资源，解决因缺乏必要信息、技术或其他的资源而导致的政策执行困境。

首先，在校外培训治理的政策制定中，命令性工具的使用占主导地位，通过直接的法规或命令来规定目标群体的行为，其重心在于强制性的"要求""标准""监管"方面，忽略政策执行中应有的"扶持""引导""差异化"。这种政策工具的选择关注短期效益，既不能通过政府的引导和支持为机构的规范和特色化发展提供帮助，也无法为政策执行者提供足够的政策指引与帮助。

其次，在政策制定和执行过程中，受改革创新的难度和压力等多重因素

影响，系统变革工具的运用频率较少。同时，这也表明广州市教育局在推动深层次系统性改革方面有巨大的潜力。运用系统变革工具的 6 个政策文本均注重政策文本的有效性和管理范围的规范性，体现了广州市教育局注重政策的稳定性和连续性，但这种工具运用的聚焦难以满足体制改革和权力重组带来的更深层次的需求。

最后，对于被监管的机构而言，校外培训治理应有一个缓冲的过程，在规范化发展后，校外培训机构应当形成梯队，满足不同学生的个性化需求。在规范治理过程中，校外培训治理工作有完善的信息与资源流动体系，为政策参与者提供相应的培训与指引。依赖使用命令性工具是政府在校外培训治理中的路径依赖，从政策制定的长远发展来看，应更多使用牺牲短期回报的能力建设工具，从长期的社会收益中创造可持续性的政策价值。

四　对策与建议

（一）优化校外培训治理政策工具的组成配置

不同的政策工具有其使用条件和前提假设，组合使用政策工具能够发挥互补作用。校外培训治理的实践表明，过度使用命令性工具易造成机构发展行政化，会限制机构的自主性。同样，过度使用激励性工具，会让功利主义者投机取巧，造成表面繁荣、内在危机重重的情况；过度使用系统变革工具，不断有因权威重新分配带来的系统变动，会增加更多的不稳定性与新的问题。优化政策工具使用，不是一味地削弱命令性工具的使用，或是增加激励性工具、系统变革工具，而是要认识到政策工具的前提假设和属性，了解政策工具之间的内在关系，因地制宜地分配校外培训治理政策工具，通过多样化和综合性发挥政策工具的不同特性，让政策工具之间形成互相补充，甚至是发挥相互制约的作用，规避过度使用某一类政策工具所带来的政策风险，系统打出一套政策工具的"组合拳"。

（二）综合运用激励性工具激发机构的内生动力

激励性工具是激发机构和个体的内生动力、推动政策有效实施的关键策略，其运用不仅在于数量，更在于策略性和针对性。当前，在激励性工具的使用中惩戒远远多于奖赏，且已有的奖赏吸引力不足，难以有效激发政策参与主体的内生动力。政策制定者应该加强校外培训治理中对激励措施的研究，设计出更具吸引力的激励方案：一是增加物质激励，这是最直接和最有效的手段，通过提供财政补贴、税收优惠、奖金或其他形式的物质奖励等措施，可直接调动机构的积极性。这种激励方式确保参与者在物质层面上的收益，减轻他们的经济压力，从而提高执行政策的意愿和动力。二是增加非物质激励，认可和荣誉是激发人们内在动力的重要因素。可以将考核评价与表彰鼓励相结合，评选一批"优秀民办教育培训机构"，通过扩大优秀机构的影响力，带动民办教育培训事业持续健康发展。同时，可以对符合条件的优秀机构予以授牌表彰，一旦发现查实存在违规行为，立即予以摘牌并全市通报。三是为合规机构提供更多的发展机会，可以采用星级评定模式，颁布相应的评价管理办法，对达到四星级、五星级的非学科类校外培训机构予以进入中小学提供课后托管服务。这一策略不仅能够有效激励校外培训机构提升自身的教学质量和服务水平，还能为学生和家长提供更多优质、可靠的教育选择。

（三）政策工具使用要兼顾短期效益和长远目标

从校外培训治理政策的宏观背景来看，目的不仅在于规范校外培训机构发展、减轻中小学生过重的课外学习负担，更为核心的是让培训机构多样化和个性化发展，非学科类培训百花齐放助力素质教育，促进学生全面发展。校外培训机构应与学校形成合力，满足不同层次和类型的学生发展需要，实现培养不同类型人才的长远目标。由此看来，政策制定不仅要关注短期内实现的政策目标，更要着眼于长远的社会进步与可持续发展。着眼于长远目标还需加强政策参与者对政策工具的理解，了解能力建设工具的重心在未来的回报。

　　加强执法队伍的能力建设。除了成立校外培训机构专项治理工作专班之外，还需新增行政人员和专业学科背景人员承担面向校外培训机构的监管执法工作，配置专业执法设备监督校外培训机构的相关标准和制度执行情况。加强执法队伍的能力建设初期投入成本大、实施成效较慢，但是在校外培训治理的专业执法队伍熟练参与校外培训治理后，有利于加强部门间协作沟通、提升治理效率，创造更多的政策价值。

　　增加"双减"的配套政策。建议广州市教育局会同广州市中级人民法院、广州市人力资源和社会保障局等有关部门持续出台助力"双减"的配套政策，通过协助解决合同纠纷、转课消课等问题为机构帮扶纾困，体现广州治理的温度，有利于校外培训行业的健康长远发展。

　　综上所述，在政策工具的选择上，在使用命令性和激励性等短期收益明显的政策工具的同时，也要注重使用能力建设工具来实现长远发展，通过系统变革工具来不断激发制度的活力。

参考文献

　　丁煌、王巍喜：《"双减"政策执行阻滞：发生逻辑与消解策略》，《湘潭大学学报》（哲学社会科学版）2024年第2期。

　　贺武华：《从合需求性到合规律性："双减"新常态下校外培训教育反思》，《教育发展研究》2023年第4期。

　　丁亚东：《我国发达城市校外培训协同治理路径研究——以上海、杭州、南京为例》，华东师范大学博士学位论文，2022。

　　徐赟：《"双一流"建设中政策工具选择与运用的问题及对策》，《教育发展研究》2018年第1期。

　　黄忠敬：《教育政策工具的分类与选择策略》，《国家教育行政学院学报》2008年第8期。

B.16
广州市义务教育阶段教师工作活力现状调查报告

张 丹*

摘 要： 教师工作活力是保障教育发展质量的基础，为了解广州市教师工作活力情况，本文采用自编问卷对广州市义务教育阶段教师工作活力现状进行调查。结果显示：广州市义务教育阶段教师工作活力整体处于中等水平；不同性别、教龄、学历、职称、学段的教师，在工作活力表现上有所差异；不同区域和办学类型的义务教育阶段教师，在工作活力上也存在显著差异。基于调查结果本文建议进一步从政策引导、学校建设、教师个人以及社会支持等四个方面提升教师工作活力，提高广大教师的工作积极性。

关键词： 教师工作活力 义务教育 广州市

一 问题的提出

教师是教育的第一资源，党和国家一直高度重视教师工作，在落实教育优先发展战略进程中，坚持把教师队伍建设作为基础工作来抓。教师队伍建设及其工作活力对于学校教育改革以及学生发展的影响，正受到越来越多的关注和讨论。2018 年 1 月，中共中央、国务院颁布了《关于全面深化新时代教师队伍建设改革的意见》，指出要"加强聘后管理，激发教师的工作活

---

* 张丹，广州市教育研究院教育规划与政策研究所助理研究员，主要研究方向为中小学教育、基础教育政策与规划等。

力""实行定期注册制度，建立完善教师退出机制，提升教师队伍整体活力""关心教师身心健康，克服职业倦怠，激发工作热情"。突出强调了加强教师队伍建设的重点任务是完善学校收入分配激励机制，有效体现教师工作量和工作绩效，激发教师的工作活力。2020 年 9 月，教育部等八部门颁布了《关于进一步激发中小学办学活力的若干意见》（教基〔2020〕7 号），指出要"鼓励各地各校，持续释放和激发中小学的生机与活力""学校要构建完善的教师激励体系，充分激发广大教师的教育情怀和工作热情"。因此，教育高质量的发展需要提升教师工作活力。

本研究认为教师工作活力主要是指教师在工作过程中表现出的情感倾向与工作状态，与学生、同事、领导进行互动时产生的积极情感反应，主要包括身体力量、认知活跃和情绪能量等 3 个方面。其中，身体力量水平主要指教师的体力水平；认知活跃水平主要是教师在工作中所表现出来的思维流畅程度与创造性水平；情绪能量水平主要指教师在与学生、家长等交往过程中表现出来的投入情绪能力水平。[1] 通过文献梳理发现，当前对教师工作活力的相关研究较少，从研究内容上看，国内外学者对教师工作活力的研究相关理论构建还不够完善；从研究方法上看，制定和使用的教师工作活力量表较少；从研究结果上看，张函认为，中小学教师的工作积极性不高[2]；张颖认为，目前义务教育阶段教师工作活力的整体水平较低。[3] 因此，未来对于教师工作活力的研究会得到广泛关注和深入探讨。义务教育是我国教育发展的重中之重，是我国教育事业的基础，义务教育阶段教师的工作状况会对整个教育活动产生影响。

目前，广州市义务教育阶段专任教师共 10.68 万人，其中小学专任教师 7.13 万人，初中专任教师 3.55 万人。广州市义务教育阶段教师体量较大，

---

[1] 张颖：《义务教育阶段教师工作活力现状及改善策略研究》，东北师范大学硕士学位论文，2022，第 10~13 页。

[2] 张函：《班主任工作活力对学生学业成绩的多重影响机制研究》，河南大学硕士学位论文，2014，第 55~56 页。

[3] 张颖：《义务教育阶段教师工作活力现状及改善策略研究》，东北师范大学硕士学位论文，2022，第 26~30 页。

与其他国家中心城市的专任教师总数相比，仅次于北京市和上海市。广州市一直十分重视基础教育的高质量发展，更是将义务教育优质均衡发展作为重中之重，义务教育教师队伍建设与发展是义务教育优质均衡发展的重要保障。基于上述背景，本研究以广州市义务教育阶段教师为研究对象，通过编制问卷调查教师的工作活力水平，了解当前义务教育阶段教师工作活力现状，在此基础上，采取切实可行的措施提高教师工作活力，具有十分重要的实践意义。

二 研究设计

（一）调查对象与抽样情况

本研究以广州市义务教育阶段教师为调查对象，采用随机取样的方法，抽取广州市 11 个辖区的部分义务教育阶段学校教师参与问卷调查，共回收问卷 1582 份，用于统计分析的有效样本量为 1515 份，问卷有效率为 95.76%。

（二）研究工具

本研究通过分析国内外学者使用的相关量表，借鉴张颖使用的《工作活力量表》和《相关影响因素量表》，在此基础上进行问卷编制，问卷包括两个部分：一是对教师基本信息的调查，包括教师的性别、年龄、教龄、职称、学历、学段、工作岗位、学校所在区域等；二是对义务教育阶段教师工作活力情况的调查，包括身体力量、认知活跃和情绪能量等 3 个方面，采用 Liketr 5 点计分法来测量教师工作活力水平，每个题目选项从"非常不符合"到"非常符合"分别计分 1~5 分，得分越高表明此项方面工作活力水平越高。该问卷的 Cronbach's α 系数值为 0.976，说明该问卷的信度非常好。同时，运用 KMO 检验和 Bartlett 球形检验进行效度检验，本问卷的 KMO 检验结果显示，KMO 的值为 0.977，Bartlett 球形检验结果显示，显著性 p 值为 0.000，水平上呈现显著性，各变量间具有相关性，因子分析有效，程度为适合。

（三）数据分析

本研究主要使用统计软件 SPSS 23.0 进行数据管理和统计分析，主要运用了频数分析、描述性统计、方差分析、多重事后比较分析等统计方法对问卷内容进行分析。

三　调查结果与分析

（一）义务教育阶段教师样本的结构情况

本次调查主要选取广州市 11 个辖区内部分义务教育阶段学校，将小学、初中和九年一贯制学校的教师作为样本，调查有效样本量为 1515 人，运用频率统计分析教师样本内部结构，结果显示：从性别上看，女性（75.38%）占比高于男性（24.62%）占比；从年龄上看，年龄在 40~49 岁（31.09%）占比最高，60 岁以上（0.13%）占比最低；从教龄上看，教龄在 15 年以上（45.48%）占比最高，教龄在 11~15 年（10.03%）占比最低；从学历上看，具有本科学历（89.70%）占比最高，具有博士研究生学历（0.07%）占比最低；从职称上看，具有中级职称（39.87%）占比最高，具有助理级职称（11.75%）占比最低；从所在学校办学类型上看，公办学校（60.66%）占比高于民办学校（39.34%）；从学校所属区域上看，城区（74.06%）占比最高，镇区占比 19.80%，乡村（6.14%）占比最低；从所教年级上看，初中年级（44.75%）占比最高，小学高年级（26.14%）占比最低；从人员类型上看，学科专任教师（48.85%）占比最高，校长或校级领导（2.77%）占比最低。

（二）义务教育阶段教师工作活力的总体情况

本研究问卷中对教师工作活力从身体力量、认知活跃和情绪能量三个方面进行维度区分，在这三个维度中分别有若干个题目，通过描述性统计分析，得出这三个维度的整体情况。通过问卷分析发现，义务教育阶段教师工作活力整体水平均值为 3.70 分，在身体力量、认知活跃和情绪能量这 3 个维度上的平均值分别为 3.46 分、3.59 分、3.89 分，处于中等水平；同时，中位数为 3~4 分，介于 5 级量表中的"符合"和"比较符合"之间，离散程度不高，说明广州市义务教育阶段教师工作活力处于中等水平（见表 1）。

表 1 广州市义务教育阶段教师工作活力总体情况

单位：人、分

变量名	样本量	最大值	最小值	平均值	标准差	中位数	方差	峰度	偏度	变异系数（CV）
身体力量	1515	5	1	3.46	1.06	3.33	1.11	-0.59	-0.24	0.31
认知活跃	1515	5	1	3.59	0.94	3.75	0.89	-0.39	-0.29	0.26
情绪能量	1515	5	1	3.89	0.84	4.00	0.71	-0.18	-0.48	0.22
整体水平	1515	5	1	3.70	0.86	3.77	0.75	-0.35	-0.29	0.23

教师工作活力各维度内部指标均值水平有所不同，其中，教师情绪能量维度中"对学生及其他老师产生同理心"这一指标的均值水平较高（4.02分），教师身体力量维度中"体力充沛"这一指标均值水平相对较低（3.40分）（见图 1）。

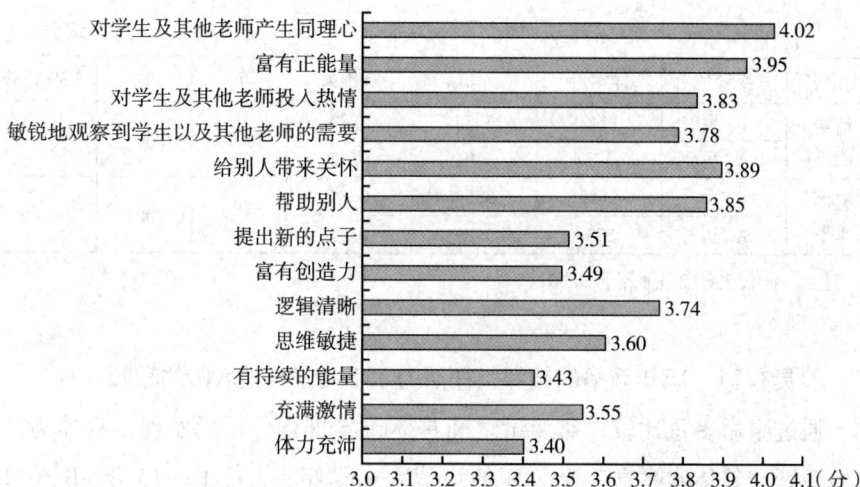

图1 广州市义务教育阶段教师工作活力情况

（三）义务教育阶段教师工作活力情况存在显著差异

为了解广州市义务教育阶段教师的基本信息对教师工作活力带来哪些方面的影响，本文运用方差分析和事后多重比较分析法，对广州市义务教育阶段教师的工作活力情况进行差异性分析。

1. 男性教师工作活力水平高于女性教师

方差分析结果显示，不同性别教师在身体力量、认知活跃、情绪能量以及整体水平上存在显著性差异。通过进行事后多重比较分析发现，男性教师工作活力情况好于女性教师（见表2）。

表2 不同性别教师工作活力情况差异分析

单位：人、分

变量名	变量值	样本量	平均值	标准差	F	P	LSD 检验
身体力量	B. 女	1142	3.37	1.05	31.58	0.000 ***	男>女
	A. 男	373	3.72	1.02			
认知活跃	B. 女	1142	3.52	0.93	26.35	0.000 ***	男>女
	A. 男	373	3.80	0.94			

续表

变量名	变量值	样本量	平均值	标准差	F	P	LSD 检验
情绪能量	B. 女	1142	3.84	0.83	15.22	0.000 ***	男>女
	A. 男	373	4.04	0.85			
整体水平	B. 女	1142	3.63	0.85	25.59	0.000 ***	男>女
	A. 男	373	3.89	0.87			

注：*** 代表显著性水平为 0.001。

2. 具有11~15年教龄的教师工作活力水平高于其他教龄的教师

通过事后多重比较，对变量之间具体差异进行分析后发现，身体力量、认知活跃、整体水平这三个方面的均值大小排序为：C. 11~15 年>B. 6~10 年>A. 5 年以下>D. 15 年以上，对于情绪能量的均值大小排序为：C. 11~15 年>B. 6~10 年>D. 15 年以上>A. 5 年以下。其中，A. 5 年以下与 C. 11~15 年、B. 6~10 年与 D. 15 年以上、C. 11~15 年与 D. 15 年以上之间存在显著性差异。这说明教龄在 11~15 年的教师工作活力水平高于其他教龄的教师（见表3）。

表3　不同教龄教师工作活力情况差异分析

单位：分

变量名	变量值	样本量	平均值	标准差	F	P	LSD 检验
身体力量	D. 15 年以上	689	3.36	1.06	4.93	0.002 ***	C>B>A>D
	A. 5 年以下	370	3.47	1.04			
	C. 11~15 年	152	3.69	1.01			
	B. 6~10 年	304	3.53	1.06			
认知活跃	D. 15 年以上	689	3.47	0.97	8.37	0.000 ***	C>B>A>D
	A. 5 年以下	370	3.60	0.93			
	C. 11~15 年	152	3.83	0.91			
	B. 6~10 年	304	3.71	0.87			
情绪能量	D. 15 年以上	689	3.88	0.85	5.12	0.002 ***	C>B>D>A
	A. 5 年以下	370	3.80	0.85			
	C. 11~15 年	152	4.12	0.79			
	B. 6~10 年	304	3.90	0.82			

变量名	变量值	样本量	平均值	标准差	F	P	LSD 检验
整体 水平	D. 15 年以上	689	3.63	0.87	5.58	0.001***	C>B>A>D
	A. 5 年以下	370	3.66	0.87			
	C. 11~15 年	152	3.93	0.83			
	B. 6~10 年	304	3.76	0.84			

注：*** 代表显著性水平为 0.001。

3. 具有大专及以下学历的教师工作活力水平高于其他学历的教师

方差齐性检验的结果显示：对于身体力量、认知活跃、情绪能量、整体水平，显著性 p 值分别为 0.18 分、0.22 分、0.31 分、0.21 分，水平上均不呈现显著性，因此数据满足方差齐性。同时，不同学历在身体力量上方差分析结果 p 值为 0.07>0.05，不存在显著差异；在认知活跃上方差分析结果 p 值为 0.23>0.05，不存在显著差异；在情绪能量上方差分析结果 p 值为 0.17>0.05，不存在显著差异；在整体水平上方差分析结果 p 值为 0.12>0.05，不存在显著差异。具有大专及以下学历的教师在身体力量、认知活跃、情绪能量、整体水平上的均值分别为 3.53 分、3.69 分、3.97 分、3.78 分，说明这些教师工作活力水平高于其他学历的教师（见表 4）。

表 4 不同学历教师工作活力情况差异分析

单位：人、分

变量名	变量值	样本量	平均值	标准差	方差检验	Welch's 方差检验
身体 力量	C. 本科	1359	3.47	1.06	F = 2.33	F = 1.73
	B. 硕士研究生及以上学历	106	3.24	1.01	P = 0.07*	P = 0.16
	D. 大专及以下学历	50	3.53	1.05		
认知 活跃	C. 本科	1359	3.59	0.95	F = 1.44	F = 0.76
	B. 硕士研究生及以上学历	106	3.47	0.90	P = 0.23	P = 0.52
	D. 大专及以下学历	50	3.69	0.87		

续表

变量名	变量值	样本量	平均值	标准差	方差检验	Welch's 方差检验
情绪能量	C. 本科	1359	3.90	0.85	F = 1.70	F = 1.20
	B. 硕士研究生及以上学历	106	3.75	0.82	P = 0.17	P = 0.31
	D. 大专及以下学历	50	3.97	0.73		
整体水平	C. 本科	1359	3.70	0.87	F = 1.97	F = 1.33
	B. 硕士研究生及以上学历	106	3.55	0.83	P = 0.12	P = 0.27
	D. 大专及以下学历	50	3.78	0.77		

4. 具有中级职称的教师工作活力水平显著低于其他职称教师

关于中小学教师专业技术职务的界定，主要是根据人力资源和社会保障部、教育部关于印发《关于深化中小学教师职称制度改革的指导意见》（人社部发〔2015〕79号）的通知要求，统一职称（职务）等级和名称，分别为：正高级、副高级、中级、助理级、员级，其对应的职称（职务）名称依次为正高级教师、高级教师、一级教师、二级教师和三级教师。"未定职级"是指无教师专业技术职务。[①]

方差分析的结果显示，对于身体力量和认知活跃，显著性 p 值均为 0.000^{***}；对于情绪能量，显著性 p 值为 0.026^{**}，对于整体水平，显著性 p 值为 0.001^{***}，各变量之间均存在显著性差异。通过事后多重比较分析，结果显示：对于身体力量，均值大小排序为：F. 未定级>C. 助理级>E. 员级>B. 副高级>D. 中级；对于认知活跃，均值大小排序为：F. 未定级>C. 助理级>B. 副高级>E. 员级>D. 中级；对于情绪能量，均值大小排序为：B. 副高级>F. 未定级>C. 助理级>E. 员级>D. 中级；对于整体水平，均值大小排序为：F. 未定级>C. 助理级>B. 副高级>E. 员级>D. 中级。其中，副高级与中级、助理级与中级、中级与未定级、员级与未定级之间存在显著性差异。这说明，具有中级职称的教师工作活力水平显著低于其他职称的教师（见表5）。

---

① 广东省教育信息平台，https：//xxpt.gdedu.gov.cn：8083/tj/syspurview/admin.do？action = init，最后检索时间：2023年5月23日。

表 5　不同职称教师工作活力情况差异分析

单位：人、分

变量名	变量值	样本量	平均值	标准差	F	P	LSD 检验
身体力量	B. 副高级	187	3.46	0.99	5.88	0.000***	F>C>E>B>D
	D. 中级	604	3.32	1.09			
	E. 员级	179	3.46	1.03			
	C. 助理级	178	3.51	1.04			
	F. 未定级	367	3.65	1.03			
认知活跃	B. 副高级	187	3.57	0.94	6.49	0.000***	F>C>B>E>D
	D. 中级	604	3.46	0.97			
	E. 员级	179	3.56	0.93			
	C. 助理级	178	3.71	0.90			
	F. 未定级	367	3.75	0.90			
情绪能量	B. 副高级	187	4.00	0.88	2.77	0.026**	B>F>C>E>D
	D. 中级	604	3.82	0.85			
	E. 员级	179	3.84	0.82			
	C. 助理级	178	3.89	0.86			
	F. 未定级	367	3.97	0.80			
整体水平	B. 副高级	187	3.74	0.86	4.65	0.001***	F>C>B>E>D
	D. 中级	604	3.59	0.88			
	E. 员级	179	3.67	0.84			
	C. 助理级	178	3.74	0.87			
	F. 未定级	367	3.83	0.84			

注：**、*** 分别代表显著性水平为 0.01、0.001。

5. 民办学校的教师工作活力水平高于公办学校教师

方差分析的结果显示：身体力量、认知活跃、情绪能量以及整体水平的显著性 p 值均为 0.000***，说明学校办学类型之间存在显著性差异。使用事后多重比较分析的结果显示：对于身体力量、认知活跃、情绪能量以及整体水平，均值大小排序为：民办学校>公办学校。这说明，民办学校的教师工作活力水平高于公办学校教师（见表 6）。

表6 公办、民办学校教师工作活力情况差异分析

单位：人、分

变量名	变量值	样本量	平均值	标准差	F	P	LSD 检验
身体力量	A. 公办学校	919	3.20	1.02	157.40	0.000 ***	B>A
	B. 民办学校	596	3.86	0.98			
认知活跃	A. 公办学校	919	3.35	0.91	162.94	0.000 ***	B>A
	B. 民办学校	596	3.95	0.87			
情绪能量	A. 公办学校	919	3.72	0.84	94.87	0.000 ***	B>A
	B. 民办学校	596	4.14	0.78			
整体水平	A. 公办学校	919	3.49	0.84	149.77	0.000 ***	B>A
	B. 民办学校	596	4.02	0.81			

注：*** 代表显著性水平为 0.001。

6. 城区的教师工作活力水平高于乡村和镇区

方差分析的结果显示，身体力量的显著性 p 值为 0.93，认知活跃的显著性 p 值为 0.91，情绪能量的显著性 p 值为 0.50，整体水平的显著性 p 值为 0.74，这说明，学校所在地属性之间不存在显著性差异。通过均值大小排序发现，城区的教师工作活力水平高于乡村和镇区（见表7）。

表7 不同区域学校教师工作活力情况差异分析

单位：分

变量名	变量值	样本量	平均值	标准差	F	P	LSD 检验
身体力量	B. 镇区	300	3.44	1.08	0.08	0.93	A>C>B
	A. 城区	1122	3.46	1.05			
	C. 乡村	93	3.44	1.07			
认知活跃	B. 镇区	300	3.57	0.98	0.10	0.91	A>B>C
	A. 城区	1122	3.59	0.93			
	C. 乡村	93	3.56	0.95			
情绪能量	B. 镇区	300	3.84	0.88	0.69	0.50	A>C>B
	A. 城区	1122	3.90	0.83			
	C. 乡村	93	3.88	0.85			

变量名	变量值	样本量	平均值	标准差	F	P	LSD 检验
整体水平	B. 镇区	300	3.66	0.90			
	A. 城区	1122	3.71	0.85	0.30	0.74	A>C>B
	C. 乡村	93	3.68	0.88			

7. 初中年级教师工作活力水平高于小学教师

方差分析的结果显示：身体力量、认知活跃、情绪能量以及整体水平的显著性 p 值均为 0.000 *** ，说明不同年级教师之间存在显著性差异。事后多重比较的结果显示，对于身体力量、认知活跃、情绪能量以及整体水平，均值大小排序均为：C. 初中年级>A. 小学低年级>B. 小学高年级。其中，小学低年级与小学高年级、小学低年级与初中年级、小学高年级与初中年级之间存在显著性差异。这说明，初中年级教师工作活力水平较高，小学高年级教师工作活力水平相对最低（见表8）。

表8　不同岗位教师工作活力情况差异分析

单位：分

变量名	变量值	样本量	平均值	标准差	F	P	LSD 检验
身体力量	C. 初中年级	678	3.60	1.01			
	B. 小学高年级	396	3.25	1.13	14.24	0.000 ***	C>A>B
	A. 小学低年级	441	3.42	1.02			
认知活跃	C. 初中年级	678	3.70	0.94			
	B. 小学高年级	396	3.40	0.98	12.95	0.000 ***	C>A>B
	A. 小学低年级	441	3.57	0.89			
情绪能量	C. 初中年级	678	3.99	0.85			
	B. 小学高年级	396	3.75	0.87	10.03	0.000 ***	C>A>B
	A. 小学低年级	441	3.86	0.79			
整体水平	C. 初中年级	678	3.81	0.86			
	B. 小学高年级	396	3.53	0.90	13.62	0.000 ***	C>A>B
	A. 小学低年级	441	3.67	0.81			

注：*** 代表显著性水平为 0.001。

四 结论与建议

本次调查发现广州市义务教育阶段教师工作活力整体处于中等水平，还有较大的提升空间。从三个测量维度上看，教师工作活力水平排序由高到低分别是情绪能量、认知活跃与身体力量。同时，不同群体的教师工作活力水平也会存在显著差异。鉴于此，本文提出以下几点对策建议。

1. 不断加强政策引导，制定相关管理政策提升教师工作活力

从政府层面上讲，要及时关注义务教育阶段教师的普遍需求和主要问题，在教师工作负担、工作环境以及工作保障等方面完善政策举措，加强政策导向。提升教师工作的分类保障水平，充分尊重和保障教师的专业自主权，切实保障教师的合法权益和地位。

2. 加强学校建设，通过提升学校办学活力，带动教师工作活力的提升

学校承担着加强师资队伍管理与引领教师专业发展的双重使命，需要突破单一思维，围绕管理理念更新、制度机制完善、教师文化建设等不同层面综合施策，提升学校办学活力。学校是激发和提升教师工作活力的重要环境，应有效保障学校办学自主权，推动学校内部治理体系与治理能力现代化建设，提升学校管理的科学性、民主性与有效性水平，为激发教师工作活力营造积极的学校组织环境。重视学校组织文化氛围的软环境建设，增强对教师个体身心发展的人文关怀、优化教师工作体验，营造倾听、关心、尊重教师的工作环境。同时，鼓励并支持广大教师参与学校教育教学管理工作，调动教师工作积极性和主动性，提高教师的工作影响力。

3. 从教师个人出发，采取切实可行的措施激发教师工作活力

教师个体状态对激发工作活力十分关键，教师个体积极的身心状态会给教师工作活力带来积极影响。建议及时关注教师个体状态的潜在积极影响，提升教师工作活力，通过设定目标、制定规划、搭建平台、加强专业培训等切实可行的措施唤醒教师专业自觉，有针对性地提高教师的自我效能。通过调查发现，要关注女性教师的工作活力问题，学校要创造条件引导女教师提

升认知灵敏度，以提高工作活力。加强对年轻教师的职前培训、在职培训和各类技能培训，使得年轻教师可以更好地学习模范教师的教学经验，掌握更多的教学技能，使教学工作与时俱进，提高自我效能，激发教师工作活力。

4. 构建学校、家庭、社会三位一体的多元支持体系，提升教师工作活力与协同凝聚力

教师工作活力的提高离不开社会各个群体的支持，教师不仅需要社会组织的支持，同样也需要来自家长、亲友的支持。作为家长要与教师多沟通，理解教师，配合教师的工作；作为亲友要关心教师的心理健康状况，理解、支持教师的工作，帮助教师排解压力，这就需要学校、家庭、社会联合各种社会机构，整合多种资源为教师提供帮助。建议在组织层面建立健全以合作、互动、共享、切磋为特征的教师专业共同体运行机制，为教师有效参与校内外各类专业活动提供适切、公平、均等的机会。

参考文献

林彤、咸桂彩：《中职教师工作活力现状及心理授权的关系研究》，《天津职业技术师范大学学报》2019 年第 3 期。

马云、张晓峰：《教师工作活力的影响因素与形成机制——基于 1143 位初中教师自陈语句的质性分析》，《教师教育研究》2023 年第 5 期。

邱阳骄：《义务教育阶段教师工作强度对工作活力的影响：教师工作收入的调节作用》，东北师范大学硕士学位论文，2024。

李春良：《乡村幼儿园教师工作投入与专业发展能动性关系研究——以广西壮族自治区为例》，《教育观察》2023 年第 3 期。

李明军：《中小学教师情绪工作策略、情绪智力与工作满意度的关系》，《中国健康心理学杂志》2011 年第 6 期。

B.17
广州市中职学生成就预期现状调查研究

李　媛[*]

摘　要:　中职学生的成就预期水平一定程度上影响着社会实体经济的未来发展。本文通过对广州市中职学校 1~3 年级 8703 名学生的调查发现,广州市中职学生对个人未来发展态度较为保守,作为成就预期水平具体表达指标的国家认知、社会感知、学校体察和自我评估水平均处于中等,且分别在学生的性别、年级、成绩、父母学历、是否参加实习实训等方面存在显著差异。为引导中职学生建立积极理性又适度进取的成就预期,本文建议强化职业生涯教育,引导学生树立正确的职业价值观;重视学校校园文化建设,增强学生的身份认同与学校归属感;丰富技能学习供给,着力提升学生的专业技能水平。

关键词:　中职学生　成就预期　生涯教育　广州市

一　问题的提出

职业教育是培养高素质技术技能人才、能工巧匠、大国工匠的基础性工程。在现代职业教育体系中,中等职业教育又被赋予职业教育的基础性地位,其所培养的中职学生被寄托了未来技能人才的期许,肩负着技能报国的使命。2021 年 4 月,全国职业教育大会提出了建设技能型社会的理念和战略。技能型社会建设是以"去文凭化"改革创新为核心的时代精神的体现,

---

＊　李媛,教育学博士,广州市教育研究院教育规划与政策研究所副研究员,主要研究方向为教育规划、职业教育政策研究。

是社会制度建设，也是以人为中心的文化建构。在教育系统中，职校生不仅是技能知识的被动接受者，更是技能学习与实践的能动者。中职学生是未来实体经济发展的希望已然成为社会共识，但当代中职学生常常背负着"学业失败者"的社会评价，此种外在评价影响着他们的自我认同与未来职业发展，在一定程度上也昭示着社会实体经济的未来发展。

自我国高校扩招以来，学界对中职生群体的关注度逐渐下降，导致具有庞大体量的中职学生群体一度淡出大众视野。2020 年，《外卖骑手，困在系统里》一文在网络走红，那些现代社会中相对劣势处境下的社会群体也开始逐渐被社会关注，《40%："毫不重要"的中职世界》一文横空出世，再次引发了教育学界对"职校生"的探讨。有学者探究中职学生污名的形成[1]、"混日子"行为的结构性力量[2]，也有学者通过民族志考察开展农村职校生的生活叙事[3]，以及对职校生的非正式群体文化与职业教育制度建构关系进行深描。[4] 总体来说，学界主要聚焦于对中职学生现实生活状态的描述与分析，缺乏对其未来发展的探究与预判，更无对其内在心理状态的透视。对中职学生的关注，不仅要为其提供一个能保障他们技能学习与成长的良好环境，也要关心其成就动机与心理状态，引导其形成平和、理性的成就预期。广州市拥有较大体量的中职学生，对广州市中职学生成就预期状况进行调查与分析，不仅可以深入掌握当前广州市中职学生发展过程中的社会心态，也有助于反思当前广州市中等职业教育发展政策、学校专业建设状况、师资队伍建设、教育教学方式等内容是否有利于本市技术技能人才的培养，并针对其中存在的问题提出对策建议。

---

① 陈勇、杜学文：《中职学生污名的形成、知觉与应对——基于杭州市 X 学校的田野调查》，《少年儿童研究》2022 年第 3 期，第 53~61 页。
② 杜连森：《"打工人"的困境：去技能化与教育的"空洞"》，《南京师大学报》（社会科学版）2021 年第 3 期，第 122~130 页。
③ 李媛：《中职生的"突围"与社会价值再生产——基于自我认同建构实践》，《中国职业技术教育》2023 年第 5 期，第 40~48 页。
④ 杨梨、王曦影：《职校生的非正式群体文化与职业教育制度的意义建构》，《青年研究》2023 年第 6 期，第 12~25 页。

二 研究设计

（一）分析框架

成就预期，是社会心理的一种重要表现形式，是主体根据过去经历和当下处境，积累、联结而成的对个人未来的想象或憧憬的心理表征。学者廉思等首次将成就预期理论在青年社会学研究中应用，其中所提出的成就预期的稳定性、连续性、不易说服性及节点性的特质对同为"未来取向者"的中职学生也具有一定的适应性。廉思等认为，成就预期是可以被建构起来的"身份模拟假设"，它的重要功能是对自己未来存在状态的一种想象。与此同时，他们又从宏观国家认知、中观社会感知以及微观自我评估三个层面提出了成就预期拟构模型。[①]

对中职学生而言，从年龄上来说，绝大多数尚未成年，仅以其当前的认知水平尚不足以提供清晰且稳定的未来想象。为此，本研究仅以廉思等提出的成就预期拟构模型作为总体框架，结合中职学生所接受的职业教育综合特征，从国家认知、社会感知、学校体察及自我评估四个层面对中职学生的成就预期情况做出具体展现。①国家认知，即中职学生对国家当前发展情况的认知，其中包括对国家整体经济发展趋势的认知情况，以及与个人身份、专业相关的具体政策与个人未来发展关系的认知情况。②社会感知，即中职学生对自己未来从事行业的职业群体的发展情况认知以及对同辈群体未来发展情况的预判。③学校体察，即中职学生对学校技能教学的认知与判断。作为中职学生接受并形成价值观、职业观、技能观等的主要场所，学校教育直接影响着他们的未来预期。本研究主要涉及学校认同、专业坚守、师生关系等维度。④自我评估，即中职学生对未来发展的自我效能情况，包括专业自信以及家庭资源评估。

---

① 廉思、袁晶、张宪：《成就预期视域下的中国青年发展——基于时间洞察力理论的新认知》，《中国青年研究》2022 年第 11 期，第 30~51 页。

（二）研究工具

1. 问卷编制信效度检验

本研究采用自编问卷《广州市中职学生成就预期调查问卷》。该问卷由两部分构成：第一部分为个人基本信息，包括性别、年级、专业、户口类型、父母文化程度及学校学习情况等；第二部分为成就预期的具体要素体现，包括国家认知、社会感知、学校体察、自我评估四部分，各部分又分别根据内容维度借鉴学界相对成熟的问卷量表设计相关测试题项。量表使用 Liketr 5 点记分法，每个题项选项从"完全不符合"到"完全符合"分为五个等级，分值依次从"1"到"5"分，得分越高证明该中职学生在该维度水平越高。

（1）国家认知量表，主要借鉴廉思等构建的成就预期模型中国家认知的宏观维度，包括国家整体趋势认知和国家政策认知两个维度，共设计 5 个题项。在本研究中，该量表的克隆巴赫系数为 0.959，KMO 值为 0.917，说明量表信度较好。Bartlett 球形检验 $p<0.001$，累计方差解释率为 85.89%，各题项因子载荷在 0.807~0.879，说明该量表具有较好的效度。

（2）社会感知量表，主要借鉴廉思等构建的成就预期模型中社会感知的中观维度，包括行业辈出感知和圈层辈出感知两个维度，共设计 8 个题项。在本研究中，该量表的克隆巴赫系数为 0.949，KMO 值为 0.926，说明量表信度较好。Bartlett 球形检验 $p<0.001$，累计方差解释率为 73.68%，说明该量表具有较好的效度。

（3）学校体察量表，包括学校认同、专业承诺和师生关系三个维度分量表。其中学校认同量表主要借鉴丁甜修订的学校认同量表[1]，分为群体认知、情感认同、积极评价和自主行为 4 个维度，共设计 12 个题项。在本研究中，该分量表的克隆巴赫系数为 0.933，KMO 值为 0.818，说明量表信度较好。Bartlett 球形检验 $p<0.001$，累计方差解释率为 83.56%，说明该量表

---

[1] 丁甜：《大学生学校认同前因及结果的实证研究》，湘潭大学硕士学位论文，2013，第 22 页。

具有较好的效度。

专业承诺量表主要借鉴许长勇编制的大学生专业承诺量表[①]，分为规范承诺、持续承诺、情感承诺和经济承诺 4 个维度，共设计 12 个题项。在本研究中，该量表的克隆巴赫系数为 0.958，KMO 值为 0.950，说明量表信度较好。Bartlett 球形检验 $p < 0.001$，累计方差解释率为 68.60%，说明该量表具有较好的效度。

师生关系量表主要借鉴屈智勇的师生关系量表[②]，分为亲密性、支持性、满意度和冲突性 3 个维度，共设计 12 个题项。在本研究中，该量表的克隆巴赫系数为 0.809，KMO 值为 0.886，说明量表信度较好。Bartlett 球形检验 $p < 0.001$，累计方差解释率为 66.95%，说明该量表具有较好的效度。

（4）自我评估量表，主要借鉴廉思构建的成就预期模型中自我评估的微观维度，包括自我能力评估和家庭资源评估两个维度，共设计 10 个题项。在本研究中，该量表的克隆巴赫系数为 0.940，KMO 值为 0.932，说明量表信度较好。Bartlett 球形检验 $p < 0.001$，累计方差解释率为 78.74%，说明该量表具有较好的效度。

2. 数据分析

采用 SPSS 25.0 软件对问卷数据进行统计分析，主要包括描述性分析、独立样本 T 检验、单因素方差分析等。

（三）数据收集

2023 年 4 月，本研究以问卷星在线填写的方式，面向广州市中职学校学生发放电子问卷。通过反向计分题检测、量表题勾选同一选项检测以及无效回答时间等方式删除了无效问卷，最后得到有效问卷 8703 份。其中一年级学生 3685 人，占比 42.34%；二年级学生 3174 人，占比 36.47%；三年级

[①] 许长勇：《大学生专业承诺对学习投入和学习收获影响机制的研究》，河北工业大学博士学位论文，2014，第 27 页。

[②] 屈智勇：《中小学的班级环境及其与学生学校适应的关系》，北京师范大学硕士学位论文，2002，第 25 页。

学生 1844 人，占比 21.19%。男生 2787 人，占比 32.02%，女生 5916 人，占比 67.98%。农村户籍学生 5875 人，占比 67.51%；城市户籍学生 2828 人，占比 32.49%。

三　研究结果

（一）广州市中职学生成就预期总体表现分析

1. 基于国家认知的成就预期表现：中职学生的国家认知总体水平处于中等，国家整体趋势认知与政策认知水平相当

本研究通过国家整体趋势认知和政策认知两个维度来解释中职学生的国家认知情况。研究结果显示，中职学生的国家认知的得分均值为 3.71 分（总分 5 分），标准差为 0.76，其中最大值和最小值分别为 5 分和 1 分；3 分以下的学生占比 29.71%，4 分以上的学生占比 18.30%。由此，推断广州市中职学生的国家认知总体水平处于中等，且学生间差异不大。对其中的国家整体趋势认知和政策认知两个维度进行分析发现，两者均值分别为 3.69 分和 3.70 分，与整体水平相当。

2. 基于社会感知的成就预期表现：中职学生的社会感知总体水平处于中等，行业辈出感知水平略高于圈层辈出感知水平

本研究通过行业辈出感知与圈层辈出感知两个维度来解释中职学生的社会感知情况。其中，行业辈出感知主要是指对社会上与自己相关行业人才职业、收入与社会地位等职业发展情况的判断；圈层辈出感知主要是指对身边的同学、同专业校友的职业发展情况的判断。研究结果显示，中职学生的社会认知的得分均值为 3.53 分（总分 5 分），标准差为 0.73，其中最大值和最小值分别为 5 分和 1 分；3 分以下的学生占比 31.42%，4 分以上的学生占比 13.61%。由此，推断广州市中职学生的社会感知总体水平处于中等，且学生间差异不大。对其中的行业辈出感知和圈层辈出感知两个维度进行分析发现，两者均值分别为 3.57 分和 3.48 分，行业辈出感知水平略高于圈层辈

出感知水平，一方面，说明社会上对技能人才的认可程度在提升；另一方面，说明中职学生的职业发展需要长远看待。

3. 基于学校体察的成就预期表现：中职学生的学校体察总体水平处于中等，学校认同、专业承诺和师生关系水平均一般

学校是中职学生专业技术学习的主要场所，中职学生对学校、专业及师生交往的理性与情感认知展现了其心理状态。本研究主要通过学校认同、专业承诺和师生关系三个维度反映中职学生的学校体察情况。研究结果显示，学校体察总体得分均值为 3.56 分（总分 5 分），其中中职学生的学校认同得分平均值为 3.61 分（总分 5 分），标准差为 0.76；专业承诺得分平均值为 3.52 分（总分 5 分），标准差为 0.55；师生关系得分平均值为 3.54 分（总分 5 分），标准差为 0.55，说明广州市中职学生的学校认同、专业承诺和师生关系均处于中等水平，且学生之间差异不大。

4. 基于自我评估的成就预期表现：中职学生的自我评估总体水平处于中等，来自家庭的帮助比较有限

本研究通过专业自信与家庭资源评估两个维度来解释中职学生的自我评估情况。其中，专业自信主要是指学生的专业自我效能感；家庭资源评估是指对家庭在经济、专业、情感等方面对自己职业发展予以帮助情况的判断。调查结果显示，中职学生专业自信整体情况得分平均值为 3.49 分（总分 5 分），标准差为 0.67，其中关于专业知识前沿的掌握、实践操作技能水平、专业领域创新能力三方面的自评分值分别为 3.46 分、3.46 分和 3.45 分，均低于平均值，表明中职学生在专业学习方面整体情况一般，对未来从事专业技能工作并没有十足的把握。对于家庭资源的评估，整体水平均值为 3.48 分（总分 5 分），标准差为 0.76，说明中职学生的家庭资源可利用性不高，其中关于专业领域的帮助评分最低，为 3.40 分。在参与调查的中职学生中，有父母或亲戚从事所学专业领域相关工作的比例为 31.23%，说明父母或亲戚在专业领域提供帮助的能力确实有限。在物质资源、人脉资源和精神情感资源提供方面，均值分别为 3.50 分、3.42 分和 3.60 分，人脉资源方面分值最低。

（二）广州市中职学生成就预期个体差异性分析

分析中职学生的成就预期在性别、年级、学业成绩以及父母学历等方面的个体差异表现，可以帮助我们多角度了解中职学生成就预期现状。本部分采用独立样本 T 检验、单因素方差分析等方法对不同性别、年级、专业、户口类型、父母文化程度、上学期综合成绩、企业实训参加情况等条件下中职学生的成就预期情况是否存在差异。

1. 基于国家认知的成就预期表现个体差异性分析

表 1 显示：①不同学业成绩中职学生的国家认知水平存在显著差异。②不同学历父亲和不同学历母亲中职学生的国家认知水平得分均存在显著差异，其中父母是大专学历的国家认知水平显著高于父母是小学学历的。此外，女生比男生成就预期略高，但差异并不显著；城市户籍学生比农村户籍学生的国家认知水平略高，但差异不显著；不同年级中职学生的国家认知水平不存在显著差异；"参加过企业实训"的中职学生国家认知水平略高于"未参加过企业实训"的中职学生，但差异不显著。

表 1　中职学生国家认知总体水平个体差异情况

变量	内容	人数（人）	均值（分）	标准差	显著性检验	AVONA
学业成绩	①60 分以下	324	3.37	0.79	F=2.275*	③④>①②
	②60~69 分	1866	3.45	0.69		
	③70~84 分	4025	3.54	0.63		
	④85 分及以上	2488	3.58	0.68		
父亲学历	①不识字或识字很少	71	3.73	1.03	F=2.633*	⑥>②
	②小学	809	3.65	0.76		
	③初中	3383	3.69	0.74		
	④普通高中	1702	3.72	0.77		
	⑤中等职业/技术/师范学校	854	3.75	0.73		
	⑥大专	1039	3.77	0.76		
	⑦本科	746	3.69	0.84		
	⑧硕士	58	3.67	0.76		
	⑨博士	41	3.45	1.33		

续表

变量	内容	人数(人)	均值(分)	标准差	显著性检验	AVONA
母亲学历	①不识字或识字很少	124	3.60	0.81	F=2.988*	⑥>②
	②小学	1195	3.64	0.74		
	③初中	3397	3.71	0.73		
	④普通高中	1478	3.72	0.79		
	⑤中等职业/技术/师范学校	769	3.70	0.74		
	⑥大专	1043	3.78	0.78		
	⑦本科	613	3.70	0.86		
	⑧硕士	48	3.58	0.98		
	⑨博士	36	3.57	1.28		

注：*代表显著性水平为0.05。

2. 基于社会感知的成就预期表现个体差异性分析

表2显示：①男生的社会感知水平得分均值显著高于女生。②不同年级中职学生的社会感知水平存在显著差异，其中一年级学生的社会感知水平显著高于二、三年级学生。③不同学业成绩中职学生的社会感知水平存在显著差异，其中上学期学业成绩在85分及以上的学生的社会感知水平显著高于69分及以下的学生。④"参加过企业实训"的中职学生的社会水平显著高于"未参加过企业实训"的中职学生。⑤不同学历父亲和不同学历母亲中职学生的社会感知水平得分存在显著差异。此外，城市户籍学生比农村户籍学生的社会感知水平略高，但差异不显著。

表2 中职学生社会感知总体水平个体差异情况

变量	内容	人数(人)	均值(分)	标准差	显著性检验	AVONA
性别	①男	2787	3.57	0.80	t=3.456**	①>②
	②女	5916	3.50	0.69		
年级	①一年级	3685	3.57	0.66	F=11.859*	①>②③
	②二年级	3174	3.49	0.68		
	③三年级	1844	3.50	0.65		

续表

变量	内容	人数(人)	均值(分)	标准差	显著性检验	AVONA
学业成绩	①60 分以下	324	3.37	0.79	F = 5.496*	④>①②
	②60~69 分	1866	3.45	0.69		
	③70~84 分	4025	3.54	0.63		
	④85 分及以上	2488	3.58	0.68		
实习实训参加情况	①是	2003	3.56	0.75	t = 3.067**	①>②
	②否	6700	3.51	0.72		
父亲学历	①不识字或识字很少	71	3.48	0.99	F = 3.169*	⑥>②③
	②小学	809	3.45	0.72		
	③初中	3383	3.51	0.70		
	④普通高中	1702	3.55	0.73		
	⑤中等职业/技术/师范学校	854	3.55	0.70		
	⑥大专	1039	3.60	0.76		
	⑦本科	746	3.49	0.80		
	⑧硕士	58	3.59	0.76		
	⑨博士	41	3.68	1.00		
母亲学历	①不识字或识字很少	124	3.38	0.84	F = 4.487*	⑥>②③ ④>②
	②小学	1195	3.46	0.71		
	③初中	3397	3.52	0.68		
	④普通高中	1478	3.55	0.75		
	⑤中等职业/技术/师范学校	769	3.53	0.72		
	⑥大专	1043	3.61	0.75		
	⑦本科	613	3.51	0.86		
	⑧硕士	48	3.44	0.80		
	⑨博士	36	3.77	0.99		

注：*、** 分别代表显著性水平为 0.05、0.01。

3. 基于学校体察的成就预期表现个体差异性分析

表 3 显示：①男生的学校体察水平得分均值显著高于女生。②不同年级中职学生的学校体察水平存在显著差异，其中一年级学生的学校体察水平显著高于二、三年级学生。③不同学业成绩中职学生的学校体察水平存在显著差异，其中上学期学业成绩在 85 分及以上的学生的学校体察水平显著高于

84 分及以下的学生；70~84 分学生的学校体察水平显著高于 69 分及以下的学生。④"参加过企业实训"的中职学生的学校体察水平显著高于"未参加过企业实训"的中职学生。⑤城市户籍中职学生的学校体察水平显著高于农村户籍学生。⑥不同学历父亲和不同学历母亲中职学生的学校体察水平得分存在显著差异。

表 3　中职学生学校体察总体水平个体差异情况

变量	内容	人数(人)	均值(分)	标准差	显著性检验	AVONA
性别	①男	2787	3.59	0.61	t = 3.360 **	①>②
	②女	5916	3.54	0.57		
年级	①一年级	3685	3.57	0.66	F = 15.237 *	①>②③
	②二年级	3174	3.49	0.68		
	③三年级	1844	3.50	0.65		
学业成绩	①60 分以下	324	3.37	0.79	F = 29.645 *	④>③>①②
	②60~69 分	1866	3.45	0.69		
	③70~84 分	4025	3.54	0.63		
	④85 分及以上	2488	3.58	0.68		
实习实训参加情况	①是	2003	3.59	0.59	t = 2.421 *	①>②
	②否	6700	3.55	0.58		
户籍	①农村	5875	3.54	0.57	t = -4.718 ***	②>①
	②城市	2828	3.60	0.62		
父亲学历	①不识字或识字很少	71	3.47	0.69	F = 3.387 *	⑥>②③
	②小学	809	3.52	0.58		
	③初中	3383	3.54	0.56		
	④普通高中	1702	3.58	0.56		
	⑤中等职业/技术/师范学校	854	3.58	0.59		
	⑥大专	1039	3.62	0.62		
	⑦本科	746	3.56	0.65		
	⑧硕士	58	3.66	0.57		
	⑨博士	41	3.52	0.89		

变量	内容	人数(人)	均值(分)	标准差	显著性检验	AVONA
母亲学历	①不识字或识字很少	124	3.46	0.62	F=3.466*	⑥>②③
	②小学	1195	3.51	0.57		
	③初中	3397	3.55	0.55		
	④普通高中	1478	3.58	0.60		
	⑤中等职业/技术/师范学校	769	3.55	0.57		
	⑥大专	1043	3.62	0.62		
	⑦本科	613	3.59	0.67		
	⑧硕士	48	3.64	0.69		
	⑨博士	36	3.49	0.92		

注：*、**、*** 分别代表显著性水平为 0.05、0.01、0.001。

4. 基于自我评估的成就预期表现个体差异性分析

表 4 显示：①男生的自我评估水平得分均值显著高于女生。②不同年级中职学生的自我评估水平存在显著差异，其中一年级学生的自我评估水平显著高于二、三年级学生。③不同学业成绩中职学生的自我评估水平存在显著差异，其中上学期学业成绩在 85 分及以上的学生的自我评估水平显著高于 84 分及以下的学生。④"参加过企业实训"的中职学生的自我评估水平显著高于"未参加过企业实训"的中职学生。⑤城市户籍中职学生的自我评估水平显著高于农村户籍学生。⑥不同学历父亲和不同学历母亲中职学生的自我评估水平得分存在显著差异。

表 4　中职学生自我评估总体水平个体差异情况

变量	内容	人数(人)	均值(分)	标准差	显著性检验	AVONA
性别	①男	2787	3.56	0.69	t=7.187***	①>②
	②女	5916	3.45	0.63		
年级	①一年级	3685	3.57	0.66	F=5.736*	①>②③
	②二年级	3174	3.49	0.68		
	③三年级	1844	3.50	0.65		

续表

变量	内容	人数(人)	均值(分)	标准差	显著性检验	AVONA
学业成绩	①60 分以下	324	3.37	0.79	F = 13.990 *	④>①②③
	②60~69 分	1866	3.45	0.69		
	③70~84 分	4025	3.54	0.63		
	④85 分及以上	2488	3.58	0.68		
实习实训参加情况	①是	2003	3.52	0.64	t = 2.872 ***	①>②
	②否	6700	3.48	0.65		
户籍	①农村	5875	3.46	0.63	t = −5.994 ***	②>①
	②城市	2828	3.55	0.69		
父亲学历	①不识字或识字很少	71	3.36	0.76	F = 13.990 *	④⑤⑥⑦⑧>③>②
	②小学	809	3.37	0.65		
	③初中	3383	3.45	0.63		
	④普通高中	1702	3.51	0.63		
	⑤中等职业/技术/师范学校	854	3.52	0.65		
	⑥大专	1039	3.57	0.68		
	⑦本科	746	3.59	0.64		
	⑧硕士	58	3.75	0.58		
	⑨博士	41	3.66	1.24		
母亲学历	①不识字或识字很少	124	3.23	0.66	F = 16.898 *	④⑥⑦>③>①②⑤>①②
	②小学	1195	3.37	0.63		
	③初中	3397	3.45	0.62		
	④普通高中	1478	3.54	0.66		
	⑤中等职业/技术/师范学校	769	3.52	0.64		
	⑥大专	1043	3.59	0.66		
	⑦本科	613	3.60	0.70		
	⑧硕士	48	3.61	0.77		
	⑨博士	36	3.80	1.22		

注：* 、*** 分别代表显著性水平为 0.05、0.001。

四　讨论与建议

现代社会语境下，中职学生面临着"准工人"的职业定型、教育分流后的身份迷失以及教育投资风险个体化的生存困境与社会心态。① 本研究通过实证调查反映了当前中职学生对个人未来的消极心理，也恰好回应了研究之初的预判。当然，中职学生的成就预期也不是越高越好，过高的成就预期会让他们背负更加沉重的竞争压力，难以接受失败，当生活中遇到挫折时，可能会陷入自我怀疑，或对社会产生更多的不满。为此，我们需要引导中职学生建立积极理性又适度进取的成就预期，这不是简单的心理疏导，而是以中职学生健康发展为中心的社会建构。为此，本部分主要从学校教育角度提出对策建议，为提高中职学生的成就预期水平提供参考。

（一）强化职业生涯教育，引导学生树立正确的职业价值观

研究发现，中职学生的国家认知、社会感知和学校体察水平均处于中等，并且毕业后选择专业对口的技能岗位就业意愿度不高，这在一定程度上反映了中职学生对于当前所在学校、所学专业、将要从事的职业甚至是职业教育本身都可能存在消极态度。对社会感知调查发现，比起职业发展，中职学生对社会同行的经济收入更为关注，在专业承诺维度调查中也发现，能赚多少钱是决定他们专业投入意愿的重点。这与现实状况较为契合。当代社会，很多中职学生当然也包括很多大学生的职业价值观趋于务实，他们对未来职业的关注点更多会放在薪资待遇、工作环境等因素上，而工作的意义、工作幸福感以及自我价值的实现等因素常常被忽略，这也使得他们难以认同读职业学校的意义，难以以提升个人的技术技能水平为目标投入专业学习当中，进而也会影响他们对未来的成就预期。

为此，想要提升中职学生的成就预期水平，必须引导学生树立正确的职业价值观，肯定技能劳动的价值与意义，中职学校的职业生涯教育就显得尤为重要。一是建立职业生涯教育体系。调研中发现不同年级、性别的学生在国家认知、社会感知等方面存在显著差异，基于此，应针对不同年级学生的

---

① 李媛:《中职生的"突围"与社会价值再生产——基于自我认同建构实践》,《中国职业技术教育》2023 年第 5 期，第 40~48 页。

发展需求制定相应的课程与活动，在实施过程中也有必要注意不同性别学生的差异性。二是除设置职业生涯教育单独课时外，还要在基础的专业学习中融入最新的专业知识与行业动态，让学生可以与时俱进，更加清晰未来的职业定位。三是加强市场调研与考察，研究社会人才需求，让学生了解行业不同层级岗位的人才标准，激励他们提高自我要求。四是多邀请行业精英和校友为学生做职业规划讲座或与学生协作开展专业活动，通过榜样效应引导他们培养积极正向的职业价值观。

（二）重视学校校园文化建设，提升学生的身份认同与学校归属感

对于学生来说，学校是除家庭以外最重要的活动场所，读书期间的经历与感受直接或间接地影响着其在未来生活中的一些重要选择。但研究结果显示，中职学生的学校体察水平并不高，包括学生对于学校的看法、对专业的看法以及对老师的看法。应增加学生对于学校的信任、对老师的信任以及对专业学习的信任，建议学校用好校园文化建设这一隐性德育资源[1]，通过有形的物质文化与无形的行为文化与制度文化建设促进学生的自我同一性建构，提升学生的自我身份认同与学校归属感。

首先，在物质文化方面，尽量优化与学生学习生活相关的基础设施建设，为师生提供轻松愉悦的学习环境与学习氛围。在教学资源中融入社会主义核心价值观、中国传统文化、新时代劳模精神、工匠精神等内容，帮助学生增强爱党爱国情感，培育职业精神。其次，在行为文化方面，除为学生提供丰富多样的校园文化活动外，更要关注良好师生关系的建构。研究中发现，当前中职学生与教师之间总体上和谐，多数教师对学生未来发展的态度都是积极并予以支持的，但师生间并没有很强的亲密度，偶尔也会存在一些小冲突。为此，建议教师多从情感层面加强与学生之间的互动，给予学生更多的信任、陪伴和包容，让学生从积极、和谐的师生关系中获得鼓励与学习

---

① 谢胜利：《基于隐性德育的职业学校校园文化建设》，《广东职业技术教育与研究》2020 年第 5 期，第 148~150 页。

的动力。最后，在制度文化方面，注意完善兼顾多主体利益的规章制度，保障学生权益，并帮助学生树立规范意识，激励其专业成长。

（三）丰富技能学习供给，着力提升学生的专业技能水平

研究发现，中职学生的自我评估水平一般，一方面认为家长能提供的资源有限，另一方面对个人的专业知识和能力缺乏信心。研究中还发现，已参加或正在参加实习实训的学生的社会感知、学校体察和自我评估水平均显著高于未参加的学生，这表明真正的技能学习与企业实践会在一定程度上提升中职学生对个人未来发展的积极态度。然而，已有研究发现，"职业学校设置了内容繁多的各种课程，但是却与社会公众所认为的技能传授没有多大关系。"①

由此，建议中职学校适度加大技术学课程教学力度，加强学生的技术哲学素养，提升其技术逻辑思维，为接受更高阶段职业技术教育和未来职业生涯中的技术迁移打好技术学基础。② 在此过程中，提高企业在学生人才培养中的参与度。当前中职学校都在积极推进校企合作，但通过访谈了解到，所谓的合作更多是学校发展、专业建设与课程建设层面，与学生直接对接的技能培养活动较少，很多尚未参与企业实习的学生表示从未有企业人员深入他们的教育教学活动中。基于此，建议学校在校企合作方面，为企业直接参与教育教学工作提供机会和路径，丰富中职学生技能学习供给。与此同时，也要加强高素质双师型教师队伍建设，引进一批高质量技术学概论课程教师，并加强对相关专业教师的再培训，使其在不断提高对任教学科知识掌握度的基础上，实现自身教学、科研水平的总体提升。

---

① 杜连森：《"打工人"的困境：去技能化与教育的"空洞"》，《南京师大学报》（社会科学版）2021年第3期，第122~130页。

② 陈鹏：《中等职业教育基础性定位的再认识》，《国家教育行政学院学报》2021年第5期，第26~32页。

参考文献

廉思:《当代中国青年群体的思想谱系》,《人民论坛》2021 年第 10 期。

雷开春:《青年人的阶层地位信心及其影响因素》,《青年研究》2015 年第 4 期。

张桂金、张东:《当代青年的职业流动:基于多代视角的考察》,《青年探索》2018 年第 3 期。

高德强、孔令勇、高光:《全国中职学生辍学问题的宏观分析与个案研究》,《教育与职业》2024 年第 10 期。

区域实践篇

B.18

广州市花都区集团化办学推进区域
教育优质均衡发展的实践探索

查吉德　宋晨方　李昱霖*

摘　要： 　为推进教育优质均衡发展，广州市花都区持续推动集团化办学发展，分四批成立31个教育集团，动态优化调整集团结构和布局，不断扩大覆盖范围、提升办学质量。花都区通过完善政策支持体系、优化集团化办学布局和更新教育集团发展模式等举措，推动实现集团化办学1.0版迭代升级到2.0版。基于当前集团化办学体制机制改革的实践成果，花都区提出优化集团考评机制、加强政策支持和社会宣传等建议。

关键词： 　集团化办学　集团办学模式　教育优质均衡　广州市花都区

---

* 查吉德，教育学博士，广州市花都区教育局党组书记、局长，主要研究方向为教育政策、职业教育理论等；宋晨方，广州市花都区教育局教育服务保障中心副主任；李昱霖，广州市花都区教育局基础教育科科员。

一　问题的提出

（一）政策背景

集团化办学是指两个或两个以上的学校/校区的办学及学校发展过程中，在共同的理念引领下，在一定契约约束下所形成的具有规模效应的合作关系。[①] 作为优化教育资源配置、促进区域教育优质均衡发展的有力举措，近年来，集团化办学具有深厚的政策背景，这些政策为花都区集团化办学提供了明确的方向指引。

习近平总书记在党的二十大报告中指出："教育是国之大计、党之大计。要办好人民满意的教育。坚持以人民为中心发展教育，加快建设高质量教育体系，发展素质教育，促进教育公平。加快义务教育优质均衡发展和城乡一体化，优化区域教育资源配置，坚持高中阶段学校多样化发展"。2023年6月中共中央办公厅、国务院办公厅印发的《关于构建优质均衡的基本公共教育服务体系的意见》明确指出："以城带乡、整体推进城乡义务教育发展，切实解决城镇挤、乡村弱问题。加快校际均衡发展。以推进师资配置均衡化为重点，加快缩小校际办学质量差距。完善集团化办学管理办法及运行机制，促进学校间管理、教学、教研紧密融合，强化优质带动、优势互补、资源共享，加快实现集团内校际优质均衡，为县域义务教育优质均衡发展奠定基础。促进新优质学校成长，办好群众'家门口'的学校。"《中国教育现代化2035》提出："要建立健全基本公共教育资源均衡配置机制，逐步缩小区域、城乡、校际差距，推进城乡义务教育一体化发展。建立健全城乡对口帮扶机制，鼓励各地通过多种有效方式，持续扩大优质教育资源的覆盖面。在实现县域内义务教育基本均衡基础上，进一步推进优质均衡。"

基于党中央决策和省委部署，广州市教育局相继印发《关于深入推进

---

① 张爽：《基础教育集团化办学的模式研究》，《教育研究》2017年第6期，第87~94页。

集团化办学情况的报告》（穗教发〔2018〕92 号）、《广州市教育局关于印发关于教育集团优质教育资源共享的指导意见（试行）的通知》（穗教发〔2018〕120 号）和《广州市教育局关于印发深入推进市属优质教育资源集团化办学的实施意见的通知》（穗教发〔2019〕39 号）等文件，指出要扩大集团化办学规模、探索教育集团内部治理体系，为各区推进集团化办学提供了操作指引。

（二）现实需要

1. 地区发展需要

花都区位于广州市北部、广东省地理几何中心、粤港澳大湾区顶点，总面积 970.04 平方公里，户籍人口约 83.95 万人，常住人口 164.24 万人，居全市第五；10 年净增人口 70 万，增速位列全市第二。近年来，广州市委、市政府谋划"打造花都区成为广州北部增长极、带动粤北地区融入粤港澳大湾区"的发展战略。教育在经济社会发展中具有先导性、基础性地位，高水平规划、建设广州北部增长极，对教育事业的发展也提出了更高的要求，推进教育改革时不我待。

2. 教育发展需要

花都教育整体办学规模大，目前共有基础教育学校 365 所，其中，幼儿园 180 所、小学 105 所、初中 21 所、九年制学校 48 所、特殊教育学校 1 所、普通高级中学 4 所、完全中学 5 所、十二年制学校 1 所；在校生有 27.70 万人，教职工有 2.44 万人，其中专任教师为 1.72 万人。花都区民办教育占比高、随迁子女比例大、教育发展不平衡等问题都不同程度地存在，教育发展与广州市其他区相比仍存在一些差距。

为不断满足花都区群众日益增长的对优质教育资源的需求，推动教育优质均衡发展和城乡一体化，花都区教育行政部门做了许多有益尝试，包括教育资源扩优提质、公办学位"直通车"改革、教育结对帮扶等。在积极探索改革的过程中，集团化办学是谋划较早、不断完善的改革举措之一。根据花都教育的实际情况，花都区教育局持续积极调整集团化办学发展策略，借由集团化办学 1.0 版到 2.0 版的迭代升级，实现加速破解区域教育发展难题，高水平推进城乡教育协调发展，推动花都教育高质量发展。

二　发展历程及现状

（一）教育集团分批次成立历程

集团化学校不是规模庞大、科层控制、复杂僵化的巨型学校，而是统筹推进、分步领导、系统赋能的生态体系。[①] 因此，在集团化办学的具体实践中，花都区坚持"全区一盘棋"策略，将集团化改革作为推动全区教育优质均衡发展的重要举措，有重点、有谋划地推动集团化办学改革起步，分批次推动教育集团成立。在集团化办学改革过程中，花都区以小切口实践推动探索区域集团化办学的发展路径，在实践中不断深化集团化体制机制办学改革，推进花都教育优质均衡发展。

2019 年 3 月，花都区对学校办学水平、辐射带动能力等因素进行全面考量，将秀全中学作为第一批集团化办学的核心校，正式成立了第 1 个教育集团——秀全中学教育集团，这是包含多学段的立体式教育集团，是花都区集团化办学的开端。为形成有竞争、有合作、和谐共生的良好的集团化办学生态，花都区进一步扩大优质教育资源的辐射范围，于 2020 年先后成立了12 个教育集团（含第一批集团的优化调整），其中立体式教育集团和扁平化教育集团各 6 个。

2022 年，在全面推动"立体式"与"扁平化"相结合的集团化办学布局基础上，花都区成立了第四批教育集团。区属教育集团数量达到 31 个，共覆盖 111 个学校及校区，占全区学校总数的 54.23%，其中 96 个覆盖义务教育阶段学校及校区。31 个教育集团结合党建工作制定了集团章程，探索

---

① 张爽：《集团化办学的阶段性反思与体系重构》，《中小学管理》2019 年第 3 期，第 5~8 页。

共建共治，积极创建"文化共融"与"教研联动"相结合的资源共享模式。

截至 2023 年底，花都区教育集团的覆盖面进一步扩大。教育集团覆盖学校（园）达到 149 所，其中覆盖义务教育阶段学校 133 所。花都区"将先进的管理经验、优秀的师资、优质的教育资源迁移到新建学校、农村学校、相对薄弱学校进行整合共享，实现优质教育资源的快速扩张，满足群众在家门口享受优质教育的需求。"①

至此，花都区教育集团分四个批次推动实现了集团数量和覆盖面的稳步扩大，集团化办学改革模式也从最开始的鲜有人知过渡到学校、家长的普遍认同和接受。

（二）花都区集团化办学现状

四年来，花都区教育集团覆盖范围不断扩大、办学质量不断提升。一是教育集团覆盖范围不断扩大。从数量上看，集团办学覆盖学校数量实现了从 0 所到 149 所的变化；从地理位置上看，花都区 31 个教育集团的成员校涵盖了城区花城、秀全、新华、新雅四街道和花东、花山、赤坭、炭步、梯面、狮岭六镇；从"三类学校"覆盖率上看，花都区教育集团对义务教育阶段新建学校、农村学校、相对薄弱学校的覆盖率为 97.92%，对初中阶段新建学校、农村学校、相对薄弱学校的覆盖率为 100%。二是具有花都特色的示范性教育集团不断涌现。2022 年，花都区秀全中学教育集团被纳入"广东省第二批优质基础教育集团培养对象"；2023 年，花都区邝维煜纪念中学教育集团、黄广教育集团被纳入"广东省第三批优质基础教育集团培养对象"，至此共有三个教育集团被纳入省优质基础教育集团培育对象。三是不断引进优质教育资源在花都区扎根。花都区积极引进优质省、市属品牌学校到区办学，吸引市属教育集团将花都区学校纳入集团办学范围，如广东广雅中学、广州市第六中学等，使花都区内学校得到优质教育资源，学习办学经验，提升教育集团办学水平。

---

① 俞晓东：《名校集团化办学：新形势下推进教育公平的有效途径》，《教育科学研究》2006年第 2 期，第 20~22 页。

三 发展举措及成效

从全国范围来看，多年的集团化办学探索为教育事业发展带来了明显的积极效应：一是扩充优质教育资源，"择校"热明显降温；二是增加社会弱势群体享受优质教育的公平机会；三是以校际互动方式开展教学科研，大批教师素质显著提升。[①] 花都教育顺应政策和时代变化，通过完善政策支持、优化集团化办学布局和更新教育集团发展模式等多项举措，在实现集团化办学普遍成效的基础之上，推动集团化办学从 1.0 版迭代升级到 2.0 版，具体表现为集团布局优化、模式明晰、路径拓宽等，多管齐下实现集团化办学高质量发展。

（一）不断完善政策支持

为支持集团化办学改革举措落地，在推动集团成立后，花都区坚持谋划制定集团化办学工作方案，并结合办学实践对政策方案进行持续优化，为集团办学实践提供源源不断的方向引导（见表1）。

表1 2020~2023 年广州市花都区出台的集团化办学文件及突破点

时间	文件名	突破点
2020 年	《广州市花都区集团化办学总体方案》	明确区集团化办学的实施路径
2022 年	《广州市花都区集团化办学总体方案（修订版）》 《广州市花都区集团化办学考核评价办法（试行）》 《广州市花都区教育集团的成立与撤销及成员校的准入与退出办法（试行）》	基本完善集团化办学的总体方案与配套文件
2023 年	《广州市花都区关于进一步深化集团化办学改革的实施意见》	深化集团化办学改革各项举措

[①] 杨小微：《探寻区域义务教育优质均衡发展的新机制——以集团化办学为例》，《教育发展研究》2014 年第 24 期，第 1~9 页。

2020年，花都区结合教育实际与教育发展愿景，研究制定了《广州市花都区集团化办学总体方案》（以下简称《方案》），即花都区集团化办学改革1.0版。《方案》是早期花都区集团化办学的指导性文件，从总体目标、工作原则、发展思路和主要措施等四个方面明确了集团化办学的实施路径。具体包括：推动建立"党建引领"与"章程管理"相结合的组织管理机制；谋划"立体式"与"扁平化"相结合的集团化办学布局；在教育教学实践中完善"岗位评聘"与"绩效分配"相结合的奖励驱动机制；创建"文化共融"与"教研联动"相结合的资源共享模式；确立"常态巡查"与"定期评估"相结合的考核评价机制，多措并举促进集团化办学取得成效。

在对第二、三批教育集团进行成员调整和新成立第四批教育集团后，2022年，花都区教育局结合新的发展需要与前期集团化办学实践，对原有《方案》进行修订，研究制定了《广州市花都区集团化办学总体方案（修订版）》，对相关制度文件进行了修订，即为花都区集团化办学1.1版。修订内容包括增加上级最新的文件要求；优化了总体目标内容，确保目标的明确性和可实现性；完善了立体式与扁平式集团同步发展的内容；增加人事方面等集团激励机制的内容等。除了对《方案》进行修订外，花都区还研制了集团化办学1.1版的两份配套文件。一是制定《广州市花都区集团化办学考核评价办法（试行）》。该文件明确了成立花都区教育集团化办学考核评价工作领导小组，同时明确教育集团工作考核的评价对象、评价原则、评估内容和评价方法，并制定了详细的考核评价指标体系，包含管理机制、队伍提升、文化建设、办学水平和特色创新等五个方面的内容。二是制定了《广州市花都区教育集团的成立与撤销及成员校的准入与退出办法（试行）》。文件规定了教育集团成员校准入和退出的具体情况、相关程序等。集团化办学的总体方案与配套文件基本完善。

在集团化办学的探索中，要避免一刀切、走形式、一哄而上，就要根据办学需求和区域教育资源现状，探索灵活多样的集团化办学模式，坚持因地制宜，倡导首创精神。[①] 因此，在高水平打造广州北部增长极的区域发展背景与教育高质量发展的目标导向下，为加快推动花都区义务教育优质均衡发展和城乡一体化，优化区域教育资源配置，2023 年以来，花都区结合集团化办学开展以来的经验和实际，通过深入开展"深化集团化办学改革，推进教育优质均衡发展"的主题调研，积极研究深化集团化办学改革各项举措，于 2023 年 10 月推出集团化办学改革的 2.0 版——《广州市花都区关于进一步深化集团化办学改革的实施意见》（以下简称《实施意见》）。《实施意见》对教育集团布局进行了统筹优化，以"优质品牌高中+农村和薄弱初中"形式，发挥核心校引领示范作用，推动形成东、西、南、北全方位立体化教育集团布局；构建多元化集团内部关系，在全区 31 个教育集团中构建核心校和成员校的紧密型、帮扶型或联盟型关系，分别探索形成集团紧密型、帮扶型或联盟型治理模式；明确集团权责关系与评价，推动集团核心校与紧密型关系成员校一体化办学，形成集团内城乡学校的帮扶型关系，推动集团内同一发展愿景的学校建立联盟型关系，实施集团内"三类关系"分类考核评价。

（二）持续优化集团化办学布局

花都区立足"推进义务教育优质均衡发展和城乡一体化"的要求，充分考虑四街六镇教育发展实际，通过发挥集团化办学优化教育资源配置、推进优质均衡的作用，不断统筹、优化集团化办学布局，推动优质教育资源的辐射带动作用最大化。

一是坚持"全区一盘棋"策略，初步形成东、西、南、北全方位立体化教育资源布局。以"优质品牌高中+农村和薄弱初中"形式，让龙头高中示范带动各片区农村、薄弱初中，发挥核心校引领示范作用。东部以七星教育集团为核心，重点示范带动花东、花山基础教育高质量发展；南部以黄广中学为核心，重点示范带动秀全、新华、新雅基础教育高质量发展；西部以

---

① 钟秉林：《关于基础教育集团化办学的若干思考》，《中国教育学刊》2017 年第 12 期。

邝维煜纪念中学为核心,重点示范带动赤坭、炭步基础教育高质量发展;北部以秀全中学为核心,重点示范带动花城、狮岭、梯面基础教育高质量发展;积极发挥广东广雅中学花都校区、广州市第六中学花都校区、广东华侨中学教育集团华侨中学等市属优质教育资源的辐射作用,最终实现每个镇培育1~2所优质公办初中的目标,真正做到提质增效。

二是开展城乡学校间的教育结对帮扶,由办学水平相对较高的学校与办学水平待提升的学校开展结对帮扶。花都区教育局印发《广州市花都区关于开展区内学校教育结对帮扶的工作方案》,部署28所城区优质学校对口帮扶50所薄弱学校,拓展跨片区的双向交流,充分带动区内农村学校、薄弱学校发展。支援学校向受援学校实施管理输入、示范引领和培训指导,在学校管理、队伍建设、教育教学、文化建设等方面进行组团式、融入式帮扶。城乡学校结对帮扶在教育集团内部帮扶型关系的基础上实现了帮扶力度加大、帮扶范围扩大,进一步加快校际均衡发展,优化了区域教育资源配置,是集团化办学改革中不可或缺的有益补充。

(三)提炼细化教育集团发展模式

2020~2022年,花都区积极谋划并不断培育立体式与扁平化相结合的教育集团模式,"立体式教育集团"是以优质高中为龙头、由不同学段的学校组成的教育集团,向打通学前、小学、初中乃至高中整体育人模式的方向持续努力,找准育人机制关键点,力求促进具有花都特色的各学段教育多样化发展,例如花都区秀全中学教育集团充分探索立体式教育集团的整体育人模式,秉承"相互成就,一起成长"的理念,共建精神文化、共享优质资源、共研教育难题、共创研究成果,优势互补、合作共赢,努力促进每所学校优质特色发展。"扁平化教育集团"是以优质小学或幼儿园为核心、由相同学段学校构成的教育集团,辐射到花都区多所薄弱学校与农村学校,坚持立德树人,全面发展素质教育,充分发挥优质学校的品牌影响力,让集团成员校在管理机制、教育教学、文化建设等方面实现高质量发展,例如花都区七星教育集团以花都区花东镇七星小学的"跳绳文化"为特色,串联起花东镇金谷小学（2021年，原花东镇金谷小学并入花东镇七星小学，现为花东镇七星小学金谷一校区和金谷二校区）、花东镇秀塘小学两所农村学校，激发了办学活力与影响力，不断培养出跳绳世界冠军，连续打破世界纪录，在国际上斩获奖项千余个。

2023年，在原有立体式和扁平化两种教育集团发展模式的基础上，花都区根据教育集团核心校与成员校的合作紧密程度与预期发展目标，坚持因校制宜的原则，在集团内部探索构建了核心校和成员校的紧密型、帮扶型或联盟型关系，探索形成集团紧密型、帮扶型或联盟型治理模式。过去的立体式教育集团侧重于探索学前、小学、初中乃至高中的各学段整体育人模式，扁平式教育集团则侧重于充分发挥同一学段内优质品牌学校的辐射带动作用。两种模式的教育集团发展各有侧重、相互促进、共同发展。当前的紧密型、帮扶型或联盟型关系促进不同类型的集团化学校实现各有侧重的发展：一是推动集团核心校与紧密型关系成员校一体化办学，探索构建一个法人或多个法人联合体的紧密型治理结构；二是构建集团内城乡学校的帮扶型关系，推动实现城区优质学校对口帮扶薄弱学校；三是推动集团内同一发展愿景的学校建立联盟型关系，建设特色发展联盟，实现优势互补。三种模式呈现了集团核心校和成员校紧密、帮扶或联盟关系承担角色的不同、权利和义务的差异，推动集团更有针对性地实施管理模式、办学理念、课程教学和队伍建设等辐射带动措施，推动实现循序渐进、各有侧重的共同发展。

四 未来展望

（一）优化教育集团考核评价机制

进一步健全集团化办学考核评估体系，科学、分类实施集团内部多元关系的考核评估。一是计划实施集团内"三类关系"分类考核评价，厘清集团内部不同关系成员校的权责关系和评价方，努力避免集团化办学"同质化"问题可能导致的基础教育个性缺失、特色湮灭等不良影响。[①] 紧密型关系的督导评估从集团学校组织管理、课程建设、教师发展、资源共享和优质均衡等方面入手；帮扶型关系的评价围绕教学科研、队伍建设、学校管理和文化等方面的派出人员情况和帮扶成效等多维度进行；联盟型关系的考核评价侧重集团教学教研、校园文化、集团特色创新等共建共享情况。二是加强对教育集团日常工作的指导，促进集团在党组织建设、章程制度、教育教学、资源共享、队伍管理和特色创新等方面的科学、规范发展；建立集团化办学学年督导评估制度，完善集团化办学督导评估标准细则和实施方案，每学年终对各教育集团工作进行全面考核。三是强化集团化办学考核结果运用。研究发现，要保证集体行动的高效和持续，必须运用选择性激励措施提升集体行动的效率和保持个体高投入的状态。[②] 花都区将集团化办学情况作为学校年度考核和校长任期目标考核的重要内容，并与岗位管理、教育财政经费安排、管理人员选拔任用等相结合，同时根据考核结果对教育集团成员校进行动态调整，对于区内发展提升较快、规模扩张速度较快、具备独立组建集团能力的教育集团成员校，支持此类优秀学校退出原有教育集团，另起炉灶，成立新教育集团，发挥其辐射影响作用。

（二）加强各类各层面政策支持

为保障集团化办学开展，花都区将进一步加强对教育集团的人、财、物等方面的支持。一是赋予集团一定的人事、管理权，如探索在集团总校增设一位中层干部或一位副校长，专门负责教育集团管理工作等。二是加大对集团化办学的经费保障力度，为教育集团开展各项交流活动提供一定的经费支持，由集团核心校统筹集团化办学经费的使用，集团经费的发放额度与集团考核评价的等级挂钩。同时，鼓励社会力量通过捐资等形式，依法依规支持

---

① 汪明：《论基础教育集团化办学的"三化"问题》，《当代教育科学》2017 年第 11 期，第 30~32 页。

② 安富海：《超越集体行动的困境：制度规约与重构边界——推进名校集团化办学的路径与方法》，《教育发展研究》2020 年第 6 期，第 78~84 页。

集团化办学，与财政资金形成互补，进一步激发集团化办学活力。三是结合集团办学实践不断总结经验，提升集团化办学实施路径，确保目标清晰、举措有力。

（三）加强教育集团的社会宣传

积极开展宣传集团化办学工作。广泛收集与宣传教育集团的优秀做法和经验，并鼓励社会力量助力教育集团发展；积极发挥各类媒体作用，宣传报道集团化办学优秀典型，大力推广好的经验做法和正面成效；定期召开集团化办学互展会，积极宣传、引导社会理解支持集团化办学，关心基础教育改革发展，在区内打造适宜教育集团发展壮大的社会氛围。

通过深化集团化办学体制机制改革，到 2024 年底，争取发展和培育一批具有花都特色的有影响力的示范性教育集团，充分发挥引领作用；到 2025 年底，争取优质教育资源覆盖面和受益面进一步扩大，一批群众信任、办学质量高的品牌学校持续涌现，教育发展差距进一步缩小，广大人民群众"家门口上好学"的需求进一步得到满足，教育活力进一步被激活，为花都区教育优质均衡发展、教育高质量发展创造更多有利条件。

参考文献

范勇、田汉族：《基础教育集团化办学热的冷思考——基于成本与风险视角》，《教育科学研究》2017 年第 6 期。

李彦青、孟繁华：《由稀释到共生：基础教育集团化建设的突破与超越》，《中国教育学刊》2016 年第 5 期。

贾建国：《强制性制度变迁视角下的基础教育集团化办学分析》，《教育科学》2016 年第 3 期。

杨洲、田振华：《基础教育集团化办学的内涵意蕴、发展现状及可能进路》，《中国教育学刊》2018 年第 8 期。

曹美琦：《基础教育集团化办学的实践反思》，《教学与管理》2018 年第 10 期。

陶西平：《关于集团化办学的思考》，《中小学管理》2014 年第 5 期。

崔学鸿：《集团化办学的关键问题分析与策略选择——基于多所集团学校办学实践的理性思考》，《中小学管理》2019 年第 4 期。

范小梅、戴晖：《基础教育集团化办学的缘起、动因与实现路径》，《教学与管理》2019 年第 34 期。

张爽：《教育治理现代化视阈下基础教育集团化办学的中国道路》，《中国教育学刊》2020 年第 11 期。

B.19
广州市黄埔区面向高质量发展的
教育数字化探索实践报告

焦非非　陈　镔*

摘　要：　教育数字化已成为区域提升教育质量、推动教育公平、优化教育治理的重要抓手。广州市黄埔区全力推进区域教育数字化，努力加快数字基建、数字教学、数字课程和数字治理等方面建设，较好地实现了教育数字化赋能区域基础教育高质量发展。但对标当今国内外教育数字化的主要做法和成功经验，仍存在教育数字化战略保障的系统性不足、技术系统的兼容性不够、数字素养的适应性不强、资源应用的场景性不深等问题。为此，黄埔区将致力于打造教育数字化发展格局、优化教育数字化装备配置、升级教育数字化场景服务、构建教育数字化资源体系、聚焦教育数字化实践研究、创新教育数字化协同机制，持续推进教育数字化发展先行探路、创新示范，努力提供数字时代高质量发展基础教育体系的"黄埔经验"，打造"全国样板"。

关键词：　基础教育　教育数字化　高质量发展　广州市黄埔区

一　问题的提出

党的二十大报告中提出，推进教育数字化，建设全民终身学习的学习型

---

* 焦非非，教育学博士，广州市黄埔区教育研究院教研员，中学历史高级教师，主要研究方向为教育政策、学校管理、中学历史课程与教学；陈镔，广州市黄埔区教育研究院副院长，中学数学高级教师，主要研究方向为教育政策、教师发展、中学数学教育。

社会，加快建设高质量教育体系。[1] 习近平总书记在中共中央政治局第五次集体学习时强调，教育数字化是我国开辟教育发展新赛道和塑造教育发展新优势的重要突破口，进一步推进数字教育，为个性化学习、扩大优质教育资源覆盖面和教育现代化提供有效支撑。[2] 教育部怀进鹏部长在全国教育工作会议上指出，要实施教育数字化战略行动，加快教育数字化转型和智能升级。[3] 由此可见，教育数字化已成为国家和区域提升教育质量、推动教育公平、优化教育治理的重要抓手。

随着新一轮科技革命和产业变革的深入发展，数字技术愈发成为驱动人类社会思维方式、组织架构和运作模式发生根本性变化、全方位重塑的引领力量。世界主要发达国家陆续出台一系列教育数字化发展规划，将教育数字化作为国家数字化战略的重要组成部分，把数字教育作为应对危机挑战、开启光明未来的重要途径和举措。美国很早就推行《美国国家教育技术计划》，基于萌芽期教育数字化翻转课堂探索的成功经验，紧紧围绕技术的创新应用和数据的集成整合展开，积极引入谷歌、微软、苹果等国际科技巨头进入教育市场，为教育数字化提供了强大的资源支持并夯实了牢固的软硬件基础。[4] 我国一些先进省市也将数字化作为教育转型的重要载体和方向，采取了一系列措施推进数字教育高质量发展。上海市作为国家教育数字化试点区，积极推进"5G+"云网融合、数字孪生、区块链等技术在教育领域的应用，产生了可推广的数字教育示范场景和数字化实践案例，助力教育新机制与新评价构建、推动教育理念和模式变革、促进学生个性多元发展、推进教育更高层次的优质均衡、加快教育新业态形成，成为全国教育

---

① 习近平：《高举中国特色社会主义伟大旗帜　为全面建设社会主义现代化国家而团结奋斗》，https://www.gov.cn/xinwen/2022-10/25/content_5721685.htm，最后检索时间：2024年5月8日。

② 光明网：《以数字化开辟教育发展新赛道（人民观察）》，https://baijiahao.baidu.com/s?id=1779598871942410324&wfr=spider&for=pc，最后检索时间：2024年5月8日。

③ 怀进鹏：《加快建设高质量教育体系　办好人民满意的教育》，http://edu.people.com.cn/n1/2023/0113/c1006-32606269.html，最后检索时间：2024年5月8日。

④ 王姝莉、黄漫婷、胡小勇：《美国、欧盟、德国、法国和俄罗斯教育数字化转型分析》，《中国教育信息化》2022年第6期，第13~19页。

数字化标杆。① 由此可见，推动教育数字化是大势所趋、发展所需和改革所向。我们要遵循基础教育事业的公益性、目标的方向性、对象的全体性、制度的规定性、内容的基础性和过程的循序性等基本特征，推动数字技术与基础教育深度融合，让数据成为基础教育领域的生产要素，从根本上改变基础教育生产方式和活动模式，使基础教育新课改逐渐呈现数据化、智能化、个性化和泛在化，最终实现基础教育有教无类、因材施教、素质教育和智慧学习的美好愿景。

本次区域教育数字化发展现状调查旨在全面了解广州市黄埔区面向高质量发展的教育数字化关键要素，重点掌握全区教育数字化背景下的新课改实验情况，客观分析全区教育数字化发展过程中存在的主要问题，并科学提出推进区域教育数字化背景下新课改的可行性对策建议。调研涵盖黄埔区属92 所公办中小学，主要采用问卷调查、实地调研（走访）和在线访谈方式获取调研数据。调研实施过程包括调研方案设计与论证、调查问卷内容设计、在线问卷调查平台设计与实现、调查问卷填答（含测试）、实地调研、在线访谈、数据分析与处理、形成调研结论等环节。

二 主要做法

针对学校管理人员、教师和学生开展实地调研和访谈，主要聚焦黄埔区数字化教育装备、数字化教育资源、数字化教育平台和数字化教学环境，展开科学精准的分析。②

（一）数字化教育装备已经初具规模

数字化课堂教学装备方面，黄埔区现有广大附中黄埔实验学校等 57 所

---

① 秦红斌：《教育数字化转型的实践路径与建议》，《中小学信息技术教育》2022 年第 4 期，第 10~12 页。
② 黄埔区数字与智能化教育装备创新与应用项目组（黄埔区人民政府与教育部教育技术与资源发展中心共建合作）：《黄埔区教育数字化发展现状调查报告》（内部资料），2023 年9 月。

学校以多媒体教室为主，北京师范大学广州实验学校等 28 所学校建有智能交互教室。数字化学科教学装备方面，全区现有数字化学科教学装备最多的学科是信息技术学科，涉及 62 所学校；其次是科学学科和音乐学科，涉及学校数分别为 30 所和 26 所；物理、生物、化学、地理学科的数字化学科教学装备涉及学校数依次为 16 所、15 所、12 所和 12 所。数字化跨学科教学装备方面，全区现有 30 所学校建成创客空间，如广东省教育研究院黄埔实验学校建有智慧农业、智慧交通等科创实验室。广大附中高新区实验学校等92 所公办学校全部建有人工智能创新实验室。7 所学校建有智能虚拟交互体验中心，还有部分学校建有特色学习空间。可见，全区数字化教育装备建设已经初具规模。在支撑教学空间创新的教育装备建设方面，已经形成了区域统筹规划与学校个性探索相结合的发展态势。数字化课堂教学装备能满足教师日常教学需求，但具有课堂智能学习分析与评价及学习情境采集等功能的智能化课堂教学装备建设水平还有待提高。数字化学科教学装备建设正在起步，存在学科间发展不平衡的现象，虚拟实验相关功能还较为缺乏。数字化跨学科教学装备形成了人工智能创新实验室规模化建设的区域特色，支持数字化教育管理与服务的教育装备建设已经取得积极成效。

（二）数字化教育资源基本满足需求

工具类资源方面，黄埔区现有为师生开展教学评价与分析、技能训练和交流互动提供工具支持的平台 15 个。有 28 所学校的教师能够借助希沃电子白板内置的班级优化大师或畅言课堂等智慧课堂软件呈现学业数据分析结果、实现班级管理和交流互动，以及利用几何画板等学科类工具设计教学活动。虚拟类资源方面，全区现有广州市中小学人工智能教学平台等 3 个，能够为师生提供较为丰富的虚拟实验资源，辅助教师完成人工智能等课程的教学。猿辅导和畅言课堂能够提供虚拟语言学习场景资源，满足英语听说读写教学需求。智能交互类资源方面，全区现有可提供智能交互类资源的平台 8个，对支持教师开展差异化教学、助力学生进行个性化学习、促进教师专业发展和学生综合素质提升起到了积极作用。可见，全区数字化教育资源主要以工具类为主,能够基本满足师生的课堂教学需求。但虚拟类和智能交互类资源相对匮乏,能够支持教师开展差异化教学及满足虚拟实验、语言学习等教学场景的虚拟资源较少。数字化教育资源建设对探究式学习、合作式教学和个性化教学等的支持力度需进一步提高。

(三)数字化教育平台提供有效支持

数字化教学平台方面,黄埔区现有国家中小学智慧教育云平台等 12 个,能够为教师课堂教学管理、学生学情分析、网络研修活动提供不同程度的支持。如九佛中学老师课前依托粤教翔云数字教材、广州共享课堂等开展备课,课上综合运用各平台内置的几何画板、希沃白板、谷歌地球等学科教学工具开展智慧课堂教学。数字化学习平台方面,全区现有学校自主建设的懂你教育、希沃易课堂、畅言课堂等 6 个,均可实现学习过程管理、学情数据反馈及学习成长过程记录等功能,为学生的数字化学习提供有效支持。可见,全区数字化教学平台能够基本满足教师的教学管理需求,数字化学习平台能够基本满足学生的个性化学习需求,但教学平台和学习平台建设均存在一个共性问题,就是各平台之间账号不兼容,数据采集维度存在明显差异,数据资源无法有效共享,这样就不可避免地形成了一个个资源孤岛和数据孤岛。

(四)数字化教学环境助推教学变革

数字化教学环境支持课堂教学优化方面,黄埔区有 95.26% 的教师能够借助希沃白板和智慧课堂等数字化教学环境辅助课堂教学,平衡好教师讲授与学生之间的互动关系,有效避免了教师满堂灌、学生被动听、缺少互动的问题。数字化教学环境推动教学模式创新方面,有 40.18% 的教师能够利用数字化教学环境开展合作学习,有 34.62% 的教师能够利用数字化教学环境开展探究学习,有 30.35% 的教师能够利用数字化教学环境开展项目学习,有 16.19% 的教师能够利用数字化教学环境开展大单元教学。可见,数字化教学环境支持的辅助课堂教学能够优化教师教学方式和学生学习方式,教师能够利用数字化教学环境开展教学模式创新活动。但新课程教学设计与实施的综合能力还需进一步加强。

（五）数字化教学环境支持教师发展

数字化教学环境支持教师培训方面，黄埔区开展数字技术支持的教师培训较少，在线培训主要以广州市中小学教师继续教育网和继教云课堂App为载体。学校通常借助腾讯会议、钉钉、企业微信等即时通信工具组织网络培训。数字化教学环境支持教师研修方面，有57.56%的教师能够利用数字化教学环境进行自主在线学习，有32.67%的教师能够利用数字化教学环境分析个人教学实践，有19.28%的教师能够利用数字化教学环境进行教学反思与改进。大部分教师利用国家中小学智慧教育平台、学科精品课和广州共享课堂等开展数字化教学环境的研修，同时借助学科网、数字化教学微信订阅号等学科相关平台和资源开展自学。可见，区级教师专业化发展服务平台主要以科研课题管理和名师工作室的考核应用为主，教研服务功能还有所欠缺。教研活动难以有效诊断教师教学能力水平，数字技术支持的培训尚不能完全满足教师专业发展的需求，数字化教学环境学习和数字资源技术应用方面还存在诸多困难。

三　初步成效

近年来，在教育部的正确指导和省市的大力支持下，黄埔区全面推进教育部基础教育课程改革实验区、黄埔数字与智能化教育装备创新与应用项目和中外人文交流广州（黄埔）教育创新区建设，积极参与广州市创建国家智慧教育示范区行动，较好地实现了教育数字化赋能黄埔区域基础教育高质量发展。

（一）数字基建：教育数字化基础支撑能力稳步提升

黄埔区支撑教学空间创新的教育装备和支持数字化教育治理与服务的教

育装备建设已经初具规模。能够积极投入教育数字化基础设施、基础环境、公共平台和公共资源建设，努力做到区域统筹、统一规划、分类实施，基本实现了各级各类智慧校园建设、数字教育公共服务平台、教育管理公共服务平台之间数据共享融通，打造了"人人皆学、处处能学、时时可学"的较为完备的数字化基础支撑环境，呈现了数据治理一体化、平台搭建基座化、资源供给图谱化、运营运维生态化、安全保障系统化和数字素养普及化的良好态势。黄埔区域内数字化教育装备板块有着良好的产业基础和集聚优势。希沃公司作为教育数字化工具及服务提供商，通过产品、解决方案和服务推动教育与科技智慧互联。奥威亚公司着力为教育信息化建设提供成熟的解决方案，依托"云+端+应用+服务"的核心能力及自研 AI 算法优势，实现技术自主可控。

（二）数字教学：数字支持的智慧应用模式基本形成

黄埔区努力实践探索智慧教育环境下的新型教与学模式，构建了"竞争、合作、共生"的生态课堂教学模式、"三步五环三查"的智慧课堂教学模式，倒逼了教师传统教学模式由"回不去"的无奈变成"不回去"的觉悟。探索推进数据赋能学生身心健康的教学评估与管理模式，结合动态数据和静态数据生成综合分析与评价报告。基于"有意义学习"模型，借助智慧课堂强化个性化教学辅导，落实差异化教学。依托畅言课堂、宏途智慧纸笔系统等教学平台开展基于数字技术资源的课堂教学管理评价。怡园小学拥有全市首个 VR 思政课教学创新示范基地，率先应用 VR 视听体验教材开展思政课程教学。湖南师范大学附属黄埔实验学校依托投影技术和 VR 设备，打造多个"体验式""穿越式"的文化创意空间和数字历史、数字地理教室，构建了更加生动立体和创新的教育教学场景。

（三）数字课程：智慧育人的校本特色课程亮点纷呈

黄埔区积极发挥本区域人工智能、虚拟现实等科技型教育装备企业和研发机构的优势，开发智慧思政、智慧农业、智慧交通、VR 虚拟体验、VR

模拟驾驶等教育应用场景，融合情景教学、交互感知、沉浸式体验，支持学生小组合作式探究学习、项目式学习、创客学习、混龄学习和线上线下融合学习，创设出了系列数字化跨学科教学装备支持的校本特色课程。广东省教育研究院黄埔实验学校开发了人工智能、智慧交通等校本科创实验课程，华南师范大学附属黄埔实验学校开设了智能管理系统"魔方农场"校本研学课程，华峰学校构建了基于人工智能技术的"小小发明家"创客教育校本课程。

（四）数字治理：数字化赋能教育服务效能大幅提高

黄埔区通过接入、自研和引入等多种教育数字化技术途径，初步建成了涵盖系统管理、办公工具、学籍管理、信息上报和教育督导等应用的教育管理公共服务体系，实现了日常办公、人事、财务、资产等业务的数字化、网络化和智能化。玉泉学校试点实施数字孪生校园项目，建设校园安全防范管理系统，将学校物理空间和数字空间有机衔接，实现可控可看可管的校园全景综合态势感知及学校设备管理服务的整体数字化巡查，全面提升了校园智慧安防水平。开元学校"数字大厨"引进拥有 25 项自主专利的智能烹饪设备，打造了安全高效智慧厨房，有效弥补了传统食堂供应能力和食品安全等方面的不足。

四 存在的问题分析

面对当前教育快速变革的形势和挑战，对标现今国内外教育数字化的主要做法和成功经验，黄埔区教育数字化探索实践进程中仍然存在不少问题与不足。

（一）战略保障的系统性不足

黄埔区教育数字化探索是一项长期、持续、系统性的工程，需要更为明确的战略规划、行动标准、管理制度和资源协调方式。但目前一定程度上还存在系统整体统筹不够，模型框架、评估指标及实践探索总体呈现碎片化，区域教育数字化发展的最终目标定位和实施路径还没有完全厘清，以需求为导向的数字教育服务供给机制尚未建立，学校主动变革和创新的动力不足等问题。工作顶层设计及推进策略需要再优化，尤其是在发挥区域产业优势、增强校企协同方面还有很大的发展空间。

（二）技术系统的兼容性不够

黄埔区教育数字化还处于初级阶段，数字化教学环境、智能校园服务环境等建设和配置水平的校际差异较大，没有形成统一的信息资源体系和数字学习生态系统，在教育服务供给侧和需求侧的渗透仍存在不平衡、不充分、不深入的问题。资源孤岛和数据孤岛的现象仍然存在，数字化教育治理与服务教育装备的集成度不高导致教育数据融通与资源整合能力不强。此外，对于教育数字化在应用过程中的数据隐私、决策安全等风险管理及学校运用数字技术变革教育的主体地位和作用等亟待加强。

（三）数字素养的适应性不强

黄埔区各校教育数字化领导力、教师培训及教育技术的创新应用、未来教育实践存在较大差距。部分学校仍停留在理念层面和数字基础设施建设层次，技术赋能的自主式、合作式、探究式、体验式现代性课堂教学样态还停留在观摩、示范性教研活动层面，技术支撑下的教学模式变革与教育管理体系的重构还未实现；教师信息处理和策略运用信息技术与学科教学深度融合、支撑跨学科教学融合等方面的能力有待提高。

（四）资源应用的场景性不深

黄埔区教育数字化基础平台及硬件建设已初具规模，但软件教育资源，特别是具体的场景应用资源零散、虚拟类和智能交互类资源较少、特色资源不足，缺乏具有广泛影响力的"深度学习"典型实践案例。数字化学习资源的共建、共享和共管还存在较大困难，众多的资源处于离散状态，还不能进行大范围、高效度的交换与共享。面向多元用户需求针对性开发数字教育资源、提供优质数字教育资源服务的全链条还不够健全，区域数字教育的底座还有待夯实。

五　对策建议

面对教育数字化浪潮，黄埔区将通过多种智能技术构建"教育大脑"，持续推进教育数字化发展先行探路、创新示范，努力提供数字时代的高质量发展基础教育体系的"黄埔经验"，打造"全国样板"。

（一）规划先动：打造教育数字化发展格局

坚持绿色发展、节约节俭、简洁高效，推动数字教育成为教育低碳转型的催化剂和加速器。一是制定专项规划，科学实行区域教育数字化整体布局，聚力培育黄埔区域教育数字化发展特色。依据《黄埔区教育事业发展"十四五"专项规划（2021~2025）》[①]，加强黄埔区教育数字化发展顶层设计，分层制定区域和学校教育数字化五年发展规划。依据《教育信息化中长期发展规划（2021~2035 年）》《关于推进教育新型基础设施建设　构建高质量教育支撑体系的指导意见》[②]，充分结合黄埔区智能教育装备企业发展优势，全面统筹基础环境、数字教育资源、教师队伍、新型教学模式、教育评价、教育治理等方面的建设，以教育数字化推动黄埔区域基础教育优质均衡发展。二是探索教育数字化有效路径并总结成熟经验，争创国家、省市教育数字化示范区。遴选区域内教育行政人员、数字化领域专家、学校管理人员、信息技术教师和智能装备企业人员组成黄埔区教育数字化专业团队。

---

① 广州市黄埔区人民政府办公室：《黄埔区人民政府办公室关于印发黄埔区教育事业发展"十四五"专项规划的通知》（穗埔府办〔2021〕14 号），2021 年 9 月 16 日。

② 教育部等六部门：《关于推进教育新型基础设施建设　构建高质量教育支撑体系的指导意见》，http：//www. moe. gov. cn/srcsite/A16/s3342/202107/t20210720_ 545783. html，最后检索时间：2024 年 5 月 8 日。

依据国家《中小学数字校园建设规范（试行）》①，统筹推进数字与智能化教育装备创新与应用项目、基础教育课程改革实验区和中外人文交流广州（黄埔）教育创新区建设，充分利用国家、省、市优质数字公共教育资源，完善教与学工具、虚拟学习资源、智能化学习资源等数字教育资源体系，建设覆盖全学段全学科的知识类资源体系，引导区属学校个性化开展校本特色资源建设，进一步优化黄埔区域特色优质教育资源共建共享机制。

（二）标准拉动：优化教育数字化装备配置

深入贯彻落实新发展理念，统筹兼顾教育数字化环境的共性与个性建设需求，聚焦信息网络、平台体系、数字资源、智慧校园、创新应用、可信安全等方面，持续加强数字教育基础设施建设，强化数字要素应用，优化智慧教育环境，促进装备配置高效均衡。一是逐步统一学校数字基座建设架构，有效涵盖数据中心、组织中心、物联中心、应用中心和消息中心。依据不同学段的实际应用需求，升级普通教室为智能教室，增配 AI 课堂教学助手、智能学习终端、智能手写组件、智能感知系统、智能一体化桌椅（课桌白板）等支撑教学空间创新的数字化教学装备，满足以素养为导向、以学生为主体及结构化大单元整合教学的新课改需要。二是增添信息科技、科学学科数字化学科教学装备，提升理化生等学科实验室的数字化、虚拟化和智能化水平，定制人工智能、STEM 课程教学所需的硬件设备和软件平台。合理布局人工智能创新实验环境、创客实验环境、智能虚拟交互体验环境等数字化跨学科教学装备，支持跨学科课程和校本特色课程开设。三是加快智能化教学终端建设，开发在线智能教室、智能实验室等智能学习空间，满足师生基于云学习的教学活动需求，构建以学习者为中心的智慧校园生态，全面提升学校教育数字化综合治理服务水平。

① 教育部：《关于发布〈中小学数字校园建设规范（试行）〉的通知》，http://www.moe.gov.cn/srcsite/A16/s3342/201805/t20180502_334759.html，最后检索时间：2024 年 5 月 8 日。

（三）应用促进：升级教育数字化场景服务

加大黄埔区政府政策扶持和经费投入，进一步强化网络学习空间功能，升级关键场景的教育教学服务，全面支撑教育数字化新课改创新实践。打造开放应用接口体系，支持教育教学、行政管理和公共服务的数字化学习资源、工具、系统平台的汇聚与调用，方便各类角色自主灵活选用，实现一站式服务贯通。一是建立以学生、教师和学校为主的互联互通教育数据源，提供数据交换、数据目录、数据管理和数据分析，全面支撑教、学、评、管等关键场景的智慧教育活动服务。二是优化教学场景服务，支持教师获取优质资源、应用学科工具和开展创新教学活动，提高教学质量。完善学习场景服务，构建有助于促进学生探究、思考、协作的开放性思维支架和"师—机—生"协同的教育新模式，支持开展基于大数据的分层作业、个性化练习设计和自适应学习辅导，为学生减负提质增效。三是升级教研场景服务，合作建设元宇宙教育云平台，探索人工智能赋能学科教研实施路径，开展精准课堂观察系统应用，支持精准推送、协同备课、交流研讨和智能反馈，实现教学研一体化发展。四是丰富评价场景服务，开展人工智能、物联网等数字技术支持的人机协同评价，形成学生发展综合素质评价，构建黄埔区教育数字化发展指数。五是增强智能治理场景服务，整合和建设智慧招生管理、校外培训监管、学前教育管理、学生智慧资助、食堂动态监管、智慧校园管理等多个教育治理与监测系统，推动教育业务与政务服务数据互联互通。

（四）示范带动：构建教育数字化资源体系

营造区域数字教育资源生态，提升黄埔区域教育资源供给服务能力，形成个性化导学新方法。一是利用网络学习空间共享国家、省市优质数字教育资源公共服务，拓展师生数字素养等知识类资源、充实智能测评等工具类资源、丰富 VR/AR 等虚拟学习资源、研发智能学伴等交互学习资源、汇聚数字图书馆等社会资源。二是开展区域和校本特色资源建设，完善资源汇聚、筛选和推荐工作机制。开发数字资源智能化搜索引擎及自适应系统，分类标识现有资源、匹配学科知识图谱和用户学习习惯，有利于师生便捷精准高效地获取不同风格的教与学的个性化数字资源。三是制定黄埔区数字教育资源与智力资源准入、汇聚和评价的实施办法，建设覆盖全学段各课程的知识类资源体系。征集区域内教育数字化转型发展典型案例，对特色鲜明、亮点突出、成效显著的新课改案例进行重点培育扶持，建立并完善教与学工具、虚拟学习资源、智能化学习资源齐备的数字教育资源体系。

（五）创新驱动：聚焦教育数字化研究实践

打造黄埔区教育数字化赋能中心，实施教育数字化实体物理空间建设，推动黄埔区域虚实融合教育研究与实践，提供教师新技术产品体验式学习支持服务。一是设立黄埔区沉浸式体验中心和教师实践教学技能智能训练中心，做好支持教师专业发展的数字化服务平台建设，全面提供课程资源、智力服务、精准测评和智能研修。二是整合黄埔区域教学名师、学科专家和退休名师等智力资源，实现线上智力资源共享互通，不断扩大优质智力资源覆盖面。从教、学、评等学校教育教学应用场景切入，结合区域内学校智能教育装备建设成效与应用经验，组织专家团队设计贯彻新理念、应用新模式和体现新技术的校本智慧特色培育项目，联合广东省教育研究院研制基于结构的多模型联合的课堂教学智慧评价系统（CSMS）。三是探索以教与学数据为核心，实现教师的智能备课、学生的智能学习和作业的个性化推荐，构建人机协同教学新样态。建立基于学生学习过程性和发展性的数据运算中心，为开展数据驱动的预测预警、诊断评估等教育治理问题提供证据和数据支撑。

（六）整体联动：创新教育数字化协同机制

建立政府、学校、企业与高校科研机构的多边协同工作机制，共同推进黄埔区域教育数字化。一是举办区工信局、区政数局等产业部门的季度智慧教育茶话沙龙，常态化提供区域内数字化教育装备企业新产品发布平台和学校数字化教育成果展示平台。二是建立专家引领机制，充分利用高校科研院所专家智力资源，进一步细化黄埔区域及学校教育数字化创新探索内容、工作方式及预期目标成果，指导区域教育数字化工作的开展。三是促进产学研用深度融合，联动黄埔区域内的希沃、奥威亚、科大讯飞等优势智能教育装备企业，探索政、校、企协同发展新机制，引导企业依据学校新课改需求开发数字资源、研发教育产品、提供技术方案，打通企业产品与教育教学相统一的前端设计、中端使用、末端推广全链条，形成区域内智能教育装备企业与学校良性互动的教育数字化新发展格局。四是建立健全教育数据安全保障机制，加强数据采集、传输和应用方面的安全管理与保护意识教育。倡导社会参与教育数字化背景下的新课改行动，采取双向激励办法，提供家庭支援，强化家、校、社合作，共同关注学生的学习改进和个性发展需求，形成共建共治共享的良好氛围。

参考文献

李海伟、王龚、陆美晨：《教育数字化转型的路径探索与上海实践》，《华东师范大学学报》（教育科学版）2023 年第 3 期。

李敏辉、李铭、曾冰然、王超：《后疫情时代发展中国家高等教育数字化转型：内涵、困境与路径》，《北京工业大学学报》（社会科学版）2022 年第 1 期。

夏立新、杨宗凯、黄荣怀、顾建军、刘三妍：《教育数字化与新时代教育变革（笔谈）》，《华中师范大学学报》（人文社会科学版）2023 年第 5 期。

中国教育装备行业协会编《中国教育装备行业蓝皮书（2022 版）》，中国大百科全书出版社，2022。

祝智庭、胡娇：《教育数字化转型的实践逻辑与发展机遇》，《电化教育研究》2022 年第 1 期。

B.20
广州市白云区推进广东省基础教育县
（市、区）教研基地建设的探索与实践

曹金华　沈在连　杨新成*

摘　要： 白云区教研基地自成立以来，在教师专业发展、薄弱学校教育教学质量提升和教学评价等三个关键方面探索实践，旨在促进区域教育均衡发展，落实乡村全面振兴战略，建设高质量教研体系。通过实践，形成三级联动、集团化管理和区际联合的教研新机制，探索输出为本、蹲点教研和多元评价的教研新方法，实施新教师培养基地建设工程、乡村强师工程和数据指导教学工程，打造安吉游戏推广国家级实验区、白云教研大讲堂和白云父母讲堂等教研品牌。构建了具有白云特色的"一核三层多维"高品质教研体系，区域教师队伍整体素质提高，基地学校校本教研特色鲜明。结项后，还需要进一步激发教研员队伍活力、优化课程体系建设并深化教学质量监测的命题研究。

关键词： 教研基地　教研机制　教研方法　教研品牌　广州市白云区

一　项目背景

（一）政策背景

近年来，国家和地方教育行政部门先后出台文件，旨在深化教研工作改

---

* 曹金华，广州市白云区教育研究院副院长，中学信息高级教师，主要研究方向为 C++ 程序设计；沈在连，广州市白云区教育研究院科研部部长，中学正高级教师，主要研究方向为深度语文；杨新成，广州市白云区教育研究院党政办主任，中学语文高级教师，主要研究方向为"辩证+"中学语文课程与教学。

革、提高教育教学质量。2019 年 11 月 20 日，《教育部关于加强和改进新时代基础教育教研工作的意见》（教基〔2019〕14 号）提出"深化教研工作改革"的目标任务，强调"加强关键环节研究"，要求"加强考试评价改革研究，提高考试命题质量，推动建立以发展素质教育为导向的科学评价体系"。[①] 2020 年 5 月 21 日，《广东省教育厅关于建立健全新时代基础教育教研体系的实施意见》（粤教教研〔2020〕1 号）提出"建成富有广东特色、国内领先、上下联动、横向贯通的新时代教研体系"的基本目标，要求"创新教研工作机制"，特别要求"建立教研员乡村学校、薄弱学校联系点制度，组织教研员深入欠发达地区和农村、民族、边远地区学校及薄弱学校持续开展教学指导，帮助推进教学改革与创新，提升教师教学水平和教研能力，提高教育教学质量"。[②] 2021 年 7 月 14 日，《广州市教育局关于加强新时代基础教育教研体系建设的实施方案》提出"探索教研帮扶新模式"的主要任务，要求"探索建立市级教研机构联系指导镇街教研机构，区级教研机构联系指导乡村学校，教研员驻点薄弱学校等工作机制，提升镇街教研机构、乡村学校、薄弱学校教研工作水平"[③]。深化教研工作改革，不仅是自上而下的国家意志，更是"只争朝夕"的时代行动。

（二）现实背景

白云区辖区面积 796 平方公里，常住人口近 400 万，下辖 20 个街道、4 个镇，是广州市中心城区中面积最大、常住人口最多的区。全区现有中小学校 253 所（公办 169 所，民办 84 所），幼儿园 411 所（公办 210 所，民办

---

① 中华人民共和国教育部：《教育部关于加强和改进新时代基础教育教研工作的意见》，http://www.moe.gov.cn/srcsite/A06/s3321/201911/t20191128_ 409950.html，最后检索时间：2024 年 2 月 6 日。

② 广东省教育厅：《广东省教育厅关于建立健全新时代基础教育教研体系的实施意见》https://edu.gd.gov.cn/zwgknew/gsgg/content/post_ 3429329.html，最后检索时间：2024 年 2 月 6 日。

③ 广州市教育局：《广州市教育局关于加强新时代基础教育教研体系建设的实施方案》（穗教发〔2021〕34 号），2021 年 7 月 14 日。

201 所），在校（园）学生 33.36 万人（幼儿园学生 9.99 万人，中小学生 23.37 万人），在职教师 3.13 万人。白云区学校多、分布范围广，是广州市基础教育大区。同时，白云区是典型的城乡二元结构区域。城乡二元结构的特点，不仅体现在经济、文化、科技等领域，也体现在教育领域。白云教育总体上以北二环为界切分为北部片区（农村教育）和南部片区（城市教育）。在义务教育阶段，北部片区包括江高、人和、太和、钟落潭等 4 镇教育，南部片区包括新市、石井、永平等 3 片教育。由于白云区区域范围广、教育体量大，具有城乡二元结构特点，城区和乡镇的教育发展不均衡，乡镇教师的专业发展和薄弱学校教育教学质量的提升均比较缓慢，区域基础教育质量监测的命题质量不高，教育评价单一。

2021 年 4 月，广州市白云区教育研究院成功申报第一批广东省基础教育县（市、区）教研基地——白云区教研基地，成为广州市首批立项的两家单位之一。项目研究的总目标是，从教研层面促进白云区基础教育均衡发展，构建白云区高质量教研体系。根据广东省基础教育教研基地项目申报通知提供的研究任务指南，结合白云区教育、教研实际情况，白云区教研基地对教师专业发展、薄弱学校教育教学质量提升和教学评价这三个制约白云区教育均衡发展的关键因素展开研究和探索，选择了三个主要的研究任务，即区域内教师专业发展机制与培养方式研究、薄弱学校教育教学质量提升研究、命题考试与质量监测结果的应用研究[1]。围绕以上目标和建设任务，白云区教研基地经过 3 年研究和实践，顺利完成研究任务，于 2024 年 3 月结项。

二 主要举措

以促进区域基础教育均衡发展、落实乡村全面振兴战略和建设高质量教研体系为目标，以教师专业发展、薄弱学校教育教学质量提升和教学评价改

---

① 广州市白云区教育研究院：《广东省基础教育县（市、区）教研基地项目申报书（广州市白云区）》（内部资料），2021 年 4 月。

革为主要建设任务，白云区教育研究院在机制改革、方法创新、实践创新和品牌建设四个方面进行了系列探索，形成了区域高质量教研体系。

（一）机制改革：为区域基础教育均衡发展奠基

1.三级联动：区域教师专业发展机制的改革

根据白云区区域面积广和城乡二元结构等特点，广州市白云区教育局设置了七个片（镇）教育指导中心，强化对义务教育学段的管理。在此基础上，区域教师专业发展能根据现有特点，充分调动各学校和教育指导中心的积极性，大力推动校本培训、片（镇）培训和区级培训，形成了学校、片（镇）和区"三级一体"的培训模式。同时，大力开展校本教研、片（镇）教研和区级教研，形成学校、片（镇）和区"三级一体"的教研模式，提升区域教研规范性、校（园）本教研有效性。三级联动的机制，保障了白云区教师培训、教师教研能够高质量、全覆盖。

2.集团化管理：薄弱学校教育教学质量提升机制的改革

为了帮扶白云区农村薄弱学校，提高薄弱学校的教育教学质量，白云区教育局探索建设白云区教育研究院教育集团。2019年3月26日，广州市白云区教育研究院教育集团成立，以广州市白云区教育研究院为核心单位，成员校包括广州市白云区江村中学、广州市白云区石龙中学、广州市第七十中学、广州市白云区穗丰学校、广州市白云区竹料第三中学、广州市白云区龙岗学校。在区域教育的版图上，6所成员校分布在北部片区的江高、太和及钟落潭3个农村镇。集团有两个显著特征：一是核心单位是教研机构，优势在教研；二是成员校均分布在北部片区，是农村薄弱学校，于是我们提出"学术共同体"的创建目标和"振兴乡村教育"的创建口号。成立之初，集团共有教师626人，其中学校教师548人，教研院人员78人，学生6016人。集团实行"同一党委，各自法人"党建引领的管理模式，健全集团内部学校资源共享模式和教研、科研、培训共建模式，不断提高集团化办学效益。通过集团化管理，这些学校的队伍建设、教育教学、综合实力跃上了一个新台阶。

3. 区际联合：区域质量监测命题机制的改革

高质量命题队伍是区域命题质量的保障，为提高区域教学质量监测的命题质量，白云区教育研究院十分重视两支命题队伍的建设。一是高质量的教研员命题队伍建设。在高中学段，白云区和广州花都区、海珠区、荔湾区、从化区、增城区、黄埔区以及肇庆的端州区等建立了命题联盟，整合区际命题资源，形成以各区教研员为主体的命题合作共同体；每学期一次，定期举行命题会议，开展集体研讨，保障命题质量。区际联合命题机制有力地保障了白云区高中教学质量监测的命题质量。二是高质量的学校教师命题队伍建设。白云区教育研究院的高中、初中和小学的学科教研员，均在区域内建立了命题团队，语文、数学、英语学科每科为 7~9 人，其他学科每科为 5~6人。白云区教育研究院建立了命题成员在命题理论和命题技术方面的学习、培训、提升制度，定期对命题团队进行专业培训、开展命题实践，不定期地与外区命题团队进行交流，形成了良性的发展机制。

（二）方法创新：为区域基础教育均衡发展添翼

1. 输出倒逼输入：区域教师培训的方法创新

白云区积极探索以输出为本的教师培训方式。2022 年 5 月，白云区教育研究院副院长王建春代表白云区教育研究院申报的广东省教育科学规划课题"输出为本：区域教师培训理念转型的实践研究"立项为省规划重点项目。在以输出为本的理念下，我们对区域教师培训的方法进行了创新，以"输出倒逼输入"的方式，提高区域教师培训的效果。

2. 蹲点教研：薄弱学校教育教学质量提升的方法创新

为解决教研效率比较低的问题，我们在蹲点调研的基础上，又在高中部推行蹲点教研的新方式。蹲点教研 1.0 版具体内容为，根据学校学科教学情况安排教研员到薄弱学科所在学校进行蹲点式教研，要求完成规定的教研任务，包括听课、参加备课组集体备课、与学科相对薄弱的教师进行一对一备课指导、示范课等。通过对薄弱学校和薄弱学科的蹲点式教研指导，提高教师的教学能力。

3. 多元评价：区域教育评价的方法创新

针对区域基础教育实际情况，白云区探索、实践新的教育质量观。一是探索多元评价，设计基于多元评价理念的调查表，开展区域学校的调研和评价。二是在高中阶段重点探索增值性评价，使得生源普通的学校也可以通过增值评价展现教学成果，提高学校和教师的积极性，促进教育的公平发展。在以上实践的基础上，白云区进一步探索以发展为本的评价。以促进区域教育发展为根本目标，把命题、数据运用进行整合，通过多元评价发挥评价的导向功能，促进区域教育的均衡发展。

（三）实践创新：让区域基础教育展翅飞翔

在继续深化白云区教育"三大工程"（体育与心理健康工程、阅读工程、数学工程）的基础上，根据白云区教育发展的新情况，我们实施了白云区教研"三大工程"，即新教师培养基地建设工程、乡村强师工程、数据指导教学工程。

1. 新教师培养基地建设工程：教师专业发展的实践创新

近年来，由于白云区大量教师退休，各学校招聘的新教师数量大增，为保障新教师健康发展、促进新教师快速成长，我们制定了《广州市白云区新教师培养基地建设方案》，评选出广州市白云区京溪小学、广州市白云区三元里小学等5所基地学校，充分利用本区优质学校教育资源培养新招聘的教师。探索"基地学校导师团引领下的三年岗位浸润"新教师培养模式，以3学年为一周期、每学年为一阶段，对新教师展开递进式成长的培养。2023年采用新模式对全区659名新入职教师进行培养，8月组织集中培训，10月、11月在基地学校开展教学和班主任工作跟岗学习活动，效果显著。

2. 乡村强师工程：薄弱学校教育教学质量提升的实践创新

为提升薄弱学校教育教学质量，我们以专题研究的方式，群策群力，组织片（镇）教育指导中心分管教学副主任、名校长、教研员、家长代表等共同挖掘乡村文明元素，按照"一校一品"的方式，帮助乡村学校梳理历史和地域特色，优化办学理念、办学特色、办学目标，促进学校构建清晰明确、独具特色的办学管理体系。为帮助和引领乡村教师融入新时代教育大局，更新教育观念，创新教学方式，提升教育技能和水平，带动学校的学科教研、教学质量有效提升，我们面向四个乡镇的幼儿园两千余名园长、教师开展了 8 场次的"乡村振兴"主题送教帮扶活动，取得很好的效果。

3. 数据指导教学工程：教学评价的实践创新

在数据分析与运用方面，我们重点在三个方面进行了新的探索。一是运用数据分析向学校和学生提供科学的选科决策。如对白云区 2021 届和 2022 届历史类学生选择政治—地理、政治—生物、地理—生物、化学—生物、地理—化学、政治—化学的人数进行了统计，并且与几个兄弟区进行了对比，通过数据的对比分析，为学校和学生提供选科决策参考。二是运用数据分析，精准判断新高考的关键学科。学生运用数据分析，比较总分与四科的关系，精准判断了语文、数学、英语、物理（历史）在新高考中的重要地位，对全区学校的教学提出了指导性意见，出台《白云区质量监控体系建设方案》《白云区教学质量评价体系建设方案》等。三是运用数据精准指导课堂教学。教研员到学校指导，把每节课的教学目标、教学内容、教学方法、教学效果、教师基本功和教师课堂总体评价等信息输入白云区教育研究院课堂教学评价平台，高中部根据数据向学校精准反馈学校教师在教学目标、教学内容、教学方法、教学效果、教师基本功等方面的情况，依据数据进行精准评价。

（四）品牌建设：打造区域基础教育高质量教研的示范标杆

1. 建设安吉游戏推广国家级实验区

2021 年，白云区成为安吉游戏推广国家级实验区。白云区教育研究院学前教育部以安吉游戏本土化应用为中心，推进课程改革，多次承担省级以上的教研活动。立项以来，迎接教育部、高校及省教育厅专家开展现场指导、中期验收及线上线下研训 20 余次。组织或参与省市级以上教研及分享交流 8 次；接待 63 批外市、区及香港同行观摩学习，累计 2500 余人；赴外市、区帮扶交流 15 批次。全区立项省级以上课题 6 项，省级获奖教育案例及论文共 92 篇。2023 年 4 月 24~25 日，广东省教育厅在白云区举办"广东省学前教育游戏实验区经验交流活动"，白云区教研员作区域教研经验分享汇报，3所安吉游戏推广国家级实验区试点园分别做试点园经验分享及现场展示，实践和研究成果获得教育部、省市各级领导、专家的一致好评，活动相关资料在省教育厅官网公开展示。

2. 开设白云教研大讲堂

为提高教研质量，规范教研程序，扩大教研影响力，基地以省教研院"南方教研大讲堂"的程序、模式为样板，以"南方教研大讲堂"的质量为标准，实施白云教研大讲堂，在高中、初中、小学、学前阶段全面推进，打造白云教研品牌。白云教研大讲堂每学段、每学期组织1~2次，目前共开展5期，让教师在交流中学习、在学习中感悟、在感悟中成长。大讲堂对外直播，高质量的教研活动也扩大了区域教研的影响力。

3. 开展学科教研基地建设

为了发挥白云区学校优秀学科的示范引领作用，推动区域课堂教学和课程改革，白云区教育研究院创设了白云区学科教研基地建设项目。本着宁缺毋滥、稳妥推进的原则，选取高中学段13所学校进行首批学科教研基地建设试点。2021年，通过学科申报、白云区教育研究院组织评审和答辩，白云区首批8个学科教研基地立项（见表1）。学科教研基地主要建设任务是组织教研活动、开展专项研究、进行专业培训、展示教研成果。经过三年建设，首批学科教研基地发挥了很好的示范、引领作用。2024年，白云区第二批学科教研基地建设将在全学段推开。

表1 广州市白云区首批学科教研基地

序号	学校	学科教研基地	数量（个）
1	广州市培英中学	语文	1
2	广州市第六十五中学	物理、地理	2
3	广州大同中学	数学、政治	2
4	广州彭加木纪念中学	化学	1
5	广州市第六十六中学	劳动教育	1
6	广州市白云区艺术中学	艺术	1

4. 开拓家庭教育新天地

基地邀请白云德育名师开设白云父母讲堂，打造白云家庭教育品牌。已累计开讲 20 期，参与家长 110 万余人次，在省内外产生了很大的影响，"学习强国"也对其进行了专门报道。"乡村父母讲堂"开讲 4 期，提升了乡村家长教育素养和水平，成为白云乡村德育品牌。在"广州白云教育"微信公众号开设"家庭教育云学堂"专栏，推送原创的家庭教育文章，已累计推送 16 期，阅读量达 4.7 万人次。

5. 开设白云名师大讲堂

基地邀请白云区引进的高层次人才，白云区本土培养的正高级教师、特级教师和省、市、区名校长及名教师工作室主持人等结合自身研究成果开设专题讲座，通过网络录播的形式向全社会展示研究成果。每年共 10 期，已连续实施了三年，影响力日渐增大。如 2023 年白云名师大讲堂安排了 10 位优秀的白云名师（见表 2），有引进的正高级教师 2 位，白云区培养的正高级教师 5 位、广东省名校长工作室主持人 1 位，市和区名教师工作室主持人 2 位。正高级教师刘伟善的《人工智能时代智慧教育的理论与实践及其在中小学的应用》专题讲座反响很大，全国各地不少教师打电话联系他，了解白云区在智慧教育方面的进展情况。白云名师大讲堂，给白云区教育名师提供了很好的展示平台，通过网络录播也展示了白云教育的新理念、新方法和新策略，引领区域教育发展方向。

表 2　2023 年广州市白云名师大讲堂安排

学校	主讲教师	学科	课程名称
广州市培英中学	潘红义	高中语文	《情境教学课堂有效模式》
广州市白云区教育研究院	袁闽湘	高中物理	《从一线教师到教育家型教育研究院院长的美丽嬗变》
广州市白云区教育研究院	杨　武	德育	《"红色基因入血脉"的策略思考》
广州市培英中学	刘伟善	信息技术	《人工智能时代智慧教育的理论与实践及其在中小学的应用》
广州市培英中学	李　凤	高中化学	《创意生活化学》

学校	主讲教师	学科	课程名称
广州市白云中学	黄少华	高中英语	《高考英语原创模拟试题的编写和深度改编技巧》
广州大同中学	骆 霞	高中思政	（提升教学自信，以"六个必须坚持"讲深、讲透、讲活思政课）
广州市白云区石井中学	许楚燕	初中英语	《主题语境实践教学研究》
广州市第六十五中学	苏万永	高中思政	《教师专业发展机遇及途径》
广州市白云区教育研究院	吴国珍	高中语文	《从文本细读到"细读语文"》

三　成效与展望

根据广东省基础教育县（市、区）教研基地建设的任务要求，广州市白云区教育研究院调研、教研、教育资源、教育帮扶等工作都超额完成规定任务。针对研究主题开展调研 84 次，其中，高中到校调研 27 次，初中调研 11 次，小学调研 29 次，学前调研 12 次，特殊教育 5 次；到基地学校调研共 21 次，其中高中 7 次，初中 5 次，小学 8 次，学前 1 次。制定教研提质相关工作方案 4 个。针对研究主题组织相关教研活动 51 次，累计参加人数 9180 人。系统开发与研究主题相关的教育教学、教师发展、学生发展、考试评价资源 73 个，获奖 73 个。组织或参与区级示范活动 26 次，市级 17 次，省级教研、培训或送教任务 26 次。组织开展本区域和跨区域帮扶活动 23 次。仅广州市白云区教育研究院学前教育研究部门组织或参与省市级以上教研及分享交流达 8 次，接待 63 批外市、区及香港同行观摩学习，累计 2500 余人，赴外市、区帮扶交流 15 批次。

（一）主要成效：形成高品质的教研体系

1. 形成了具有白云特色的"一核三层多维"高品质教研体系

一核，指破解区域教育不均衡难题，促进区域教育高质量发展的核心目标。三层，指三个关键的教研层面。第一层是奠基层，为教师和学生发展打好基础；第二层是发展层，促进教师教学、学生快速发展，也是教研的主要内容；第三层是品牌层，打造区域高质量教研品牌。每个层面由多个维度的项目构成，第一层奠基层，包括促进学生学业基础提升的三大工程，即体育与心理健康工程、阅读工程、数学工程；促进教师专业发展的两大竞赛，即"白云杯"教师教学大赛、"白云杯"教育年会；促进学校校本教研发展的白云区学科教研基地建设。第二层发展层，包括七大项目，即调研指导（含综合调研、专项调研、蹲点调研）、教研活动、教师培训、命题研讨、多元评价、学科竞赛、心理热线等。第三层品牌层，包括三大项目，即拔尖创新人才培养、白云名师大讲堂、白云教研大讲堂（见图1）。

图1 广州市白云区高质量教研体系

2. 区域教师队伍整体素质提高

一是区域名师、高层次人才数量大增。白云区现有博士教师20人，正高级教师23人，特级教师13人，市级以上名教师工作室主持人47人（省级1人），南粤优秀教师11人，区名校长、名教师、名班主任工作室主持人共164人。二是教师竞赛获奖数量增加。2021年以来，白云区教师参加省、市青年教师大赛，获省一等奖1个、三等奖1个，获市一等奖21个、二等奖 33 个、三等奖 90 个。精品课方面，白云区教师获得部级优课 3 节，省级优课 24 节，市级精品课 147 节。三是基地学校教师队伍水平也显著提升。如白云区云英实验学校区骨干教师逐年增加，占全体教师的 24.6%，有市级骨干教师、骨干班主任 9 人，区级骨干教师 17 人。

3. 基地学校校本教研特色鲜明

白云区教研基地共设 10 所基地学校，在白云区教育研究院的指导下，基地学校改革校本教研，探索了特色鲜明的校本教研模式和策略。广州市培英中学探索了"三次迭代"课例研修模式，广州大同中学探索了"五级梯度进阶"教师培养发展模式，广州市白云区广州空港实验中学探索了独具特色的劳动教育基地，白云区云英实验学校探索了校本教研数字化和小英才课程体系，白云区江村中学探索了信息赋能的教研发展模式，白云区穗丰学校探索了"星火计划"开源机器人创客教育，白云区京溪小学探索了"一三五八"青年教师成长模式，白云区东辉小学探索了信息技术与各学科的融合运用，白云区金沙街中心幼儿园探索了"一核双线多点着力"的园本教研模式，白云区六中实验幼儿园探索了多元化教研模式。

（二）努力方向：继续深化教研工作改革

2024 年 4 月，广州市白云区推进广东省基础教育县（市、区）教研基地建设的探索与实践暂告一个段落，但深化教研工作改革却进入一个新的阶段。白云区拟重点推进以下三个方面的工作，争取为深化教研工作改革做出"白云贡献"。

1. 进一步激发教研员队伍活力

在推进教研员"六个一"工程、培养教育专家（教育家）的同时，基地拟建立健全良性持久的"旋转门"制度。一是"旋出"。有计划地培养和选拔优秀教研员到中小学（幼儿园）任职，践行先进教育理念和办学思想，推行科学教育方法和办学举措。其中，区教研院优秀行政干部担任中小学（幼儿园）副校长（副园长）以上职务；优秀教研员担任中小学（幼儿园）

学科带头人。二是"旋入"。聘请优秀教师、副校（园）长、校（园长）长到教研机构担任专职或兼职教研员。

2. 深化教学质量监测的命题研究

广州市白云区教育研究院将进一步深化教学质量监测的命题研究。一是组织区内命题骨干研究近10年学科高考／中考试题，同时坚持参加跨区的命题联盟活动和省、市级命题活动，探索试题中"核心价值金线、能力素养银线、情境载体串联线"的规律和运用。二是用好高端外援。建立与国家和省级考试院的联系，在命题培训、解题比赛中发挥国家级考试专家、教育专家和学科专家的核心作用。在实践探索中掌握高考／中考命题研究的形势，并在考试评价等高峰论坛（会议）发出"白云声音"。三是出好研究成果。组织区级学科教研员申报国家和地方各级教育科学规划课题，推进高考和中考命题研究；在区级教育科学规划课题和教育科研小型课题中设置命题研究课题，组织区内一线教师开展高考和中考命题研究。

3. 进一步优化课程体系建设

在进一步优化课程体系建设的过程中，主要做好3件事情。一是建立区级课程规划机制。区教育局主要负责人牵头，组建区级课程规划小组。根据区域教育发展的实际需要，编制区级课程的长远规划与短期计划，引导区级课程的申报与开发，构建并不断优化区级课程体系。二是建立区级课程评价机制。作为教师培训的课程，区级课程在应用后，根据培训过程和培训结果（尤其是受训者的收获）进行一年两期的结果评价和绩效评价。评价等次可以分为优秀、合格与不合格。不合格的，将退出下一期教师培训课程。三是建立区级课程交流机制。区内应用后的区级课程，经评价为优秀的将推介到区外进行交流，与同级别特别是高一级别的课程进行互鉴，并努力进入区外教师培训课堂，不断扩大影响力，争取在大湾区或更大区域呈现"白云课程"。

参考文献

中国高考报告学术委员会编《中国高考报告（2024）》，新华出版社，2023。

广州市教育研究院：《广州教育发展报告（2022~2023）》，社会科学文献出版社，2023。

叶碧欣、桑国元、黄嘉莉：《课程与教学创新的学校组织氛围研究——以一所项目式学习特色校为个案》，《全球教育展望》2022年第9期。

黄光雄、蔡清田：《素心素养：课程发展与设计新论》，华东师范大学出版社，2017。

改革开放以来的教育发展历史性成就和基本经验研究课题组：《改革开放30年中国教育重大理论成果》，教育科学出版社，2008。

Abstract

This book is carefully compiled by "Guangzhou Education Development Report" (Guangzhou Education Blue Book) research team of Guangzhou Institute of Educational Research, is the 2023 – 2024 education analysis report. Based on the first-hand information of education reform and development in Guangzhou, this book presents the latest theoretical and practical results of education reform in Guangzhou, and analyzes the new ideas, new measures, new achievements and new experiences of education reform.

Based on detailed statistical data and field survey data, this book analyzes and discusses the overall situation, reform hotspots and future situation of all types of education development at all levels in Guangzhou in 2023. The book is divided into six sections, from different perspectives, in-depth discussion of various aspects of education in Guangzhou, including overall overview education, the development of education at all levels, the supply and demand of enrollments, curriculum and evaluation, survey research and regional practice, and so on. The book provides valuable insights and suggestions for the continuous improvement and development of education in Guangzhou.

The book emphasizes that in 2023, guided by Xi Jinping Thought on Socialism with Chinese Characteristics for a New Era, Guangzhou has insisted on educating people for the Party and the Country, implemented the fundamental task of cultivating virtue and cultivating people. By increasing the overall planning efforts, Guangzhou has steadily advanced the widespread and inclusive development of preschool education, along with the high-quality and balanced progression of compulsory education; constantly expanded the total resources of regular high schools and promoted the construction of diversified high schools, while continuously advancing the development of a high-quality education system; and begun to establish a new pattern characterized by excellence and equitable distribution in education.

The book points out some challenges facing Guangzhou in the field of education, such as the imbalance in basic education development between regions, the gap in educational resource allocation compared to Beijing, Shanghai, and Shenzhen, relatively poor conditions for vocational education, and an insufficient scale of postgraduate-level talent training in higher education. In response to these problems, in 2024, Guangzhou should focus on the changes in educational position demands, ensure the provision of educational positions; optimize the allocation of educational resources to promote high-quality balanced development; and focus on connotative construction to enhance the capacity of educational services. This includes deepening the integration of industry and education to improve the service capacity of vocational education, strengthening scientific and technological innovation to enhance the service capacity of higher education, and enhancing the level of internationalization to improve the capacity for external cooperation in education.

Keywords: Guangzhou Education; Population and Enrollment Positions; Curriculum and Evaluation; Regional Education; High Quality and Balanced Development

Contents

I General Report

Abstract: In 2023, Guangzhou increased the coordinated approach to promote the construction of high quality education system, steadily promoted the universal preschool education and quality balanced development of compulsory education, expanded ordinary high school education resources and promoted the diversification of high school construction, initially formed a new pattern of high-quality and balanced public education system. In view of the problems such as unbalanced development of basic education, relatively low conditions for running vocational education, and insufficient scale of postgraduate training in higher education, policy suggestions are put forward on ensuring the supply of academic degrees, optimizing the allocation of educational resources and improving the ability of educational service.

Keywords: Education Development; Degree Supply; Quality and Balance; Resource Allocation

II Topical Reports

Abstract: In 2023, Guangzhou led the construction of high-quality preschool education system with the "Action Plan", orderly promoted the found of national preschool education universal benefit areas, continued to deepen the reform and construction of kindergarten curriculum, and took multiple measures to improve the quality of kindergarten education. However, there are still some problems existing in Guangzhou, such as unbalanced development of preschool education in different regions, between public-run and private-run kindergartens. There is also a gap between preschool education in Guangzhou and that in Shenzhen, Beijing, Shanghai, Hangzhou and Suzhou. In the 2024, Guangzhou should coordinate and promote the supervision and evaluation of preschool education, continue to promote the urban-rural integration of preschool education, take solid steps to promote the reform of preschool education and research, and speed up the high-quality development of preschool education.

Keywords: Preschool Education; Universal and Inclusive; Quality Development; Guangzhou

Abstract: In 2023, Guangzhou will make every effort to ensure the degree supply in the compulsory education stage, carry out various forms of principal and teacher exchange and rotation, and steadily promote the "double reduction" work to achieve practical results, and comprehensively promote the quality and balanced development of compulsory education. In view of the unbalanced problem of regional development of compulsory education and the unbalanced allocation of teachers, the balanced development of quality of compulsory education cannot match the high-quality development of education in Guangzhou. Guangzhou still needs to intensify efforts to promote the high-quality and balanced development of compulsory education and the integrated development of urban and rural areas, so as to continuously contribute to the high-quality development of education in Guangzhou.

Keywords: Compulsory Education; High-quality Development; Guangzhou

B.4 Development of General Senior High School Education in Guangzhou in 2023 and Prospects in 2024 *Liu Zhigang* / 065

Abstract: In 2023, the teacher supplies, schooling conditions and the popularization level of general senior high school education in Guangzhou were further increased. However, the regional differences were large. Compared with the cities of Shenzhen, Beijing, Shanghai and Hangzhou, Guangzhou was in the middle to upper range of schooling conditions, but the average class size was relatively large, and the proportion of teachers with graduate degrees and the average per capita education expenditure were relatively low. Guangzhou has demonstrated its new initiatives in the supply of school places, reform of the examination and enrollment system and the construction of the "double new" demonstration zone in general senior high school education. Looking ahead to 2024, specific suggestions are made to promote the high-quality development of general senior high schools in Guangzhou, focusing on the action of expanding and improving the quality of general senior high schools, cultivating top-notch innovative talents, and diversifying the development of general senior high schools.

Keywords: General High School; Diversified and Distinctive Development; Guangzhou

Abstract: In 2023, Guangzhou deepen the construction and reform of the modern vocational education system, strengthen government coordination, explore the path of long-term education, optimize the competition training system, give full play to the evaluation reform orientation, and continuously deepen the integration of industry and education. The scale of secondary vocational schools will be generally stable, the structure of the teaching staff will be further optimized, and the conditions for running schools will be further improved. Compared with the four cities of Beijing, Shanghai, Hangzhou, and Shenzhen, Guangzhou's secondary vocational schools have the largest number of students, a moderate level of teaching staff, and lower educational conditions. To comprehensively promote the high-quality development of modern vocational education in Guangzhou, and provide strong talent support for the economic and social development and industrial transformation and upgrading of Guangzhou, it is necessary to deepen the integration and cultivation of vocational education, effectively improve the level of vocational schools, and explore ways to enhance the level of school enterprise cooperation in vocational schools.

Keywords: Secondary Vocational Education; School Scale; Educational Conditions; Teaching Staff; Guangzhou

Ⅲ   Population and Enrollment Reports

Abstract: From 2010 to 2023, the registered birth population and birth rate in Guangzhou showed a trend of first rising and then falling, reaching a turning point in 2017. The enrollment of kindergartens in Guangzhou reached a turning point in 2020, and the number of enrollments gradually decreased after 2021. In 2022, the number of children in kindergartens and public kindergartens in Guangzhou reached an turning point, and it is expected that the number of children in kindergartens will gradually decrease after 2023. Based on the analysis that the number of right-age children in Guangzhou will continue to decline, it is suggested that all districts in Guangzhou should make more accurate layout planning of kindergartens, coordinate the transformation and allocation of childcare resources, adjust and optimize the team of childcare teachers in a timely manner, support and encourage public kindergartens to improve their conditions, and actively cope with the risks caused by the closure of private kindergartens.

Keywords: Population Change; Kindergarten Enrollment; Preschool Education; Guangzhou

B.7 Research on Optimizing the Allocation of Primary Education Resources in Guangzhou under the Background of Population Change *Zhang Dan* / 107

Abstract: According to the basic data of registered birth population in Guangzhou from 2000 to 2023, the number of primary school students in Guangzhou from 2024 to 2029 is predicted. The results show that the enrollment of primary schools in Guangzhou reached an inflection point in 2023, and the number of primary school students in Guangzhou reached an inflection point in 2024. After 2024, the number of students in the city showed a downward trend. In view of the changing situation of school-age population, countermeasures and suggestions are put forward in terms of primary school teachers, school conditions, education quality and other aspects, so as to constantly improve and optimize the allocation of primary education resources in the city.

Abstract: Population change brings about changes in the demand for school places. The study found the following trends in population change in Guangzhou: since 2020, the growth rate of the resident population in Guangzhou has slowed down significantly; the change in the rate of increase in various districts has intensified; the household births began to fall after reaching a peak in 2017; the number of births in the resident population is decreasing at a faster pace; the natural growth rate of the household population still maintains a certain advantage over a number of provinces and municipalities across the country; and the non-household resident population has appeared to be falling in comparison with the continuous growth of the household population. The non-household resident population has declined relative to the continued growth of the household population. Forecasts show that the enrollment of junior high schools in Guangzhou will keep growing from 2023 to 2028, with an inflection point in 2029 and a gradual decline from 2030 onwards. Accordingly, it is proposed that education resources should still be tilted towards junior middle school, pay attention to changes in regional demand for school places, adjust the allocation of resources, and improve the policy on the enrollment of children who have moved with the family.

Keywords: Population Change; Junior High School Education; School Places Forecasts; Guangzhou

IV Curriculum and Evaluation Reports

Abstract: Kindergarten curriculum quality consists of seven dimensions: curriculum idea, curriculum objective, curriculum content, curriculum implementation, curriculum evaluation, curriculum management and curriculum resources. A self-assessment questionnaire was used to investigate 1077 kindergarten principals in Guangzhou. The survey results show that the quality of kindergarten curriculum is in the middle level on the whole, and the quality of seven dimensions is unbalanced. There are significant differences in the overall curriculum quality and seven dimensions in different properties, different assessment levels and different sizes of kindergartens. Kindergarten autonomy, team curriculum leadership, teacher curriculum ability, curriculum plan, administrative support, curriculum construction drive can significantly predict the quality of kindergarten curriculum. It is suggested to promote the overall balanced improvement of kindergarten curriculum quality, fully stimulate the school-running vitality of kindergarten, strengthen the management and support of local educational authority, and strive to improve the curriculum ability of kindergarten leaders and teachers.

Keywords: Curriculum Quality; Curriculum Evaluation; Kindergarten Curriculum; Guangzhou

Abstract: The evaluation of preschool teachers' language application ability is one of the important measures to improve the professional level of preschool teachers. Based on the structural system of preschool teachers' language application ability, this paper selects six dimensions of language application ability, including such as comprehension ability and conversion ability etc, and designs a questionnaire according to four types of educational situations of daily activities in kindergartens. The questionnaire survey of 2429 preschool teachers in Guangzhou shows that the language proficiency of preschool teachers is in the middle level. The total score of the six dimensions of preschool teachers' language application ability is not significantly affected by variables such as teaching age, whether they are enrolled or not, and the region where the kindergarten is located, but it is significantly affected by variables such as age, position, academic qualifications etc. It is suggested that Guangzhou should take projects as the lead to improve the research ability of preschool teachers in the field of language application, take teaching and research guidance and case study as method to improve the language application ability of preschool teachers, construct classified, stratified, and grouped training system based on curriculum resources, create a good ecology to promote the language application ability of preschool teachers with resource optimization as the guarantee.

Keywords: Preschool Teacher; Language Application Ability; Guangzhou

B. 11 A Survey Report on the Status quo Evaluation of Education
Quality of Village Collective-run Kindergartens in Panyu
District, Guangzhou

Abstract: Under the background of high-quality preschool education, the problems of unbalanced development and large gap of education quality between urban and rural kindergartens are still outstanding. A survey of the educational quality of collective-run kindergartens in 36 villages in Panyu District, Guangzhou, shows that the overall educational quality of collective-run kindergartens in villages is at the middle level, with uneven educational quality among kindergartens; Kindergarten scale in "6 to 9 classes" of kindergarten in the process of quality factors, the highest total score of educational quality; The kindergartens with the scale of "Less than 6 classes" had the lowest scores in the process factors and the total scores of education quality, the quality of process index is uneven, and it is weak in the aspects of environment creation and utilization, independent game activity support and guidance. Based on this, it is suggested that we should formulate a precise helping plan for village collective-run kindergartens, further perfect the guarantee mechanism of pre-school education, and scientifically plan the development of high-quality connotation of kindergartens by improving the level of the construction of teachers, promote the optimization and promotion of their education quality.

Keywords: The Village Collective Runs A Kindergarten; Quality of Education; Panyu District of Guangzhou

B.12 Study on the Curriculum Implementation Plan of Guangzhou Model General Senior Secondary Schools

Xie Minmin, Xiao Xiuping and Yuan Zhifen / 183

Abstract: Based on the perspective of constructivist learning theory, using text analysis method, Nvivo as a research tool, and 28 model senior high school curriculum plans as a research sample, the study explores the characteristics and problems of model senior secondary school curriculum plans in Guangzhou. The study found that the curriculum implementation plan of Guangzhou model senior high schools has formed five major features: student-centred curriculum concept, constructed the trinity learning mode of "interaction, project and reflection", focused on interdisciplinary content integration, used flexible teaching strategies, and paid attention to the embedding of intelligent technology; At the same time, there are three major practical problems: the difficulty of transforming disciplinary literacy, the difficulty of keeping up with the times in school-based teaching and research, and the difficulty of breaking the path dependence in curriculum evaluation.

Keywords: General Senior Secondary School; Curriculum Implementation Planning; Constructivist Learning Theory; Text Analysis Method

B . 13   A Survey and Research Report on Curriculum Leadership of

Teachers in Comprehensive Practical Activity Courses in

Tianhe District, Guangzhou City

Ge Hongxia, *Hu Rui and Liu Ying* / 199

Abstract: The leadership of Comprehensive Practice Activities (CPA) teachers in curriculum is composed of curriculum comprehension, curriculum design, curriculum implementation, curriculum resources, and curriculum cooperation. This study employs a mixed-methods approach to investigate the CPA teachers in primary and secondary schools in Tianhe District, Guangzhou. The results show that the overall level of teachers' curriculum leadership is at a medium level; there are significant differences in the leadership of teachers of different types, titles, and subjects; The issues identified in teachers' leadership include a lack of in-depth understanding and accurate recognition of curriculum value, a lack of innovation and personalized design in curriculum planning, poor flexibility and richness in curriculum implementation, weak ability to acquire curriculum resources, and difficulty in building efficient collaborative teams. The uniqueness of comprehensive practical activity curriculum, the objective situation of schools, and teachers' understanding of their roles are significant factors affecting the exertion and improvement of teachers' curriculum leadership. Suggestions are made to enhance teachers' curriculum leadership from the levels of government, regional teaching research, and schools.

Keywords: Comprehensive Practical Activity (CPA); Primary and Secondary School Teachers; Curriculum Leadership; Tianhe District

V　Investigation and Research Reports

B.14　Survey Report on the Status of Non-Subject-Based
Out-of-School Training in Guangzhou City

Liu Zhigang / 217

Abstract：Regulating the behavior of non-subject-based out-of-school training and guiding it to become a useful supplement to school education are important issues in the continuous deepening of the "Double Reduction" policy. Based on the survey data of the main stakeholders (students, parents, and training institutions) in the governance of off-campus training in Guangzhou, the article describes and analyzes the participation in off-campus training of non-disciplinary subjects, the operation of off-campus training institutions, and the regulation of off-campus training in Guangzhou since the implementation of the "Double Reduction" policy. The study found that the participation rate of non-disciplinary off-campus training in Guangzhou was higher than that of disciplinary training, but the demand for disciplinary off-campus training should not be ignored; the degree of compliance of off-campus training institutions improved, but the quality of their services needed to be strengthened; the governance of off-campus training institutions was becoming more and more standardized, but the synergy of governance of off-campus training institutions needed to be strengthened. Based on the analysis of the survey data, countermeasures and suggestions are put forward in terms of continuously optimizing the regulatory policy and institutional system, forming regulatory synergy through multi-party collaboration, promoting the high-quality development of institutions at a faster pace.

Keywords："Double Reduction" Policy; Out-of-School Training; Non-Subject-Based Out-of-School Training

B.15 Analysis and optimization on the Text of Off-Campus

Training Governance in Guangzhou

—*Based on the Perspective of Policy Tools*

Zhang Wenwen, *Chen Junrong and Chen Ran* / 229

Abstract: "Double reduction" policy is a hot topic in the current reform of education in China. Policy tools are the means to achieve policy objectives and expected policy results, that play an important role in the process of implementing the "double reduction" policy. It mainly includes five types of educational policy tools: mandates, inducements, capability-building, systematic changes and suasion. By analyzing the application of policy tools in the text of Guangzhou off-campus training governance policies from 2018 to 2023, it is found that there are overuse of mandates and uneven use of policy tools in Guangzhou off-campus training governance. Secondly, the number of inducements was increasing, but there are still not enough. Thirdly, policy tools were biased towards short-term benefits and were not conducive to the long-term goals of governance. This study proposes that Guangzhou's off-campus training governance policy should optimize the composition and configuration of policy tools, comprehensively use incentive tools to simulate the internal motivation of training institutions, and take into account short-term benefits and long-term goals in the future development.

Keywords: Off-Campus Training Governance; Policy Tools; Textual Analysis

B.16 Survey Report on the Work Vitality of Teachers in

Compulsory Education Stage in Guangzhou   *Zhang Dan* / 242

Abstract: The vitality of teachers' work is the basis of ensuring the quality of education development. In order to understand the vitality of teachers in Guangzhou, this study uses a self-compiled questionnaire to investigate the vitality of teachers in compulsory education in Guangzhou. The results show that the working vitality level of teachers in compulsory education in Guangzhou is at medium level; teachers of different gender, teaching age, educational background, professional title, learning period are different in work vitality performance, and teachers in different regions and different types of schools. Based on the survey results, countermeasures and suggestions can be put forward from four aspects: policy guidance, school construction, individual teachers and social support, so as to enhance the vitality of teachers and promote the enthusiasm of teachers.

Keywords: Work Vitality of Teachers; Compulsory Education; Guangzhou

B.17   A Survey of the Achievement Expectations of Secondary Vocational Students in Guangzhou   *Li Yuan* / 256

Abstract: The expected level of achievement of vocational school students to a certain extent affects the future development of the real economy in society. Through a survey of 8703 students in grades 1 − 3 of vocational schools in Guangzhou, it was found that vocational school students in Guangzhou have a relatively conservative attitude towards personal future development. As a specific indicator of achievement expectations, national cognition, social perception, school observation, and self-evaluation levels are all moderate, and there are significant differences in gender, grade, academic performance, parental education, and participation in internships and practical training among different students. Guide vocational school students to establish positive, rational, and moderately enterprising achievement expectations, suggest strengthening career education, and guide students to establish correct career values; Emphasize the construction of campus culture in schools, enhance students' identity and school belonging; Enrich the supply of learning skills and focus on improving students' professional skills.

Keywords: Secondary Vocational Students; Achievement Expectations; Career Education; Guangzhou

VI Regional Practice Reports

Abstract: In order to promote the balanced high-quality development of education, Huadu District of Guangzhou City has been continuously pushing forward the development of group-based schooling., established 31 school groups in four batches, dynamically optimized the group structure and layout, adjusted to expand the coverage and improve the education quality of school groups. Huadu District has implemented a series of measures, including improving the policy support system, optimizing the layout of group school running, and updating the development modes of school groups to upgrade the 1. 0 version of group school running to the 2. 0 version. Based on the practical achievements of the reform of the group school running system and mechanism, Huadu District has proposed that optimize the evaluation mechanism of school groups and strengthen policy support and social publicity.

Keywords: Group School-Running; Group School-running Modes; Balanced High-Quality Education; Huadu District of Guangzhou

Abstract: Education digitalization has become a critical lever for improving education quality, promoting educational equity, and optimizing education governance in various regions. Huangpu District in Guangzhou has made significant efforts to advance regional education digitalization, striving to accelerate developments in digital infrastructure, digital teaching, digital curriculum, and digital governance. These efforts have effectively enabled high-quality development in basic education within Huangpu District through the empowerment of education digitalization. However, when benchmarked against the main practices and successful experiences of education digitalization both domestically and internationally, issues such as insufficient systematic strategic support for education digitalization, low compatibility of technical systems, inadequate adaptability of digital literacy, and shallow application scenarios of resources still exist. In response, Huangpu District is committed to building an education digitalization development framework, optimizing the allocation of educational digital equipment, upgrading educational digital scene services, constructing an educational digital resource system, focusing on practical research in education digitalization, and establishing a collaborative mechanism for education digitalization. The goal is to continuously advance education digitalization development, pioneering and innovating, striving to provide the "Huangpu Experience" as a model for high-quality basic education in the digital era, and even as a "national exemplar."

Keywords: Basic Education; Education Digitalization; High-Quality Development; Huangpu District of Guangzhou

B . 20 Exploration and Practice of Promoting the Construction of County (City, District) Teaching and Research Bases for Basic Education in Baiyun District, Guangzhou City, Guangdong Province

Cao Jinhua, Shen Zailian and Yang Xincheng / 300

Abstract: In April 2021, Guangzhou Baiyun District Education Research

Institute successfully applied for the Baiyun District Teaching and Research Base, a county (city, district) teaching and research base for basic education in Guangdong Province. The base explores and practices in three key aspects: teacher professional development, improvement of teaching quality in underperforming schools, and teaching evaluation. Its goal is to promote balanced regional education development, implement rural revitalization actions, and build a high-quality teaching and research system. Through practice, a new teaching and research mechanism with three-level linkage, group management, and inter-regional cooperation has been established. New teaching and research methods that emphasize output-oriented approaches, focused research, and multiple evaluations have been explored. In itiatives such as the construction of new teacher training bases, rural teacher strengthening projects, and data-guided teaching projects have been implemented, leading to the creation of teaching and research brands such as Anji Game Promotion National Experimental Zone, Baiyun Teaching and Research Lecture Hall, and Baiyun Parents Lecture Hall. A high-quality teaching and research system with Baiyun characteristics has been developed, featuring one core, three layers, and multiple dimensions. This system has improved the overall quality of the regional teacher team and enhamced the distinctive characteristics of school-based teaching and research at the base schools. After the project's completion, there is a need to further stimulate the vitality of the teaching and research team, optimize the curriculum system, and deepen research on teaching quality monitoring.

Keywords: Teaching and Research Base; Teaching and Research Mechanism; Teaching and Research Methods; Teaching and Research Brands; Baiyun District of Guangzhou

社会科学文献出版社

皮 书

智库成果出版与传播平台

❖ 皮书定义 ❖

皮书是对中国与世界发展状况和热点问题进行年度监测，以专业的角度、专家的视野和实证研究方法，针对某一领域或区域现状与发展态势展开分析和预测，具备前沿性、原创性、实证性、连续性、时效性等特点的公开出版物，由一系列权威研究报告组成。

❖ 皮书作者 ❖

皮书系列报告作者以国内外一流研究机构、知名高校等重点智库的研究人员为主，多为相关领域一流专家学者，他们的观点代表了当下学界对中国与世界的现实和未来最高水平的解读与分析。

❖ 皮书荣誉 ❖

皮书作为中国社会科学院基础理论研究与应用对策研究融合发展的代表性成果，不仅是哲学社会科学工作者服务中国特色社会主义现代化建设的重要成果，更是助力中国特色新型智库建设、构建中国特色哲学社会科学"三大体系"的重要平台。皮书系列先后被列入"十二五""十三五""十四五"时期国家重点出版物出版专项规划项目；自2013年起，重点皮书被列入中国社会科学院国家哲学社会科学创新工程项目。

皮书网

（网址：www.pishu.cn）

发布皮书研创资讯，传播皮书精彩内容
引领皮书出版潮流，打造皮书服务平台

栏目设置

◆关于皮书

何谓皮书、皮书分类、皮书大事记、
皮书荣誉、皮书出版第一人、皮书编辑部

◆最新资讯

通知公告、新闻动态、媒体聚焦、
网站专题、视频直播、下载专区

◆皮书研创

皮书规范、皮书出版、
皮书研究、研创团队

◆皮书评奖评价

指标体系、皮书评价、皮书评奖

所获荣誉

◆2008年、2011年、2014年，皮书网均
在全国新闻出版业网站荣誉评选中获得
"最具商业价值网站"称号；
◆2012年，获得"出版业网站百强"称号。

网库合一

2014年，皮书网与皮书数据库端口合
一，实现资源共享，搭建智库成果融合创
新平台。

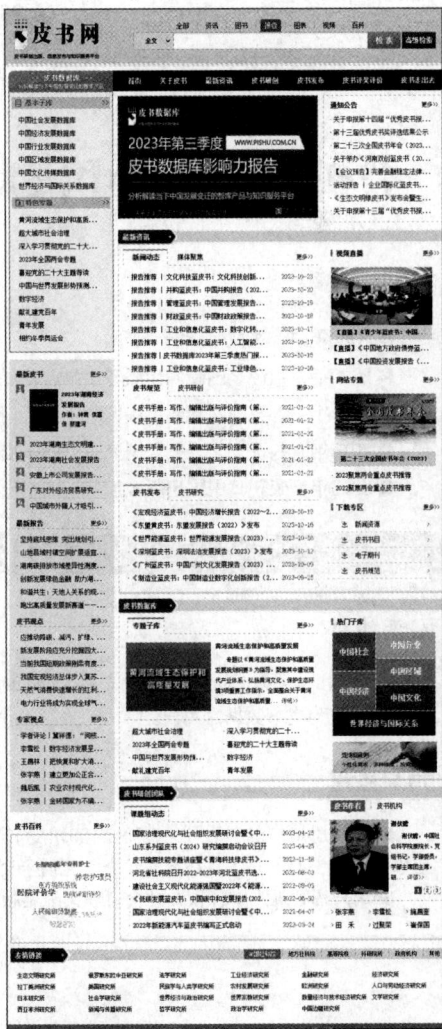

皮书网

"皮书说"
微信公众号

权威报告·连续出版·独家资源

皮书数据库
ANNUAL REPORT(YEARBOOK)
DATABASE

分析解读当下中国发展变迁的高端智库平台

所获荣誉

- 2022年，入选技术赋能"新闻+"推荐案例
- 2020年，入选全国新闻出版深度融合发展创新案例
- 2019年，入选国家新闻出版署数字出版精品遴选推荐计划
- 2016年，入选"十三五"国家重点电子出版物出版规划骨干工程
- 2013年，荣获"中国出版政府奖·网络出版物奖"提名奖

皮书数据库　　　"社科数托邦"
　　　　　　　　微信公众号

成为用户

登录网址www.pishu.com.cn访问皮书数据库网站或下载皮书数据库APP，通过手机号码验证或邮箱验证即可成为皮书数据库用户。

用户福利

- 已注册用户购书后可免费获赠100元皮书数据库充值卡。刮开充值卡涂层获取充值密码，登录并进入"会员中心"—"在线充值"—"充值卡充值"，充值成功即可购买和查看数据库内容。
- 用户福利最终解释权归社会科学文献出版社所有。

社会科学文献出版社 SOCIAL SCIENCES ACADEMIC PRESS (CHINA) 皮书系列

卡号：852332747939
密码：

数据库服务热线：010-59367265
数据库服务QQ：2475522410
数据库服务邮箱：database@ssap.cn
图书销售热线：010-59367070/7028
图书服务QQ：1265056568
图书服务邮箱：duzhe@ssap.cn

S 基本子库
UB DATABASE

中国社会发展数据库（下设 12 个专题子库）

紧扣人口、政治、外交、法律、教育、医疗卫生、资源环境等 12 个社会发展领域的前沿和热点，全面整合专业著作、智库报告、学术资讯、调研数据等类型资源，帮助用户追踪中国社会发展动态、研究社会发展战略与政策、了解社会热点问题、分析社会发展趋势。

中国经济发展数据库（下设 12 专题子库）

内容涵盖宏观经济、产业经济、工业经济、农业经济、财政金融、房地产经济、城市经济、商业贸易等 12 个重点经济领域，为把握经济运行态势、洞察经济发展规律、研判经济发展趋势、进行经济调控决策提供参考和依据。

中国行业发展数据库（下设 17 个专题子库）

以中国国民经济行业分类为依据，覆盖金融业、旅游业、交通运输业、能源矿产业、制造业等 100 多个行业，跟踪分析国民经济相关行业市场运行状况和政策导向，汇集行业发展前沿资讯，为投资、从业及各种经济决策提供理论支撑和实践指导。

中国区域发展数据库（下设 4 个专题子库）

对中国特定区域内的经济、社会、文化等领域现状与发展情况进行深度分析和预测，涉及省级行政区、城市群、城市、农村等不同维度，研究层级至县及县以下行政区，为学者研究地方经济社会宏观态势、经验模式、发展案例提供支撑，为地方政府决策提供参考。

中国文化传媒数据库（下设 18 个专题子库）

内容覆盖文化产业、新闻传播、电影娱乐、文学艺术、群众文化、图书情报等 18 个重点研究领域，聚焦文化传媒领域发展前沿、热点话题、行业实践，服务用户的教学科研、文化投资、企业规划等需要。

世界经济与国际关系数据库（下设 6 个专题子库）

整合世界经济、国际政治、世界文化与科技、全球性问题、国际组织与国际法、区域研究 6 大领域研究成果，对世界经济形势、国际形势进行连续性深度分析，对年度热点问题进行专题解读，为研判全球发展趋势提供事实和数据支持。

法律声明

"皮书系列"（含蓝皮书、绿皮书、黄皮书）之品牌由社会科学文献出版社最早使用并持续至今，现已被中国图书行业所熟知。"皮书系列"的相关商标已在国家商标管理部门商标局注册，包括但不限于LOGO（ ）、皮书、Pishu、经济蓝皮书、社会蓝皮书等。"皮书系列"图书的注册商标专用权及封面设计、版式设计的著作权均为社会科学文献出版社所有。未经社会科学文献出版社书面授权许可，任何使用与"皮书系列"图书注册商标、封面设计、版式设计相同或者近似的文字、图形或其组合的行为均系侵权行为。

经作者授权，本书的专有出版权及信息网络传播权等为社会科学文献出版社享有。未经社会科学文献出版社书面授权许可，任何就本书内容的复制、发行或以数字形式进行网络传播的行为均系侵权行为。

社会科学文献出版社将通过法律途径追究上述侵权行为的法律责任，维护自身合法权益。

欢迎社会各界人士对侵犯社会科学文献出版社上述权利的侵权行为进行举报。电话：010-59367121，电子邮箱：fawubu@ssap.cn。

社会科学文献出版社

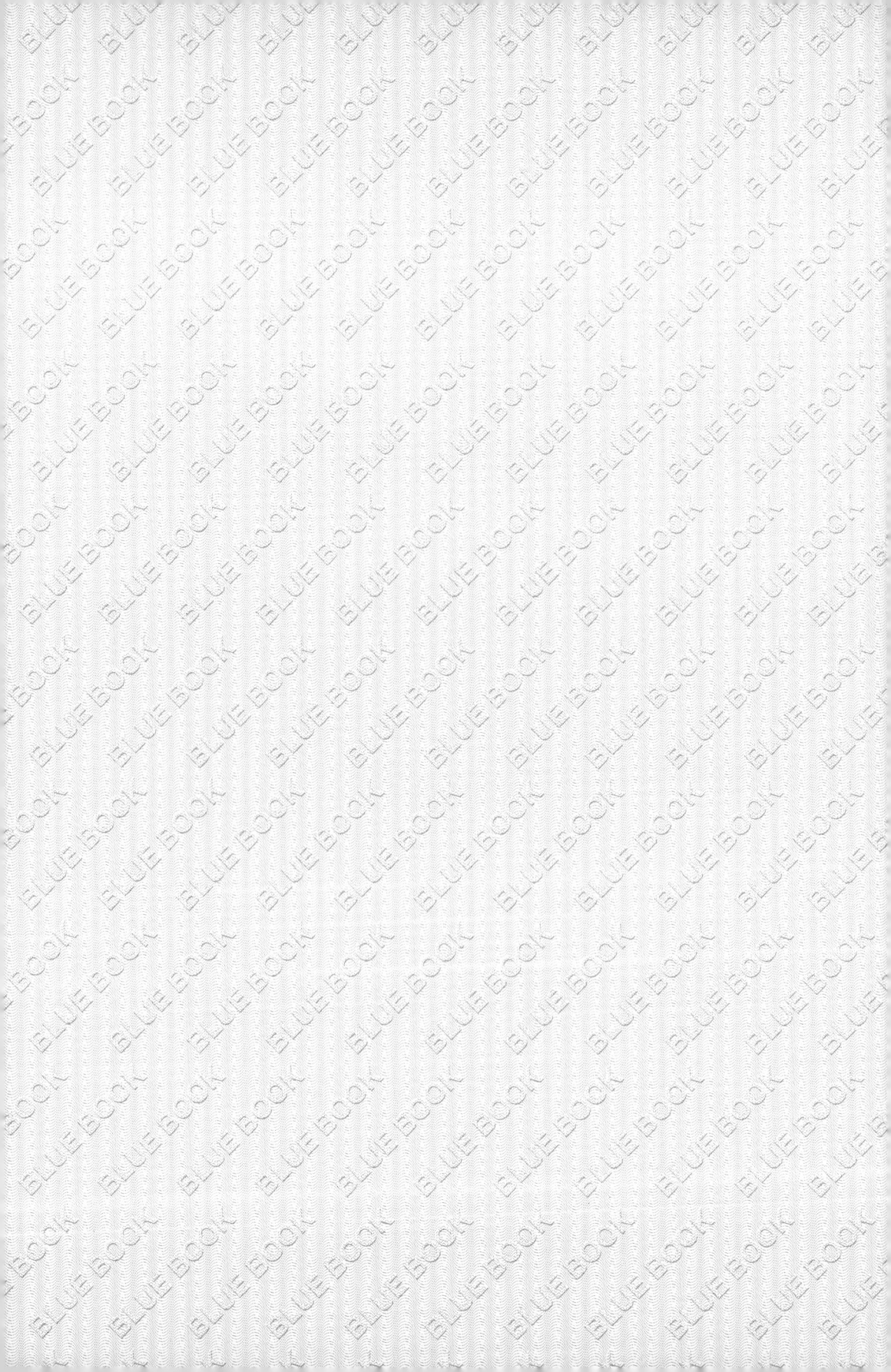